JN222263

帝国日本の
監獄行政

植民地台湾と朝鮮を中心に

林政佑
Lin Cheng-Yu

京都大学
学術出版会

京都からの発信

　京都大学には，戦前の西田哲学に始まり，史学，文学，経済学，民俗学，生態学，人類学から精神医学にまで及ぶ極めて広汎な人文・社会科学の領域で，独創的な研究が展開されてきた長い歴史があります。今日では広く京都学派と呼ばれるこの潮流の特徴は，極めて強烈で独創的な個性と強力な発信力であり，これによって時代に大きなインパクトを与えてきました。

　今，全世界が新型コロナ感染症パンデミックの洗礼を受けていますが，この厄災は人々の健康と生命を脅かしているのみならず，その思考や行動様式にも大きな影響を与えずにはおきません。時代はまさに，新しい人文・社会科学からの指針を求めているといえるのではないでしょうか。世界では，イスラエルの歴史家ユヴァール・ノア・ハラリやドイツの哲学者マルクス・ガブリエルなどの若い思想家達が，この状況に向けて積極的な発信を続けています。

　プリミエ・コレクションは，若い研究者が渾身の思いでまとめた研究や思索の成果を広く発信するための支援を目的として始められたもので，このモノグラフの出版を介して，彼らに文字通り舞台へのデビュー（プリミエ）の機会を提供するものです。

　京都大学は指定国立大学法人の指定に当たって，人文学と社会科学の積極的な社会への発信を大きなミッションの一つに掲げています。このコレクションでデビューした若手研究者から，思想と学術の世界に新しい個性的なスターが生まれ，再び京都から世界に向けてインパクトのある発信がもたらされることを，心から期待しています。

第27代　京都大学総長　湊　長博

目　　次

凡　　例

・本書では「監獄」と「刑務所」のいずれの用語も使用している。この二つの名詞は同じ意味で、通常は「監獄」を使うが、引用する史料等に応じて「刑務所」も用いている。

・引用史料中の旧字体の漢字は、適宜新字体に改めた。

・本書では基本的に西暦を使用している。

・本書では、史料で使われている「本島人」「生蕃」などの用語をそのまま使用した場合がある。「本島人」とは「台湾漢人」及び「平埔族」（漢化した台湾の先住民）を指す。「生蕃」は、漢化していない台湾の先住民を包含するものである。

序　章

一　問題の所在

　本書は、日本帝国による植民地支配下の台湾と朝鮮における監獄の機能について、その法制及び運用実態を中心として、全容を具体的に明らかにすることを目的としている。

　日本は 1895 年に台湾を領有し、植民地として支配し始めた。これを機に、近代西洋を範とする法制が日本を経由して台湾に導入されていった。その後、1905 年から、日本は朝鮮半島に統監府を設置し、一連の国際条約を通じて、文明国の指導者の姿をもって大韓帝国の主権を侵食していき、最終的に併合した。このような動きによって、もともと伝統的中国法系に属する台湾と朝鮮とが植民地とされ、近代日本法の統制下に置かれた。そのなかで重要なもののひとつが、植民地法整備における監獄法制及び措置に関する整備である。

　清代の台湾と朝鮮王朝では、官府法によって、笞、杖、徒、流、死という五刑を公式に設けていた[1]。その中で徒刑は受刑者の自由に制限をかけ、労役させるという特質がある。これに加えて、監獄というものは清代の台湾あるいは朝鮮王朝においても既に存在していたが、いずれも未決囚を拘禁する場所であった[2]。このような法制を理解した上で、下記の清代末期と朝鮮王朝末期の名士の話から、前近代の監獄と近代的監獄との違いがさらに窺えよう。清代末期の沈家本は従来、中国において監獄学という学問は存在していなかったと述べている[3]。これによって、清代の法律には監獄学という知識がまだ発展していなかったことがわかる。一方、朝鮮王朝の開化派の一人である朴永孝は建白書で、懲役の法を定めて懲役の場を設け、最も重大な罪でなければ殺さず、そのうえで

1）金淇春『朝鮮時代刑典―経国大典刑典을 中心으로』三英社、1990 年、90 頁。王泰升『台湾日治時期的法律改革』聯経出版、2014 年、299-300 頁。
2）李鍾吉『朝鮮社会法史考』동아대학교출판사、2012 年、136 頁。王泰升『台湾日治時期的法律改革』、299-300 頁。
3）沈家本「与戴尚書論監獄書」『寄簃文存』巻五、台湾商務印書館、1976 年、23 頁。

懲役させるべきことを主張している[4]。もし当時の朝鮮王朝の法制下で既に近代的監獄あるいは自由刑が設置されていたならば、このような要請を出す必要はないだろう。このように概観すると清代の台湾及び甲午改革以前の朝鮮王朝には近代的監獄制度が存在していなかったのである。

二　植民地監獄に対する考え方

(一)「文明的」刑罰

　近代的監獄は近代国家が人道主義をもって、受刑者の身体に苦痛や損傷を与える身体刑に代わり、受刑者を国家の監視下におき受刑者に矯正処遇を行って規律を正すという、刑罰改革の理念の現れとして誕生した。このような思潮によって、身体刑の廃止も重要視されるに至った。したがって、近代国家を目指す明治政府は旧来の身体刑を廃止し、多用されていた死刑も制限した[5]。一方で、近代的監獄が整備されているかどうかが近代的文明国か否かの一つの基準となっていたため、日本は明治維新以後、条約改正のために、近代的監獄の整備に着手しなければならなかった。

　このような流れの中で、日本が台湾を領有した後、近代的監獄事業を整えることができるのかどうかという点も他の先進国から注目されていたのである。イギリスのベーン商社の従業員である荘水治の場合は、台南監獄で死亡しており、監獄で強制的な断髪、及び虐待を受けた疑いが持たれた。イギリスの領事や新聞はこの事件をめぐり、台湾総督府に対して厳格な調査を実施するよう要求した。台湾総督府はこれらの批判に応じて、行刑の運営を検討した[6]。他方で、韓国併合の前哨である「韓

　4）朴泳孝「建白書」月脚達彦訳注『朝鮮開化派選集：金玉均・朴泳孝・兪吉濬・徐載弼』平凡社、2014年、108頁。

　5）新井勉「朝鮮総督府の笞刑について：刑罰史の一幕」『日本法学』第80巻第2号、2014年、259-260頁。

国司法及監獄事務委託ニ関スル覚書」は、治外法権撤廃の実績のある日本が文明国の指導者の姿をもって大韓帝国の司法及び監獄事務を近代化させ、大韓帝国の治外法権を撤廃しようとしたことの現れである。当時の外国、例えばイギリスでは、日本の新式監獄に比べ大韓帝国の監獄が甚だ旧式であったため、自国民をこのような監獄に投じることに反対した[7]。この例を見ると、その目的が、植民地統治の正当化にあったにせよ、植民地台湾、あるいは朝鮮において日本帝国による近代監獄制度の施行が必要だとされたのであろう。このように、近代監獄制度を整備することは文明的であることを示す尺度になっていたものと見受けられる。

　一方、文明的とはいっても、刑罰は違法者を罰するため、もとより暴力の要素も含まれる。つまり、「統治者―犯罪者」という図式をもって監獄を考えるべきである。Max Weber によれば、近代的国家は領域内の暴力を独占することが一つの特徴であるという。そして、国家はこのような暴力の使用を正当化する。独占され正当化された暴力とは、例えば、軍隊、警察、刑罰などである[8]。刑罰の中で、死刑は違法者の命を奪う暴力であり、自由刑は違法者の自由を剝奪する暴力であり、罰金刑は違法者の財産を取り上げる暴力である。近代監獄は刑罰の一つである自由刑の拘禁施設であり、決して安楽に暮らせる場所ではないと考えられる。いわゆる、近代監獄は暴力と文明の両面性を具備しているといってもよい。但し、制度と運営によって、監獄が示す暴力及び文明のそれぞれの度合いは一様ではない。このような近代監獄が日本帝国内地及び両植民地において設置・運営されていった。

　ここで特に指摘すべき点は、植民地を形成する過程で近代国際法秩序が「文明」の基準をもたらした一方で、この近代国際法自体が、帝国主

6）「英商ベーン商社雇荘水治入監中死亡ニ関スル件」（1897 年 11 月 04 日）、「明治三十一年乙種永久保存第二十六巻」、『台湾総督府档案』、国史館台湾文献館、典蔵号：00000285007。林政佑『日治時期台湾監獄制度与実践』国史館、2014 年、89-91 頁。

7）『日本外交文書』43-1、697 頁。

8）Weber Max. *From Max Weber: Essays in Sociology*. New York: Oxford University Press. 1946, p. 78.

義を核心として西洋諸国が非西洋諸国を差異化し、さらには植民地主義を正当化する特徴を備えていたことである[9]。近代法や人権の概念が生成された当時に持っていた植民地主義的性格は、正面から直視されるべきである。しかし、それが現代において近代法や人権の概念を一律に拒絶すべきであることを意味するのだろうか。このような拒絶は、いわばたらいの水を捨てる際に赤ん坊まで一緒に捨ててしまうような行為に似ていると言えるだろう[10]。現代の私たちは、これらの概念を脱植民地主義的な性格に転換する努力を試みるべきである。それでは、どのようにしてそれを実現すれば良いのだろうか。近代法の実際の運用状況を明らかにすることがその手掛かりとなる。もし、私たちの視点が先進国の法制度における「あるべき姿」の観察にとどまり、その国の法制度の実際の運用に目を向けないのであれば、その国についての理解が不十分になりかねない。また、単に「あるべき姿」への憧れに止まり、先進国と非先進国との格差をさらに広げ、新たな形の植民地主義の関係を強化する可能性も出てくる。

　また、法制度そのものを見るだけでなく、その法制度が人々にどのよ

---

9) Antony Anghie, *Imperialism, Sovereignty and the Making of International Law* (Cambridge: Cambridge University Press, 2005). また、戦前の日本人法学者の多くは、植民地支配の正当性に対する批判をほとんど行っていなかった。植民地の帝国大学において国際公法の講座を担当していた日本人法学者を例に挙げてみよう。過去の研究では、京城帝国大学の泉哲は比較的被植民者に友好的であったとされる代表的な学者であるが、基本的には植民地主義を容認し、その統治の方法について批判を加えるにとどまっていたと見受けられる。もう一人、同じく京城帝国大学で教鞭を取っていた祖川武夫は、戦後、日本による朝鮮統治の方法について批判を行ったが、当時植民地支配そのものの正当性について疑問を呈することはなかったようである。泉哲『国際法概論　3版』有斐閣、1923年。泉哲『植民地統治論　2版』有斐閣、1924年。祖川武夫『国際法と戦争違法化：祖川武夫論文集　その論理構造と歴史性』信山社、2004年、252-253頁。

10) Anghie が述べたように、第三世界の視点から西洋の価値観を批判することは、必ずしも西洋がもたらした価値を完全に否定することを意味するものではない。すべての人間の尊厳を向上させる世界を構想することは、多くの第三世界の人々が追求してきた理想でもある。したがって、人間の尊厳を核心として、植民地法制を反省することは必要不可欠である。Antony Anghie, "Rethinking International Law: A TWAIL Retrospective," *The European Journal of International Law* 34, no. 1 (2023): 110-11.

うな影響を与えるのかにも目を向けることができれば、植民地と宗主国あるいは複数の植民地の相互の異同をより明確に認識することができるだろう。それだけでなく、地域ごとの独自の方法で人権を実現するための道を見つけ出すことも可能になる。植民地の視点から法制史を記述することは、戦前の日本の法律史を考察するだけでなく、近代法そのものの反省と理解を深める上でも有益となるだろう。

（二）　植民地主義の表れ

　植民地の監獄は植民地主義による暴力の現れであるという視点もある[11]。植民地主義はラテン語の「colōnia」、「colonus」とルーツを共有する。Colōnia は植民地または集落がローマ市民によって征服または併合された土地で、Colonus は開拓者、耕作者、農家を示す。これらの単語は、植民地化される空間の再編成及び政治的忠誠心が外部にとどまっている外来者の移住を表し[12]、ある空間に先住する集団の土地と資源、文化的及び政治的プロセスを別のグループが支配することを指す。植民地主義には、権力、暴力、および文化的及び社会的支配などの一連の政策あるいは戦略が含まれる[13]。そして、植民者は自分の利益のため、被植民者から資源、土地などを奪うことにともない、暴力も制度化することになる。植民地の刑事司法は、この植民者によって制度化される暴力の一環と見做される[14]。つまり、植民者は統治のため、監獄を通じて被植民者を抑圧していたということである。そして、植民地における監獄は人種を区別の基準として、「植民者—被植民者」という図式を具現化し、主に植民地統治において展開された暴力の場であると認識できる。

　この見方によると、植民地の監獄で最も多く収容される受刑者は、政

11）朴慶穆「일제강점기 서대문형무소연구」忠南大学校大学院、2015 年。

12）Margaret Kohn, "Colonialism," in *The Stanford Encyclopedia of Philosophy*, ed. Edward N. Zalta（2014）, http://plato.stanford.edu.

13）Nicholas Thomas, *Colonialism's Culture: Anthropology, Travel and Government*（Melbourne: Melbourne University Press）.

14）Chris Cunneen and Juan Tauri, *Indigenous Criminology*（Bristol: Bristol University Press, Policy Press, 2016）, 46.

治犯のような植民者に抵抗する者であると推論できる。では、日本の植民地であった台湾と朝鮮の監獄における収容者の様相はどうだったのであろうか。

　まず、台湾と朝鮮における在監者の中で最も多かったのは、どの民族だったのか。下記の表序-1に示すように、台湾では本島人が最も多く、朝鮮では朝鮮人の数が多かった。

　次に、台湾と朝鮮の総督府による各年度の統計資料に基づき筆者が作成した表序-2からは、窃盗罪をはじめとする財産犯罪が収容者数の1位を占めていることが分かる。さらに、監獄に収容されていた受刑者の生活水準に関するデータを参照すると、きわめて多くの監獄受刑者が、もともとの生活水準が高くなく、中下層の生活を送っていたことがわかる[15]。しかし、これは単に植民地の受刑者だけの特徴ではなく、日本内地でも同じように財産犯罪の受刑者が刑務所に多数いた[16]。このことを考えれば、被植民者の抵抗を消滅させる装置として機能したという見方だけでは、植民地監獄を説明することはできない。

　筆者は、暴力は確かに植民地主義の重要な特質であると考えており、

表序-1　朝鮮と台湾の監獄における被植民民族の在監者数（単位：人）

	朝鮮の在監者数	朝鮮人在監者数	台湾の在監者数	本島人在監者数
1915 年	9810	8754	3297	3023
1920 年	14450	13500	3032	2621
1925 年	13119	12372	3075	2759
1930 年	17232	16507	3154	2835
1935 年	18440	17153	4147	3749
1940 年	19254	18614	4506	4168

出典：台湾総督府編、各年度『台湾総督府統計書』及び朝鮮総督府編『朝鮮総督府統計年報』。筆者作成。

15）林政佑『日治時期台湾監獄制度与実践』国史館、2014 年、208 頁。森浦藤郎「犯罪上より観たる朝鮮の世相」『治刑』第 15 巻第 2 号、1937 年、14 頁。
16）小澤政治『行刑の近代化：刑事施設と受刑者処遇の変遷』日本評論社、2014 年、134 頁。

その点について全く否定するつもりはない。しかし、刑罰は元々国家暴力の現れであるため、植民地における刑罰だけではなく、宗主国における刑罰も国家暴力の本質を持ち、合法と不法を含んでいることは否定できない[17]。植民地で強盗を行った犯罪者が裁判所の判決を受けて懲役刑に処される場合、また宗主国で強盗を行って有罪判決を受け、懲役刑に処される犯罪者の場合、基本的にはどちらも国家の暴力を本質とする刑罰制裁を受けている。筆者は、暴力、植民地主義、刑罰の関係をより明確に理解するためには、単純に暴力という視点から植民地主義と刑罰を一括りに理解するのではなく、それぞれを区別して考える必要があると

表序-2　朝鮮と台湾の監獄における新入監者人数及び窃盗罪を犯した新入監者人数の割合

	朝鮮の新入監者数	朝鮮の窃盗罪を犯した新入監者の割合	台湾の新入監者数	台湾の窃盗罪を犯した新入監者の割合
1915 年	11570	28%	3190	67%
1920 年	14450	43%	2129	38%
1925 年	13119	39%	3434	39%
1930 年	17232	43%	2977	32%
1935 年	18440	48%	3027	35%
1940 年	19254	51%	3286	54%

出典：台湾総督府編、各年度『台湾総督府統計書』及び 朝鮮総督府編、各年度『朝鮮總督府統計年報』。筆者作成。

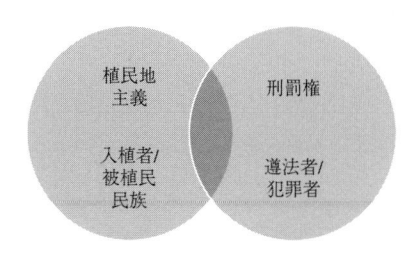

図序-1　植民地主義と刑罰権の交錯

---

17) 不法な刑罰とは、法規範に基づかない処罰、たとえば拷問などを指す。不法な刑罰については本書で議論の中心とするものではなく、今後の課題として研究対象とする。

考える。そうしなければ、植民地刑罰と宗主国刑罰の違いが曖昧になり、明確に見えなくなる恐れがあるため、概念的な枠組みで区別することが必要である。

　以上の検討を踏まえて、植民地統治及び自由の剥奪という刑罰の二つの文脈における植民地監獄の性質を掌握すべきであろう。

　これら二つの視点で考えると、植民地主義による暴力という面を把捉したいのであれば、植民地主義による暴力は刑罰による暴力とは区別されなければならない。だが、次の疑問が直ちに浮かぶであろう。この二つの暴力の線の交錯は避けられないものであるが、それをいかに区別すべきか、と。これについて解明しようとするならば、日本内地の監獄に関する制度及び運用実態を視野に入れる必要があると考えられる。即ち、日本内地でも同じ監獄制度が適用され、同じ運用実態があれば、単に植民地統治による暴力に帰することはできないと考えられる。このような場合、むしろ刑罰による暴力に帰するものと理解するほうがより的確なのではないだろうか。日本内地の在監者及び植民地の在監者はいずれも近代監獄がもたらす暴力と文明に遭遇したが、味わった文明と暴力の度合いは恐らく同様ではなかったであろう。筆者は、この植民地台湾及び朝鮮における監獄史研究を通じて、日本帝国の「文明」と「暴力」がもたらした作用の内実を正確に把捉できると考える。以上のような観点から、本書は、日本内地の監獄制度と運用実態を参照しつつ、植民地台湾及び朝鮮の監獄制度と運用実態を研究するものである。

　本書では植民地主義及び刑罰による暴力という二つの視点を総合的に捉え、以下の問題を提起する。まずは、日本帝国下における台湾及び朝鮮の監獄を取り上げ、日本帝国の監獄法制がどのような仕組みだったのか、それが収容者にどのような規律を求め、収容者にはどのように受けとめられていたのかという問題である。そして、それぞれが植民地台湾及び朝鮮でどのような異同を示していたのかという点である。これらを明らかにし、東アジア近代法制史の新たな地平を拓きたい。

三　先行研究

（一）植民地の監獄史に関する研究

(1) 台湾

　植民地台湾の監獄に関する歴史研究については黄静嘉が1960年代に日本統治時代の法制と植民地統治をテーマとした論考を発表している。そこでは植民地統治の刑罰は強い弾圧であったという見解が主張されている[18]。だが、監獄制度の側面については十分に研究し尽くされてはいない。植民地台湾の監獄史研究に最初に触れたのは、1990年に台湾の法務部が編纂した『獄政史実紀要』である[19]。しかし、日本統治時代の監獄史に関する記述量は少なく、監獄制度及び実態に関する研究はまだ不十分であったと考えられる。その後、王泰升の一連の台湾法制史研究は、台湾自らの歴史を主体とした視点から、台湾の刑事司法制度における清帝国から日本統治時代までの法的継受の過程を明らかにした。特に、近代的自由刑は清朝の大清律例には欠如していたことを指摘し、日本の植民地統治を通じて、近代的自由刑が台湾に継受されたと述べている[20]。

　以上の先行研究の視角から、植民地台湾における監獄史研究は、従来の植民地主義的暴力のみに着目することから、近代刑罰に内在する暴力との結びつきを視野に入れることへと展開してきたといえる。このような視角の変遷は、植民地監獄に関する議論を深化させるための基盤を形成するものと考えられる。

　その後、日本統治時代の資料が大量に発見、編纂されるに至り、いくつかの研究によって日本統治時代初期の監獄制度が更に掘り下げられた。1998年、檜山幸夫は主に台湾総督府文書を使い、日本統治時代初期の監獄制度及びその実態について研究した[21]。アメリカの日本史研究者の

---

18) 黄静嘉『日拠時期之台湾殖民地法制与殖民統治』自費出版、1960年。
19) 法務部『法務部獄政史實紀要』法務部、1990年、185-186頁。
20) 王泰升『台湾日治時期的法律改革』。

Daniel Botsman は同じく初期における監獄と笞刑との関係について触れ、植民地監獄の文明性及び笞刑の例外性を指摘している[22]。Helen Louise Murphy の修士論文も、やはり日本統治時代初期を研究範囲とし、監獄建築物の成立に着目している[23]。しかしながら、日本統治時代の監獄史の全体像を解明するには至っていなかったと考えられる。

蔡宛蓉は日本統治時代の台湾監獄制度を整理研究し、制度の変遷を明らかにした[24]。だが、植民地台湾の監獄制度の刑事司法体系における位置づけや、監獄制度及び社会との関係については、本書の問題意識から考えると、まだ検討する余地があると思われる。本書の前段階である筆者の修士論文は、同じく日本統治時代の監獄法制史の全体像を検討するだけではなく、David Garland の提示した研究手法を用いて、監獄と社会との関係にまで広げて研究したものである[25]。だが、修士論文執筆時点での問題意識は日本統治時代における台湾の監獄史研究という観点からのもののみであった。本書では、これをさらに拡張し、日本帝国史という出発点から研究を進める必要があるため、本書では日本内地との相互関係、及び同じく植民地であった朝鮮との異同を解明したい。

(2) 朝鮮

植民地期の朝鮮の監獄史研究については、1987 年に韓国の法務部が編纂した『韓国矯正史』の中に記述があるが、植民地期の監獄法条文については言及があるものの、詳しい行刑内容は未解明の点が多い。また、法制史学者である朴秉濠[26] 及び鄭肯植[27] は、それぞれの論考で日本統

21) 檜山幸夫「台湾における監獄制度の確立」収録：檜山幸夫編『台湾総督府文書目録』第五巻、ゆまに書房、1998 年、465-513 頁。
22) Daniel V. Botsman, *Punishment and Power in the Making of Modern Japan* (Princeton, NJ: Princeton University Press, 2005.
23) Murphy Helen Louise「日拠時期台湾的獄政」政治大学台湾研究英語修士学位学程修士論文、2006 年。
24) 蔡宛蓉「日治時期台湾監獄制度之研究（1895-1945）」台湾師範大学台湾史研究所修士論文、2010 年。
25) 林政佑『日治時期台湾監獄制度与実践』。
26) 朴秉濠『한국법제사』민속원、2012 年。

治時代の朝鮮における刑事司法の輪郭を描き出しているが、監獄の法制及び運用に関する記述はまだ十分とはいえない。植民地朝鮮の法制史研究については、近年、重要な研究成果も出され、日本帝国が裁判制度や地方制度等をもっていかに朝鮮を統治したのかという実相が明らかになってきた[28]。

　李鍾旼は体系的に植民地の朝鮮における監獄制度を研究しており、朝鮮王朝時、刑罰は報復のためという趣旨により身体刑及び流刑が中心であり、すでに日本統治下にあった 1920 年までの時期においてもまだ笞刑が使われていたことを指摘した。また、日本の植民地となったことにより近代的監獄に関する文明的な制度が導入されたが、朝鮮の収容者は過酷な過剰収容と行刑処遇の不安定感により苦痛を受けていたことも指摘している[29]。そして、植民地朝鮮における監獄教誨に焦点を絞り、規律権力がいかに展開されたのかという点について、Foucault の理論を適用できるかどうかを検証した[30]。しかし、このような考察に対して、1920 年代の植民地朝鮮の監獄教誨を研究している山本邦彦は、Foucault の理論が植民地監獄に対する分析にどこまで有効なのかをめぐっては既にいくつかの先行研究で指摘されてきたが、恐らく行刑の全体像は明らかにされておらず、Foucault の理論がふさわしいかどうかという点もまだ決着していないと指摘する[31]。

　また、監獄行刑に関する研究もいくつか蓄積されている。とりわけ、朴慶穆は西大門監獄に関する資料を用いて、西大門監獄の歴史を中心と

27）鄭肯植『韓国近代法史攷』博英社、2002 年。

28）山中永之佑『帝国日本の統治法：内地と植民地朝鮮・台湾の地方制度を焦点とする』大阪大学出版会、2021 年。岡崎まゆみ『植民地朝鮮の裁判所：慣習と同化の交錯・法の「実験」』晃洋書房、2020 年。

29）李鍾旼「1910 년대 근대감옥의 도입 연구」『정신문화연구』第 22 巻第 2 号、1999 年、185-205 頁。李鍾旼「식민지 시기 형사 처벌의 근대화에 관한 연구─근대 감옥의 이식. 확장을 중심으로」『社会와歴史』第 55 号、1995 年、11-39 頁。

30）李鍾旼「감옥 내 수형자 통제를 통해 본 식민지 규율 체계」연세대학교 국학연구원 編『일제의 식민지배와 일상생활』혜안、2004 年。

31）山本邦彦「1920 年代朝鮮における監獄教誨の一考察：勤労の強調をめぐって」『佛教大学大学院紀要 文学研究科篇』第 38 号、2010 年、73-88 頁。山本邦彦「一九二〇年代植民地朝鮮における監獄教誨」『近代仏教』第 16 号、2009 年、75-108 頁。

して、いくつか研究成果を残しており[32]、他の研究者にも同様の研究がある[33]。これらの研究により、西大門監獄の状況は非常に詳しく解明されたが、朝鮮の監獄法制の全体像の変遷にはまだ解き明かされていない点があると思われる。それ以外に、独立運動家の仮出獄に関する研究もある[34]。また、李鍾旼の植民地朝鮮の監獄に関する著書では、これまでの研究を踏まえつつ、朝鮮監獄における教誨制度や日本の植民統治以降の状況についても検討している。特に、思想犯の管理に関して多くのページが割かれ、詳細に論じられている[35]。しかしながら、植民地朝鮮監獄の研究は主に思想犯や独立運動家に着目しており、一般受刑者の処遇についてはさらに研究の必要があると考える。

2011 年、Michael Sprunger は、博士論文で 1875‒1938 年の朝鮮王朝末期から植民地期までの朝鮮の犯罪と刑罰を取り上げ、David Garland の研究手法を用い植民地期朝鮮の犯罪と刑罰を研究し、植民地期の刑罰は単なる政治手段の一つとしてではなく、むしろさらに複雑な社会的制度であったと理解した方がよいと述べている[36]。以上のレビューから、思想犯に関する研究は植民地朝鮮の監獄史において多くの関心を集める一方、植民地主義的暴力に加えて、近代刑罰に内在する暴力の側面も注目されるようになっていることが確認できる。

(3) Foucault への批判

以上に挙げたいくつかの植民地の監獄史研究では、Michel Foucault の

32) 朴慶穆「1930 년대 서대문형무소의 일상」『한국근현대사연구』第 66 号、2013 年、65‒116 頁。朴慶穆「일제강점기 서대문형무소 여수감자 현황과 특징」『한국근현대사연구』第 68 号、2014 年、43‒103 頁。

33) 양성숙「105 인 사건과 서대문형무소 연구」『민족사상』第 3 巻第 1 号、2009 年、199‒252 頁。

34) 김정아「일제강점기 독립운동가「仮出獄関係書類」에 대한 검토」『한국독립운동사연구』第 41 号、2012 年、235‒273 頁。

35) 李鍾旼『식민지 조선의 감옥』역사공간、2024 年。

36) Michael Sprunger, *Grafting Justice: Crime and the Politics of Punishment in Korea, 1875‒1938* (PhD diss., University of Hawai'i at Mānoa, ProQuest Dissertations Publishing, 2011).

考察がしばしば参照されている。確かに Foucault による規律権力と監獄との関係についての考察は[37]、今までの監獄史研究あるいは監獄研究に多大な影響と啓発をもたらしたことは間違いない。Foucaul は、かつての君主の王権による生殺与奪から近代的な国家の権力メカニズムへの変遷を解明するのに有用な手法を提示している。Foucaul は、刑罰においては、死への恐怖による支配から規律訓練権力に基づく懲役刑という変遷を指摘した。権力が自らの機能を生命の管理に充てた時から、死刑の適用がますます困難になってきたのは、人道主義的感情などによるものではなく、権力の存在理由と権力の存在論理とによるものであるという[38]。近代監獄の誕生にともない、規律権力が近代社会における監獄の如く監視する仕組みとして作動するという知見によって、近代監獄の表す規律権力は近代監獄以前の権力と異なることが解明された。しかし、David Garland が指摘する通り、Foucault の監獄史の研究手法は権力に立脚して展開したものであり、文化面からの視点が十分に考慮されていないという問題がある[39]。20 世紀以来、数多くの処罰と社会に関する研究成果が出るに至って、処罰と社会との関係をめぐって、異なる視点からいくつかの要因が提示されている[40]。単一の要因で処罰と社会との関係を解釈するような還元主義は実際の状況と合致していないため、総合的視点に立脚した研究手法が求められるべきであろう。

　また、Nadin Heé は、台湾の植民地支配に関する言説を取り上げた研究において大量に Foucault の理論が使われている点を批判している。確かに、Nadin Heé の指摘のように Foucault の研究はそもそも植民地とのつながりが薄いため、その理論をどこまで植民地の状況に適用すること

37）Michel Foucault, *Discipline and Punish: The Birth of the Prison*, trans. Alan Sheridan（New York: Vintage Books, 1979）.

38）Michel Foucault 著、渡辺守章訳『知への意志』新潮社、1986 年、171-175 頁。

39）David Garland 著、向井智哉訳『処罰と近代社会：社会理論の研究』現代人文社、2016 年、212-218 頁。

40）Jonathan Simon and Richard Sparks, "Punishment and Society: The Emergence of an Academic Field," in *The SAGE Handbook of Punishment and Society*, ed. Jonathan Simon and Richard Sparks（London: SAGE, 2013）, 1-20. David Garland『処罰と近代社会：社会理論の研究』。

ができるのかという問題がある[41]。そして、Nadin Heé は、既存の研究が文明化措置、知の生産、身体暴力の行使の同時性にも、帝国の知識創造と多様な植民地暴力との相互作用にも焦点を当てていないと指摘している[42]。この指摘に応えるため、監獄制度と関わる植民地言説、身体暴力との関係を視野に入れる必要があると考えられる。

(二) 理論の位置付け

　以上の植民地朝鮮及び台湾における監獄史の先行研究を基礎として、いくつかの理論を参照しながら、本書の位置付けを明確にしたい。

(1) 監獄のイデオロギー的な力と国民統合

　西川長夫は監獄が近代国家の国民統合装置の一つであると述べている。それによれば、国民統合装置は「国民」を作り出す一方で、「非国民」を排除する構造を有するという。安丸良夫は近世日本の刑罰から近代における監獄の誕生の過程を考察し、明治国家の国家権力がどのように民衆の生活に関与したのかという点に答えを与えている[43]。しかし、戦前の日本の監獄制度とその運営が、国民統合において、具体的に如何なる役割を担ったのかという点については、まだ解明の余地があるだろう。

　西川のこの指摘からは、社会学者 Michael Mann の理論と多くの関連性を見出すことができると考えられるが、ここで一つ指摘したい。Michael Mann による社会に対する理解に基づくと、社会はイデオロギー的な力、経済的な力、軍事的な力、政治的な力によって構成されていると言える[44]。イデオロギー的権力とは、特定の意味を構築し、規範的な理解を形成することで内部の統合を促進する力を指す。また、この権力

---

41) Nadin Heé, "Taiwan under Japanese Rule. Showpiece of a Model Colony? Historiographical Tendencies in Narrating Colonialism," *History Compass* 12, no. 8 (2014): 634.

42) Heé, "Taiwan under Japanese Rule," 637.

43) 安丸良夫『一揆・監獄・コスモロジー：周縁性の歴史学』朝日新聞社、1999 年、174 頁。

44) Michael Mann, *The Sources of Social Power: Volume 1, A History of Power from the Beginning to A.D. 1760* (Cambridge: Cambridge University Press, 1986), chap. 1.

図序-2　国民統合の前提と諸要素

1. 市場 / コミュニケーション網 / 土地制度 / 税 / 貨幣一度量衡の統一 （経済統合） 2. 憲法 / 国民議会 / （集権的）政府一地方自治体（県）/ 裁判所 / 警察 / 刑務所 / 軍隊（国民軍、徴兵制）（国家統合） 3. 戸籍 / 家族 / 学校 / 劇場 / 博物館 / 政党（国民統合） 4. 国民国家のさまざまなシンボル / モットー / 誓約 / 国旗 / 国歌 / 国語 / 暦 / 修史、地誌編纂（文化統合） 5. 市民（国家）宗教一祭典（伝統の創出ーホブズボーム、新しい宗教の創出ーミシュレ）

出典：西川長夫『国民国家論の射程：あるいは「国民」という怪物について』柏書房、2012年、7頁。

は儀式や美学的実践とも結びつく特徴を持つ[45]。我々はよく「監獄は社会の縮図である」という言説を耳にする。そのため、監獄行刑を考察することを通じて、これら四つの力がどのように社会を構築しているかを観察することができるのではないかと考えることができる。ここで、西川長夫が指摘した「国民統合」の概念は、監獄がイデオロギー的な力を表現する手段として機能し得ることを示していると言える。Mann が提示した四つの力の観点から、国民統合措置の一つとしての監獄の運用状況をより精緻に考察することが可能であると考えられる。

　本書では、この国民統合の仕組みを帝国の枠組みで考えていく[46]。近代の帝国とは、主権国家体系の下で国民国家の形態を採る本国と、異民族・遠隔支配地域から成る複数の政治空間を統合していく統治形態を意味するが、これが国民帝国という概念で言うところの帝国である。そして、権力核である宗主国を中心とした複数の政治社会によって構成され、序列化した法的多元性をもった統合体系として国民帝国は存在することになる[47]。戦前の日本帝国は、このような国民帝国の形で宗主国と異なる法域の台湾、朝鮮、中国の一部、南洋群島などを統合していた。この

45）Ibid., 22-23.
46）西川長夫はこの仕組みの構想を植民地統治までも役に立つと述べている。西川長夫『国民国家論の射程：あるいは「国民」という怪物について』、93頁参照。
47）山室信一「『国民帝国』論の射程」山本有造編『帝国の研究：原理・類型・関係』名古屋大学出版会、2003年、89、116頁。

ような事実から、監獄制度は国民帝国の統合装置の一つとして、日本帝国の社会統制の目標を達するために運営されていたといえる。国別史を越え、監獄に関する制度が帝国内でどのように生成、展開したのか、帝国の受刑者はどのように扱われたのか。このような問いへの考察を通じて、日本帝国の監獄法制の性格、受刑者がいかに序列化されたのかという点がさらに明確になるだろう。

(2) 強制的ネットワークと国家の権力

　植民地監獄史を巡る課題について、特に暴力という課題が注目を浴びている。Taylor Sherman は植民地の刑罰をめぐる議論に対して、「強制的ネットワーク」（coercive network）という分析的枠組を提言している。植民地で行われる支配者の公の刑罰から代理人による準刑罰ないし私的暴力までを網羅する広い視点に立って観察を行い、「強制的ネットワーク」の分析的枠組みを用いることによって、帝国の制裁に関するネットワークが解明できるという[48]。しかしながら、「強制的ネットワーク」においては、刑罰が何らかのネットワークの下で常に相互に関係し、あるいは常に一貫性を持って行われるものではなく、矛盾や予測不可能な事態も起こり得る[49]。「強制的ネットワーク」ですべての刑罰を網羅するには限界があり、隙間が存在している。とはいえ、「強制的ネットワーク」という分析的枠組は前述の David Garland と同じように、あるいはそれ以上に帝国統治の複雑性を包括できると考えられる。

　上記の概念を受けて、近代日本帝国における監獄処遇と社会との関係を考える場合、どのような態度を取るべきだろうか。この点について、先行研究から重要な示唆が得られる。近代日本の監獄史の理解は、「感化」と「懲戒」という二つの原理の変遷を通じて考察することができる。「感化」とは、教育や教化を通じて受刑者を改善することを重視する原

---

48) Taylor C. Sherman, "Tensions of Colonial Punishment: Perspectives on Recent Developments in the Study of Coercive Networks in Asia, Africa and the Caribbean," *History Compass* 7, no. 3 (2009): 659–77.

49) Ibid., 659–677.

理である。一方、「懲戒」とは、労働による身体的・精神的苦痛を課すことで罰を与え、再犯を防止することを目的とする原理である[50]。感化原理の展開としては、受刑者に悔悟と改心を促すために、教誨や賞与、仮釈放といった制度が利用されることが挙げられる。一方で、懲戒原理は、受刑者を安価な労働力として扱い、産業の育成や国家のインフラ整備に利用する形で表れている[51]。この二つの原理は完全に固定されたものではなく、監獄の処遇方針はこれら二つの間で揺れ動きうる。例えば、感化主義を重視する監獄方針が掲げられていても、財政的な不足により、実際には懲戒主義が採用されることがある[52]。

　完全に重なり合う概念ではないが、懲戒原理と感化原理の変遷は、後に発展した教育刑論や応報刑論とも関連づけることができる。さらに敷衍すると、感化原理や教育刑論には、国家が監獄処遇を通じていかに人間を改造することを目指すのかという国家の意図が含まれている。この人間改造のプロセスは、単に監獄内の受刑者に限らず、社会の協力を喚起しつつ、社会文化の改造を促進する側面も含まれる[53]。そのため、懲戒原理が国家による苦痛の付与を強調するのに対し、感化原理は国家単独では限界があり、より広範な社会的協力を必要とする点で特徴づけられる。

　さらに敷衍し、Michael Mann の提示した概念を借用していく。Mann は国家の権力を二つに分けている。一つは「専制的権力」（despotic power）である。この種の権力とは、国家が民間の社会団体と日常的か

50）繁田真爾「「感化」と「懲戒」の監獄史」『歴史評論』第 876 号、2023 年 4 月、6 頁。注意すべき点として、懲戒原理は必ずしも応報刑と同一視できるものではないといわれる。懲戒原理には特別予防の側面も含まれているからである。懲戒原理が重視することは、監獄処遇そのものがもたらす苦痛であり、これによって感化原理と明確に区別される。児玉圭司「明治前期の監獄における規律の導入と展開」『法制史研究』第 64 号、2015 年、41-42 頁。

51）児玉圭司「明治前期の監獄における規律の導入と展開」、12-39 頁。繁田真爾「「感化」と「懲戒」の監獄史」『歴史評論』第 876 号、2023 年、16 頁。

52）赤司友徳『監獄の近代：行政機構の確立と明治社会』九州大学出版会、2019 年。

53）林尚之「昭和初期の思想司法の展開と帰結：思想犯保護観察法、司法保護事業法の思想的基盤から」『人文学の正午』第 3 号、2012 年、100-101 頁。

つ制度化された交渉を行うことなく、一連の行動を取る権限を指す[54]。もう一つの権力は「インフラストラクチャー的権力」（infrastructure power）である。この権力は社会的ネットワークによって作動し、社会に浸透するものである[55]。刑罰の一つとしての自由刑は支配者から押し付けるのみであるため、これは支配者の強制によって一方的に行使される「専制的権力」に属すると考えられる。しかし、「自由刑」は「監獄の行刑、運営」と区別する必要があると考える。なぜなら、もちろん監獄行刑や運営は監獄法制に従うべきであるが、どこに監獄が建てられるのか、誰が監獄に入って教誨を施すのか、どのような作業を採択するのかなどは、監獄が立地する地域の社会、経済状況などと深く関わっているため、社会的な諸アクターや諸要因との関係の調整を通じて決められるからである。例えば、裁判所や学校などの施設である。この文脈から読み取ることができるのは、監獄行刑はインフラストラクチャーの一つであるという点であろう。このような「自由刑」―「監獄行刑」と「専制権力」―「インフラストラクチャー権力」の対応関係は、若林正丈が提示した「政治決定に関わる次元」―「政治決定の執行に関わる次元」と「専制権力」―「インフラストラクチャー権力」[56]に呼応し得る。この区別を用いることで、植民地における懲罰権力の構造や特質、運用実態をより明確に理解することが可能となる。

　上述の「懲戒／感化」（あるいは「応報刑／教育刑」）に関する議論を踏まえると、感化原理を徹底するためには、社会の協力と連携が不可欠であり、それによって初めて監獄行刑の目的を達成することが可能となる。この過程では、インフラストラクチャー的権力の強化がより必要とされるだろう。一方で、応報刑は拘禁による苦痛の付与に焦点を当てるため、より専制的な権力に依拠する傾向が強いと言える。

54）Michael Mann, "The Autonomous Power of the State: Its Origins, Mechanisms and Results," in *States in History*, ed. John Hall (Oxford: Blackwell, 1986), 113.

55）Ibid., 114-115.

56）若林正丈「可視化政策と秩序再編：再び「台湾という来歴」を求めて」『早稲田大学台湾研究所ワーキングペーパーシリーズ』第 1 号、2022 年、16-19 頁。

　多くの先行研究は、植民地社会では台湾にせよ、朝鮮にせよ、植民地当局からの一方向的な権力の行使ではなく、当局と社会的諸アクターとの交渉、相互関係も極めて重要であると指摘する[57]。植民地社会における民衆と植民者との相互交流に限界や壁が存在することは間違いないが、限界はどこまでか、壁の高さはどの程度かは各植民地によって異なるであろう。相互交流の限界は、厳密な植民地研究をする際に留意すべきであると考える。

　したがって、監獄行刑と運用実態についての考察には、インフラストラクチャー的権力の一つとしての監獄という視点が必要である。上述した西川長夫の国民統合論は国家や支配者が用いる装置が、どのように国民化していくのかという点を指摘しているが、作用する権力はどのような形で国民化するのかという点はまだ論じ切ってはいないと考えられる。Mann の提唱している多様な権力の源泉は、この方面の考察に大いに示唆をもたらした。

(3) 植民地近代性

　本書では植民地主義と近代性という二つの概念に言及するため、まず植民地近代性という概念を検討しておきたい。植民地台湾及び朝鮮の研究では近年、植民地近代性 (colonial modernity) をめぐる議論が盛んになっている[58]。この概念は 1990 年代に中国史研究者である Tani E. Barlow が最初に提起したもので、東アジアにおいて植民地主義と近代性とが繋がっているという命題を主張した[59]。植民地近代性という視点

---

57) 例えば、並木真人「植民地期朝鮮政治・社会史研究に関する試論」『東京大学大学院人文社会系研究科・文学部朝鮮文化研究室紀要』第 6 号、1999 年、109–130 頁。尹海東『植民地의 灰色地帯』歴史批評社、2003 年。陳文松『殖民統治与「青年」：台湾総督府的「青年」教化政策』国立台湾大学出版中心、2015 年。

58) 三ッ井崇「朝鮮史研究における「植民地近代 (性)」をめぐる議論の動向」『歴史科学』第 206 号、2011 年、1–9 頁。板垣竜太「〈植民地近代〉をめぐって：朝鮮史研究における現状と課題」『歴史評論』第 654 号、2004 年、35–45 頁。張隆志「殖民現代性分析与台湾近代史研究：本土史学史与方法論芻議」若林正丈、呉密察編『跨界的台湾史研究：与東亞史的交錯』播種者文化有限公司、2004 年、133–160 頁。

59) Tani E. Barlow, "On Colonial Modernity," in *Formations of Colonial Modernity in East*

は、単に植民地における民族の対立という図式に納めることはできないため、新しい糸口で東アジアの歴史を考察できる。その後、申起旭、Michael Robinson、Carter Eckert はこの概念を用い、統治の弾圧対抵抗という対立図式を乗り越え、植民地性と近代性との併存に着眼し、植民地主義、ナショナリズム、近代性という三者の相互関係を探求している[60]。いくつかの植民地朝鮮史研究では、日本の植民地統治により、近代の規律を人々が受容することになったと論じている[61]。そして、植民地近代性と関連する議論においては、尹海東が提唱している「植民地公共性」や「グレー・ゾーン」の概念が、植民地期における朝鮮人の多様な動きを見出すことを可能にし、「親日」と「抗日」というあまりにも安易な図式に見直しを迫った[62]。

尹海東が提唱した概念に対して、趙景達は民衆の生活に根ざした固有の文化により抵抗したのであり、植民地権力が容易に浸透したわけではないと反論している[63]。さらに敷衍すると、植民地社会における民衆の主体性はどのように認識できるのだろうか。植民地近代性を享有したのかという課題も検討し尽くされずに残っている[64]。この激しい論争を見ると、確かに植民地期の民衆の目線を把握しないと、植民地統治の権力は一体どこまで浸透したのかは解明できないと考えられる。

Asia, ed. Tani E. Barlow（Durham, NC: Duke University Press, 1997）1-20.

60）Gi-Wook Shin and Michael Robinson, "Introduction: Rethinking Colonial Korea," in *Colonial Modernity in Korea*, ed. Gi-Wook Shin and Michael Robinson（Cambridge, MA: Harvard University Asia Center, 1999）1-18.

61）例えば연세대학교 국학연구원 편『일제의 식민지배와 일상생활』혜안、2004 年。김진균・정근식『근대주체와 식민지 규율권력』문화과학사、1997 年。

62）尹海東著、沈熙燦・原佑介訳『植民地がつくった近代：植民地朝鮮と帝国日本のもつれを考える』三元社、2017 年。尹海東著、藤井たけし訳「植民地認識の「グレー・ゾーン」：日帝下の「公共性」と規律権力」『現代思想』第 30 巻第 6 号、132-147 頁。

63）趙景達「植民地近代の見方：暴力と主体の問題をめぐって」『民衆史研究』第 91 期、2016 年、51-58 頁。趙景達『植民地期朝鮮の知識人と民衆：植民地近代性論批判』有志舎、2008 年。

64）許英蘭「2008 ～ 2009 년도 일제 식민지시기 연구의 현황과 과제」『역사학보』第 207 号、2010 年、39-57 頁。

　この見方は、Frederick Cooper の論点との共通性が見受けられる。Cooper は「近代性」などの概念の濫用を避けるべきであり、植民地における具体的且つ多様な歴史像に基づいて探究すべきであると指摘している[65]。これらの知見により、植民地における近代法について、より詳しく分析できるようになった。植民地における法には、植民地性も存在するが、近代性の存在の有無についても探究する必要がある。しかも Cooper らの先行研究では、民衆の体験に基づいて解明すべきだと指摘されている。

　したがって、植民地近代性という概念によってもたらされた指摘は、植民地法制の分析に対する一助になると考えられる[66]。その際、歴史の実態と離れて、理念のみに陥る危険性を避けるため、さらに具体的に文脈化させる必要があるとの指摘は、植民地主義の探究のみに適用されるものではなく、近代法という概念のそれにも適用できると考えられる。近代法は民主主義や自由主義、個人主義に基づくものとよく言われるが、近代的監獄制度に関する検証においては、どのような文脈で行うかが重要な課題である。

　他方、近代法制度に対する具体的な考察を展開することにより近代法概念における、西洋中心主義による近代法概念を打破し得る。例えば、近代的国際法学はイギリス帝国の植民地統治を通じて形成されてきたと指摘する先行研究がある[67]。単に西洋から持ち込まれたのではなく、植民地と宗主国の相互関係によって生成されてきたものとも考えられ、こうした点をめぐっては、近代法制度に対する具体的な考察が有効なものとなりうるだろう。

　ゆえに、近代監獄制度について、グローバル的な視野で観察することが重要である。本書は当時の国際監獄会議に関する決議を利用して、近

---

65) Frederick Cooper, *Colonialism in Question: Theory, Knowledge, History*（Berkeley: University of California Press, 2005）.

66) 例えば、王泰升の研究では「植民地近代性」という概念もしばしば意識されている。王泰升『台湾法律現代化歴程：従「内地延長」到「自主継受」』。

67) Lauren Benton and Lisa Ford, *Rage for Order: The British Empire and the Origins of International Law, 1800–1850*（Cambridge, MA: Harvard University Press, 2016）.

代的監獄制度の文脈を探った。近代諸国は、自由刑を採用した場合に監獄改革はどのように行うべきかという課題にも向き合っており、各国それぞれに異なる監獄に関する経験を比較することによって適切な改革方法を発見できるとの発想に基づき、国際会議という形で会議を開催するに至った。これら一連のプロセスを考察することで、近代的監獄制度及び行刑の運営がどのようなものだったのかについて、その具体像を明らかにできるだろう。

　以上のように検討した結果、次のような視座が導かれるであろう。すなわち、近代監獄制度は植民地統治を通じて植民地台湾及び朝鮮で受容されたが、これらの法制は植民地社会に如何なる影響を与えたのか。また、植民地統治と近代性との相互関係はいかなるものだったのかという問題を検討するには、さらに植民地統治の複雑な様相についても探求する必要があり、植民地統治、近代性、法という三者の相互関係を念頭に置くことによって解明し得るというものである。その際、植民地近代性の論争によって提示された民衆の視点も考慮に入れることが有効であろう。

四　研究方法

(一) 比較法社会史

　植民地研究における多くの議論や概念は、植民地経済史の研究成果に基づくものが多く、例えば収奪論や開発論などが挙げられる。しかし、もし植民地法制史を探究するのであれば、こうした経済的視点からの観察は一定の助けになるものの、法制と経済はそれぞれ独立する研究対象として関心や議論の焦点が異なっており、観察の視点や研究方法も異なる可能性がある。したがって、本書は、植民地法制史の研究アプローチの一つとして、比較法社会史的な研究方法を提示することを試みている。

　まず、法制史研究においては、法制、言説、運用実態という三つの側

面に大まかに分けることができると考えられる。制度の側面は主に法制
度の形成と変遷に関わり、言説の側面は法学者や実務家などが制度や概
念について行った議論を中心としている。運用実態の側面には、司法実
務における判断や、民衆が制度に対して抱く意識や態度などが含まれ
る[68]。運用実態は事実としての面における動きであり、それはしばしば
社会における人々の実際の経験に深い影響を及ぼす。例えば、戦後の権
威主義統治時期における台湾では、法制上や統治側からの論述では拷問
を禁止する規定が存在していたにもかかわらず、政治犯が捜査過程で拷
問に遭う事例は珍しくなかった。このように、法制度とその運用実態
とのギャップを認識することによって初めて、正確な評価が可能とな
る。

　次に、単一の植民地や複数な地域を研究する際、「比較法」を用いる
ことが考えられる。近年では、山中永之佑の大作[69]が植民地朝鮮と台
湾の地方自治を分析しており、これは植民地法制史研究の重要な文献と
いえる。この大作から、植民地法制を正確に把握するためには、日本内
地の法制も比較に取り入れる必要があることがわかる。こうすることで、
植民地法制と日本内地法制の相違点や共通点を明確に把握でき、植民地
法制の特徴もより鮮明になる。したがって、植民地と宗主国の間におけ
る「比較法」研究は、植民地法制を探究する際に非常に重要な研究手法
であると言える。なぜなら、このような比較法研究を行わず、植民地で
実施された法制を単純に「植民地性の表れ」と見做せば、それは、やや
飛躍した推論となり得るため、宗主国において類似の法制が存在するか
どうかを観察する必要がある。もし存在するならば、その法制の内容に
どのような違いがあるのかを検討するべきである。このようにすること
により、植民地法制の特殊性を明確に把握できるだけでなく、植民地帝
国全体で使用されていた法制の共通性をも浮かび上がらせることができ

68）林政佑「法制・言説・実践から見る植民地監獄衛生医療」収録：日本法社会学会
　　編『法社会学の最前線』有斐閣、2023年、194頁。
69）山中永之佑『帝国日本の統治法：内地と植民地朝鮮・台湾の地方制度を焦点とす
　　る』大阪大学出版会、2021年。

る。

　まとめてみると、比較法社会史的研究方法とは、法を条文から静態的に分析するだけでなく、法は社会にどのような影響を与えるのか、社会と法はどのような相互作用をみせるのかということをも捉えるべきだというものである[70]。この過程においては、立法プロセスのみならず、行政プロセスや司法プロセスなどにおける法的コントロールの実現及び阻止に関わるアクターをすべて視野に入れる。史料を総合的に活用することによって、監獄職員・民衆・法律家などの経験と言説とを網羅的に把握することができ、そしてさらに法と社会との関係を掘り下げることができる。

　植民地体制の下、日本帝国は植民地台湾及び朝鮮に近代的監獄法制を整備していった。監獄法制の面から言うと、先行研究で既に指摘されているように、基本的に日本内地から延長適用していったものである[71]。しかし、これをもって、植民地台湾及び朝鮮における監獄事業は日本内地と同様だったといえるのだろうか。周知のように、条文としての法が現実に作用する法と一致することはなく、常にギャップを伴うという知見がある。この知見によれば、植民地の監獄は日本内地の監獄と同様に運用されていたかという問いを立てた場合、恐らく安易な断定はできないであろう。この問いの解決には、両植民地の監獄行刑に関する実態を直接分析する必要があるのではないか。条文化される法制あるいは思想に関わる言説は制度を運用実態へと導く役割を担うが、実現されないこともあるのだ。

　法制及び言説と運用実態の区分という観点からさらに補足しておこう。本書で「近代」という言葉を使う場合、そこには二つの意味がある。ま

---

70) Lawrence M. Friedman, "Some Problems and Possibilities of American Legal History," in *The State of American History*, ed. Herbert Bass（Chicago: Quadrangle Books, 1970）, 3-4.

71) 林政佑『日治時期台湾監獄制度與実践』。李鍾旼「1910 년대 근대감옥의 도입 연구」『정신문화연구』第 22 巻第 2 号、1999 年、185-205 頁。李鍾旼「식민지 시기 형사처벌의 근대화에 관한 연구——근대 감옥의 이식. 확장을 중심으로」『社會와歴史』第 55 号、1995 年、11-39 頁。

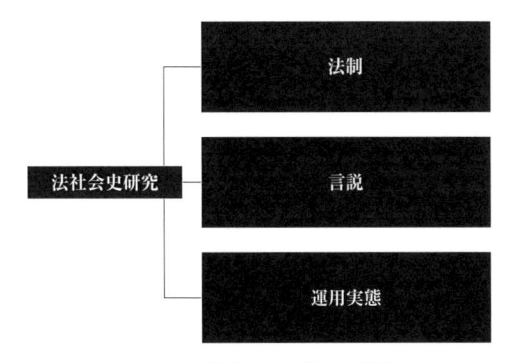

図序-3　法社会史の分析の枠組

ず、時代区分としての「近代」である。つまり、江戸時代、清代あるいは朝鮮王朝はすべて前近代に属する。もう一つの意味は法的な諸特徴を示す概念としての「近代」である。例えば、罪刑法定主義、個人主義などは近代法としての重要な特徴や要素とされている。この「近代法」は西洋から言説の次元で日本へ流入し、法整備によって規範力を備えた法制になった。これが意味するところは、近代法に関する言説は日本の伝統、社会条件などによって再編成されたということである。しかし、このような近代法の法制及び語りは必ずしも制度の運用実態面と等しくないと考えられる。つまり、本書が使う「近代」という言葉は時代区分と法制面あるいは言説面に立つ近代西洋法の諸特徴を示すが、それが直接運用実態面に反映されたという意味は持たない。

　そして、法と社会との関係を解明するには、まず、「社会」とは何かという疑問に応えなければならない。この大きな疑問に対しては、関係する領域ごとの概念やアプローチを用いて解明するという道もあると考える。したがって、法社会学からの多くの貴重な知見、例えば、法意識や法と訴訟動員などが分析手段として応用できる。本書は監獄収容者の体験、監獄看守と受刑者との関係及び監獄行刑に関する行政面の考察を通じて、植民地監獄と社会との関係を明らかにする。このような三者の関係を合わせて検討する研究は、法社会史研究といえるだろう。以上の図式を踏まえ、本書は法制、言説、運用実態という三つの次元を考察し、

両植民地における監獄の変遷を検討していく。

(二) 帝国史

イギリス帝国史の研究者である Tony Ballantyne は「帝国の網」(Webs of Empire) を提起して、宗主国あるいは植民地に偏った視点ではなく、日本帝国という共通の制度下で複数の植民地を一つのネットワークと捉えることで、ある概念がこのネットワークの中でどのように展開していったのかを考察している[72]。Ballantyne はこのなかで、帝国下にある宗主国と複数の植民地の間で概念はいかに変容するのかという問題意識を持っているが、筆者は、この点に着想を得て、法制度が帝国下にある宗主国と複数の植民地の間でいかに変容するのかという問題意識を持つに至った。

駒込武は帝国史研究の特徴を具体的に指摘する。第一に、単なる一つの植民地と宗主国という二項間の関係にとどまらず、複数の植民地と宗主国との構造を横断的に捉えること。第二に、日本内地から植民地への影響という側面だけではなく、植民地から日本内地への影響を解明すること。第三に、政治史と文化史の領域も重視すること。第四に、自明な「日本人」、「日本文化」と見做さず、この範疇の形成と変容に着目すべきことだという[73]。帝国史研究の方法を用いた先行研究の大部分は帝国にかかわる思想史に力を注いでいるが、帝国が構築した制度を対象とした研究についてさらに開拓する必要がある[74]。以上の傾向を踏まえ、本書では、監獄行刑において日本帝国下の受刑者はどのような処遇を受けたのかという点から出発し、日本内地の監獄制度と運用実態に鑑み、複数の植民地の監獄制度と運用実態を考察する。

最後に、トランスナショナルの視点から三つの地域の制度・運用実態

---

72) Tony Ballantyne, *Orientalism and Race: Aryanism in the British Empire* (Basingstoke: Palgrave, 2002), 1-17.

73) 駒込武『世界史のなかの台湾植民地支配：台南長老教中学校からの視座』岩波書店、2015 年、24 頁。

74) 松田利彦著、陳姃湲訳「日本帝国在殖民地的憲兵警察制度：従朝鮮、関東州到満洲国的統治様式遷移」『台湾史研究』第 14 巻第 4 号、2007 年、83-109 頁。

の異同を認識する試みにも触れておきたい。戦前の日本の外地のうち、関東州と南洋群島は別として、帝国憲法は基本的に樺太と台湾と朝鮮でも施行されたといわれている。さらに、台湾と朝鮮では委任立法が行われ、財政が独立していた点を指摘しておく[75]。このような共通の法構造から見ると、朝鮮と台湾の法制度を比較する価値は確実にあると考えられる。

五　史料及び論文の構成

(一) 史料

　本書では、法制度に関わる公文書のみならず、監獄行刑に関する雑誌及び収容者自らの体験や日記などの史料も利用する。しかしながら、収容者の記録は主に思想犯のものが多く、思想犯以外の一般受刑者に関わる史料は歴史上あまり残っていない。よって、収容者の記録にも一定の限界があることを断っておかねばならない。したがって、本書では植民地民衆の視点を取り入れながら、植民地監獄を観察することを目指しているが、受刑者自身の史料が極めて少ないため、他の史料を用いて推論を試みることとする。

　また、本書は朝鮮総督府の行政文書（朝鮮総督府記録物）を多用した。朝鮮総督府記録物は韓国国家記録院に所蔵されており、その一部は韓国国家記録院のウエブサイトで公開されているが、例えば本書にかかわる監獄行刑に関する史料の一部はウエブサイトではまだ公開されていないようである。本書が利用した行刑に関する朝鮮総督府記録物は、当時の法務局行刑課が作成したものである。行刑類の朝鮮総督府記録物を時期別に見ると、昭和期に集中しており、1930 年代以後が最も多かった[76]。

---

75) 山崎丹照『外地統治機構の研究』高山書院、1943 年、10-11 頁。

76) 国家記録院『日帝文書解題：行刑篇』国家記録院、2012 年、15-46 頁。

また、被植民地者によって発行された新聞の発行部数には差があると
いう点にも注意しなければならない。台湾では、被植民者による唯一の
漢文新聞は『台湾民報』（後の『台湾新民報』）であるが、被植民地者が
作った朝鮮語新聞は『東亜日報』、『朝鮮日報』などがある。もちろん、
どちらも検閲を受ける可能性があるが、新聞の種類の量では、朝鮮語新
聞は漢語新聞を上回っていたと見られる。被植民者の新聞での言説の多
寡は、現在の私たちが当時の植民地社会を理解するうえで、少なからぬ
影響を与えている。

(二) 本書の構成

　本書では、日本帝国下における台湾と朝鮮の監獄法制の変遷に対する
関心から、いくつかの主題を設定する。

　まず第一章は、台湾と朝鮮における監獄教誨に関する制度、言説及び
運用実態である。第二章は、植民地台湾の監獄作業に関わる制度、言説
と運用実態である。第三章は、植民地朝鮮の監獄作業に関する制度、言
説と運用実態である。第四章は、植民地台湾及び朝鮮における監獄看守
に関する制度、言説及び運用実態である。日本内地、台湾、朝鮮ではい
ずれも、各監獄の人事配置において定員が最も多いのは看守であり、監
獄の戒護が非常に重視されていたことを示している。その詳細を明らか
にするとの問題意識の下、第四章で論を進めていく。第五章は、植民地
期朝鮮と台湾における釈放者保護事業について考察する。この部分は監
獄と関連しており、これを通じて、植民地社会が監獄から釈放された者
をどのように扱い、処理したのか、また帝国がそれに対してどのような
管理手段を行使したのかを明らかにすることができる。終章では、以上
の実証的研究を踏まえて、法、植民地主義、処罰と社会などの理論を用
いて検討を行う。

第一章

植民地台湾と朝鮮の監獄教誨に
関する法制及び運用実態

一 問題意識

（一）問題の提起

　近代以後、身体に単なる苦痛を与える刑罰の代わりに、受刑者の自由を奪うと共に、受刑者を教育し更生させるという目的を掲げた近代的自由刑制度が欧米から日本へ導入された。監獄はこの近代的自由刑を実施する施設である。自由刑の目的のために、監獄は主に労働作業、教誨、受刑者の保護などの役割を担うものと期待されてきた。この監獄制度は日本植民地統治を通じて、台湾と朝鮮にも移植された。その中で、監獄教誨は近代的監獄行刑の特徴として特筆すべきものといえる。

　監獄教誨は、統治者側が受刑者にどのような国民像をあてがおうとしているのかを示すものである。西川長夫は「国民統合論」の枠組を、「経済統合」・「国家統合」・「国民統合」・「文化統合」の四つの側面に分けている[1]。刑務所を含め、国家統合に関わる諸機関は抑圧装置と呼ばれる。刑務所は一般的暴力装置であるのみならず、国家のイデオロギー装置でもある。安丸良夫は近世から近代への移行において、近世日本の刑罰から近代における監獄の誕生に至る過程を考察し、明治国家は文明的国民国家の形成という目標を掲げ、文明化を口実に国家権力を民衆の生活に介入させ、近代的国民国家の形成に向けて統合を進めたと述べる[2]。これは正に西川長夫の国民統合論と呼応したものであると考えられる。以上の論点を参考に、日本帝国の国民統合の一環としての刑務所の制度と運営を考察すると、当時の日本帝国が植民地の受刑者をどのように統合していったのかを窺い知ることができるのではないかと考える。

　本章では、監獄教誨に関する考察を通じて、植民地台湾、朝鮮がどの

---

1) 西川長夫『国民国家論の射程：あるいは「国民」という怪物について』柏書房、1998 年、6 頁。
2) 安丸良夫『一揆・監獄・コスモロジー：周縁性の歴史学』朝日新聞社、1999 年、174 頁。

ように統制されていたのか、監獄教誨がどのような植民地受刑者のイメージを生産し、また、如何なる国民統合の役割を果たしたのかという問題意識をもって、監獄教誨をめぐる制度、言説、運用実態を検証する。

ここで補足しておくべき点は、植民者の視点と、それによって形成された被植民者への印象についてであり、多くの場合は、Edward Said のオリエンタリズム（東洋主義）の概念が想起されることである。Said によれば、オリエンタリズムは西洋が認識論的に権力を掌握し、東洋に関する一連の言説を生産することで、知識の上で東洋を支配する構造として捉えることができる。これにより、西洋がアジアに対して抱く好奇心と同時に蔑視や差別が込められた論述が生み出されると論じた[3]。しかし、オリエンタリズムは西洋が東洋と対峙する場合に限られたものではない。西原大輔は、オリエンタリズムが植民地主義や帝国主義との無意識の共鳴を伴うものであると指摘しており、この概念は日本が植民地支配の関係の中で他国や他の地域に対する認識や言説をどのように発展させたかを観察する際にも適用することが可能である。確かに、日本も当初は西洋によって生み出されたオリエンタリズムの客体であったが、後に他の東アジア地域に関する独自の言説を展開するに至った。例えば、「内鮮一体」や「日朝同祖論」などの論説は、日本が他の地域や国家を植民地支配するための正当性を支える役割を果たしている[4]。さらに、序章で述べたように、近代法が国際関係において植民地主義的な色彩を帯びているという点を踏まえると、日本は文明化と非文明化の差異を利用して、東アジアの他国や地域に対するオリエンタリズム的な言説を生産することができた。これにより、日本は自らの植民地支配の正当性を確立したのである。

（二）先行研究

監獄教誨の先行研究は、三種類に分けられる。まず、監獄教誨に関す

---

3) Edward W. Said, *Orientalism* (New York: Vintage Books, 1979).
4) 西原大輔『谷崎潤一郎とオリエンタリズム：大正日本の中国幻想』中央公論新社、2003 年、序章。

る法制度の変遷に着目した研究である[5]。次に、教誨の教義、人物、宗教、手法を主題とした研究である[6]。これらの研究においては、宗教と法制度の相互作用についてまだ研究し尽くされておらず、また、植民地の監獄法制及び運用実態にも未解明の部分が多い。しかし、戦前の日本帝国の法の性格を解明するうえで、植民地の法制及び運用の研究は不可欠だと考えられる[7]。三つ目は、植民地史の視点から、監獄教誨が日本帝国の社会統制にとって如何なる役割を担っていたのかという研究である[8]。

---

5) 例えば、繁田真爾『「悪」と統治の日本近代：道徳・宗教・監獄教誨』法蔵館、2019年。児玉圭司「明治期の監獄教誨と、これに関わった人々」『人権のひろば』第18巻第6号、2015年、20-23頁。姫嶋瑞穂『明治監獄法成立史の研究：欧州監獄制度の導入と条約改正をめぐって』成文堂、2011年。小野義秀『監獄（刑務所）運営120年の歴史：明治・大正・昭和の行刑』矯正協会。2009年。小幡尚「昭和戦前期における刑務教誨」『日本歴史』第610号、1999年、68-84頁。重松一義『図鑑日本の監獄史』雄山閣出版、1985年。重松一義『近代監獄則の推移と解説：現行監獄法への史的アプローチ』北樹出版、1979年等がある。

6) 例えば、長沼友兄「明治中期東京における監獄教誨の動向：高瀬真卿の教誨活動」『刑政』第125巻第3号、2014年、68-77頁。江連崇「監獄関係雑誌上における監獄教誨と宗教の関係性についての議論：1888年から1898年までを中心に」『道北福祉』第6期、2015年、13-22頁。江連崇「巣鴨監獄教誨師事件とその後の仏教界の動向：仏教系新聞雑誌を用いた試論」『東京社会福祉史研究』第7号、2013年、39-54頁。片岡優子『原胤昭の研究：生涯と事業』関西学院大学出版会、2011年。徳岡秀雄『宗教教誨と浄土真宗：その歴史と現代への視座』本願寺出版社、2006年。名和月之介「明治中期における仏教慈善事業の形成について」『四天王寺国際仏教大学紀要』第39号、2004年、29-44頁等がある。

7) 山室信一「「国民帝国」論の射程」山本有造編『帝国の研究：原理・類型・関係』名古屋大学出版会、2003年、89、116頁。

8) 植民地朝鮮の監獄教誨について、Jin Woong Kang, "The Prison and Power in Colonial Korea," *Asian Studies Review* 40, no. 3 (2016): 413-26. 朴慶穆「일제강점기 서대문형무소 수감자 현황과 특징」『한국근현대사연구』第78号、2016年、75-114頁。山本邦彦「1920年代朝鮮における監獄教誨の一考察：勤労の強調をめぐって」『佛教大学大学院紀要 文学研究科篇』第38号、2010年、73-88頁。山本邦彦「一九二〇年代植民地朝鮮における監獄教誨」『近代仏教』第16号、2009年、75-108頁、이종민「1910년대 근대감옥의 도입 연구」『정신문화연구』第22巻第2号、1999年、185-205頁。中濃教篤『戦時下の仏教』国書刊行会、1977年等がある。植民地台湾の監獄については、林政佑『日治時期台湾監獄制度与実践』国史館、2014年、山田美香「日本植民地時期台湾における刑務所看守・教誨師」『人間文化研究』第9号、2008年、83-95頁等がある。

本章の構成は時代区分によらず、教誨に関する法制、構成、運用実態の3点についてそれぞれ節を設け、各節ごとに受刑者側の受け止めなどを分析する。また、各節では日本内地、台湾、朝鮮の実情を取り入れながら論じる。

二　監獄教誨に関する法制の形成と変遷

（一）教誨法制の形成

（1）日本内地

　日本内地では、1872年の「監獄則・監獄則図式」に「役囚ノ休日亦官員ノ休日ニ同シ当日第八字ヨリ十二字ニ至ル教師ノ教義アリ総囚ヲシテ聴聞セシム」という規定がある。この規定は近代的監獄教誨の嚆矢と見られるが、予算の都合によりこの「監獄則・監獄則図式」は無視されることとなり、ほぼ実施されていなかった[9]。

　1881年、旧刑法及び治罪法の制定にともない、本格的な監獄法令「監獄則」が定められた。その中に、第92条「已決囚及ヒ懲治人教誨ノ為メ教誨師ヲシテ悔過僊善ノ道ヲ講セシム」、第93条「教誨ハ免役日又ハ日曜日ノ午後ニ於テ其講席ヲ開クモノトス」という規定がある。「教誨」、「教誨師」に言及しているが、実際には篤志家を任じたのみで、監獄には公式の教誨師は設置されなかった。この頃の各府県監獄教誨の教誨師は神道、仏教、キリスト教など多様な宗教から構成され、一様ではなかった。典獄の判断によって監獄ごとに教誨師の構成は異なっていたといえる。例えば、初期には集治監の教誨は浄土真宗の僧侶によって行われていたが、1885年頃、北海道空知集治監典獄である大井上輝前はキリスト教の教誨師を招聘した。大井上の決断を契機として、留岡幸助[10]

9）小河滋次郎著『監獄学』（一）五山堂書店、1989年、59頁。

10）留岡幸助（1864-1934年）。キリスト教徒。監獄教誨師を務めた。戦前日本における感化事業に多大な努力を注いだ。二井仁美『留岡幸助と家庭学校　近代日本感

や原胤昭[11] などのキリスト教徒が教誨師に採用されるようになった[12]。なお、監獄則に従えば、懲治人[13] に学科教育を施す教師を任用する必要があるため、教誨師と教師を任用すれば、当時、監獄予算を支弁していた府県にとって、財政負担はかなり重くなる。このため多くの監獄は教師を任用しただけで、教誨師を任用しなかった。しかし、仏教の各宗派の本山が教誨師を各監獄へ嘱託教誨師として派遣するようになったことで、監獄の負担は軽減された[14]。

　1889 年の監獄則で教誨に関するものとしては、第 30 条「囚人及懲治人ニハ教誨師ヲシテ悔過遷善ノ道ヲ講セシム」という規定があり、1881 年の監獄則の規定と変わらない。なお、注意しておきたいのは、監獄官員の職務に関わる分掌例の中に、教誨師の職務が詳細に定められた点である。第 28 条「典獄ノ指揮ヲ受ケ、専ラ已決囚及懲治人ノ教誨ニ従事シ、又懲治人及十六歳未満ノ已決囚ニ読書、算術、習字等ノ学科ヲ教授スベキモノトス」という規定を見れば、教誨師はその職務として教誨師のみならず、学科の教師としての役割を担う必要もあったことがわかる。仕事の内容は、行状の善し悪し、成績に関わる事項の典獄への報告と、典獄から在監者処罰の意見を求められた際の助言である。当時の富井隆信教誨師はこれについて次のように述べている。「つまり仕事は殖えたけれども、やはり典獄に對する教誨師は諮問機関であります。教誨師は講説をするもの、即ち『口の人間』と云ふ風に認められ、法規の上でもさう云ふ風に考へられて居つたと見なければならぬのであります。併し

　　化教育史序説』不二出版、2010 年。

11) 原胤昭（1853-1942 年）。キリスト教徒。監獄教誨師を務めた経験を持つ。釈放者保護事業にも尽力した。片岡優子『原胤昭の研究：生涯と事業』関西学院大学出版会、2011 年。

12) 高瀬善夫『一路白頭ニ到ル：留岡幸助の生涯』岩波書店、1982 年、57-58 頁。

13) これは、旧刑法第 79 条および第 80 条に基づく未成年犯罪者や、罪を問われない者（責任能力のない者）として瘖唖者、または尊属から申請があった者などを指す。倉持史朗「懲治場（特別幼年監）における「感化教育」の試行と挫折：洲本分監・中村分監・横浜監獄の実践に焦点をあてて」『天理大学学報』60 巻 1 号、2014 年 10 月、52-53 頁。

14) 苅屋公正『刑務教誨概論』大道書房、1941 年、6-7 頁。

これでは教誨師は唯口で喋るだけであって、行刑に参与して獨自の責任ある教化機能を發揮することが出来ぬ[15]」

　1900 年、監獄費の国庫支弁が決まり、監獄行政の管轄は地方政府から中央政府に移ることになった。それに応じて、1903 年、監獄官制が公布され、教誨師を奏任官または判任官として遇することが決まり、その地位は高められた。教誨師は教誨を施し、受刑者の個性を把握、図書の審査や管理などの事務を処理する責任者となった。1908 年に制定された監獄法は、教誨に関する制度の改正の幅は狭かった。「囚人及懲治人ニハ教誨ヲ施スヘシ」の部分は、新刑法の施行に合わせて、「受刑者ニ教誨ヲ施スヘシ」と改正され「其他ノ在監者教誨ヲ請フトキハ之ヲ許スコトヲ得」が加えられた。以上のような法制の変遷によって、教誨制度は定着した。

(2) 台湾

　1895 年 11 月に台湾住民刑罰令が公布された。その第 4 条には、近代的自由刑である懲役が定められ、それにともない、台湾監獄令が公布された[17]。続く 1897 年訓令第 49 号では監獄署に教誨師、授業手、女監取締及び押丁[18] を置くと規定された。この規程に基づいて、監獄の教誨師は監獄署長の指揮のもとで、囚人や懲治人の教誨に従事し、また懲治人及び 16 歳未満の囚人に読書、習字、算数などの科目を教授すべきであるとされた[19]。この規定を見ると、教誨の事業は教誨と教育に分かれている。しかも、これらのポストに対する給与の規定では、教誨師や授業手の給与は適宜と定められていたのとは対照的に、女監取締及び押丁の給与は明確に規定されていた[20]。教誨や作業は重視されていなかった

15）藤井智鎧編『教誨創始の苦心を語る』六七会、1937 年、20 頁。
16）『官報』1899 年 7 月 18 日、285 頁。
17）「台湾住民刑罰令、台湾住民治罪令、台湾住民民事訴訟令及台湾監獄令ヲ定」『台湾史料稿本』明治二十八年十一月十七日。
18）押丁は看守を補助する役割として、主に戒護に関連する業務を担当する。小河滋次郎『日本監獄法講義』磯村兌貞、1890 年、433-435 頁。
19）『台湾総督府官報』第 79 号、1898 年 5 月 15 日、13 頁。

と考えられる。さらに、他の資料を見ると、当時の教誨師は常勤ではなく、ただ監獄雇員とされていた。教誨師は監獄を訪問した回数に基づいて、監獄から手当金が支払われた。教誨師の訪問は一ヶ月に台北8回、台中、台南、鳳山は嘉義それぞれ6回、他の監獄は3回ずつとされ、1回の手当金は1円とされていた[21]。即ち、枢要な職務と見做されていなかったため、相当な待遇は受けられなかった。

　1899年、内地の法令が台湾に延長施行されて台湾監獄則が公布された。一方、台湾における、監獄の管理は、囚人の待遇、行刑の方法や吏員の監督などが地方によって異なり、統一性を欠いていた。これは治獄の発達を直接的あるいは間接的に妨げると考えられていた[22]。さらに、内地では、従来の中央管轄の集治監に加えて、地方管轄の府県監獄も中央の司法省に移管すべしとの議論が行われており、その議論の影響を受けた可能性もあったが[23]、1900年には台湾全土の監獄管轄が総督府に移管され、台湾総督府が直接監獄を管理することとなった。この変化に応じて、同年に台湾監獄官制が公布された。その中では、各監獄に典獄、監吏、通訳などを置くこととされたが、教誨師の配置は盛り込まれなかった。一年後、監獄の衛生に配慮するために、専任の医員が新設されたが、このときも教誨師の配置は俎上にあがらなかった[24]。

　1905年、台湾総督府監獄官制中の改正によって、教誨師が認められた。

---

20)『台湾総督府官報』第76号、1898年5月11日、7頁。

21)「看守押丁配置定員改正并教誨師以下採用ニ関スル通達」（1897年06月16日）、「明治三十年甲種永久保存第八巻」『台湾総督府档案』国史館台湾文献館、典蔵号：00000128051。当時1円は現在の2-3万円に相当するという。松崎重広『お金でさぐる日本史3 おもしろ日本史入門』国土社、1993年、56頁。

22)「地方官官制中改正并官等俸給令并総督府監獄官制同職員官等俸給令」（1900年05月15日）、「明治三十三年甲種永久保存第一巻」『台湾総督府档案』国史館台湾文献館、典蔵号：00000472010。

23)　監獄行政を司法省に移管する議論について、赤司友徳『監獄の近代：行政機構の確立と明治社会』九州大学出版会、2019年、97頁。倉持史朗「帝国議会における監獄費国庫支弁問題」『天理大学社会福祉学研究室紀要』14号、2016年、46-47頁。

24)「監獄官制中改正（勅令第七六号）、〔台湾総督府監獄官制中改正勅令発布方内務大臣へ稟申ノ件廃案〕」（1901年02月20日）、「明治三十四年甲種永久保存第一巻」『台湾総督府档案』国史館台湾文献館、典蔵号：00000580016。

総督府はようやく教誨師を治獄の発達に不可欠な職務と認め、相応な待遇をしなければならないと考えたが、その定員については、台湾本島における囚人の人数の増減や獄舎の構造、役業の種類を考慮して定めるとするにとどめた[25]。同年、勅令第 252 号により「台湾総督府監獄教誨師俸給令」が公布され、翌年 4 月から施行されたことで、監獄教誨師の俸給はようやく内地の教誨師と同じとなった[26]。

(3) 朝鮮

　朝鮮では、19 世紀末期の甲午改革の頃から近代的監獄制度を受容した。即ち、日本の植民地統治によるものではなく、自ら取り入れたものである。監獄の改革において、警務庁[27] の下で監獄を新たに設置し、従来刑曹[28] に所属していた典獄署を警務庁に移管することで監獄事務の一

25）「勅令第二百五十一号台湾総督府監獄官制中改正ノ件」（1905 年 07 月 27 日）、「明治三十八年永久保存追加第三巻」『台湾総督府档案』国史館台湾文献館、典蔵号：00001136010。

26）真宗本願寺派本願寺、真宗大谷派本願寺編『日本監獄教誨史』真宗本願寺派本願寺、1927 年、128-129 頁。ここで補足したいが、本書では植民地監獄における教師をテーマとして取り扱わず、教誨師だけを取り上げることとする。未成年の受刑者に対する教師の役割については別稿に譲る。台湾監獄に初めて教師が配置されたのは 1911 年であった。全島の刑期 6 カ月以上の未成年受刑者は 1912 年以降、台北監獄に集中的に収容され、公学校の元訓導であった台湾人の江茂松が教師を務めていた。史料によると、江茂松が監獄で修身教育を行う際、教育勅語に関しては掛図を用いて、日本人の教誨師が教誨し、江茂松が翻訳をしていた。未成年受刑者が釈放される際、住居が監獄から近い場合は保護者を呼んで面談を行っていた。保護者がいない場合には、江茂松が司法保護施設に未成年受刑者を送り届ける手助けをしていた。「台北監獄幼年受刑者の教化」『成人』136 号、1912 年 7 月、47 頁。「台湾総督府監獄官制中改正」（1905-12-19）、〈明治 38 年 12 月台湾総督府報 第 1884 期〉、『台湾総督府（官）報』国史館台湾文献館、典蔵号：0071011884a009。

27）警務庁は、甲午改革後に新たに設立された治安機構であり、捕盗庁の職能を継承したものである。詳しくは、伊藤俊介『近代朝鮮の甲午改革と王権・警察・民衆』有志舎、2022 年、第三章。

28）刑曹は朝鮮時代の司法機関の一つであるが、当時は行政と司法が分離していなかったため、現代的な意味での司法機関と同一視することはできない。조윤선「숙종대 刑曹의 재판 업무와 합의제적 재판제도의 운영」『사총』第 88 号、2009 年、151-189 頁。

元化を図った。1894 年の「監獄規則」、1895 年の「懲役処断例」、1898年の「改正監獄規則」及び「監獄細則」など一連の監獄改革により、近代的監獄制度は定着していった。例えば、未決監と既決監との区分が定められたほか、刑の種類については近代的自由刑である懲役刑を付けることを可能とするなどの規定が定められた。ただ、規定は備えられたものの、以前からの慣行や財政難などの理由によって、規定に従った運用がなされていたわけではなかった[29]。しかも、この時期の監獄処遇の規定を見ると[30]、労働作業は注目されていたが、教誨についてはあまり関心が持たれていなかったことがわかる[31]。監獄官については、典獄以下の看守や女監取締に至るまで、必要な職員は全て配置されたが、教誨師だけが職員から除外され、配置されなかった。その代わり、監獄ごとに計上される経費に応じて、嘱託教誨師を設置し、教誨を実施したのである[32]。

　1907 年、第三次日韓協約に基づいて、監獄署の管轄は法部に移され、警察庁から独立していくと共に、日本の監獄則を範とした監獄官制が勅令第 52 号で公布され、翌年から施行されることとなった[33]。同官制に

29）元載淵「1890 年代 湖南地域 監獄의 運營実態 一端（一端）」『조선시대사학보』第 78 号、2016 年、283-316 頁。

30）宋炳基編『韓末近代法令資料集 2』書景文化社、324-331 頁。

31）教誨はなぜ監獄制度に取り入れられなかったのか。中橋政吉は、朝鮮王朝時代において仏教が排斥されてから、仏教僧侶は卑しめられる風潮が生じた、そのことから、教誨制度は採用しなかったようであるとする。教誨百年編纂委員会、浄土真宗本願寺派本願寺、浄土真宗大谷派本願寺編『教誨百年』下巻、浄土真宗本願寺派本願寺、1973 年、303 頁。ただし、中橋政吉の主張は、教誨は仏教によって行われるべきだという前提に基づいており、この見解は日本の視点からなされた解釈であると言わざるを得ない。また、それは明治中期以降に形成された日本の教誨モデルである。それに対して、明治初期の監獄教誨には多くの宗教が関与していたことを振り返れば、仏教以外の宗教も存在していたのは明らかである。したがって、より合理的な説明としては、当時の財政難により、大韓帝国には戒護や労働作業以外の職員や業務を設置する余裕がなかったことが考えられる。

32）教誨百年編纂委員会、浄土真宗本願寺派本願寺、浄土真宗大谷派本願寺編『教誨百年』下巻、302-303 頁。

33）『官報』1907 年 12 月 18 日、19-20 頁、韓国矯正史編纂委員会編輯『韓国矯正史』法務部、1987 年、252 頁。

おいて典獄、看守長、監獄医、通訳が設置された。しかし、この監獄官制には教誨師制度は定められなかった。この時期、収容者に対する教誨は多数の監獄で実施できなかった[34]。

1909年、「韓国司法及監獄事務委託ニ関スル覚書」により、韓国での監獄制度が整うまでの間、監獄の管理を日本に委託したため、韓国の官吏は日本の指揮の下で行動することになった。また、「統監府監獄事務取扱ニ関スル件」では、もともと法部大臣に属していた監獄事務の権限は統監がこれを行うという規定が定められた。同年、統監府監獄官制が施行された。その第7条「監獄ニハ第三条ニ掲ケタル職員ノ外監獄医、教誨師、教師、薬剤師、看守及女監取締ヲ置ク其ノ定員、職務及懲戒ニ関スル規程ハ統監之ヲ定ム」において、教誨師及び教師の名称が官制に現れた。同条第二号によって、日本内地と同様に、「教誨師ハ奏任官又ハ判任官ノ待遇トシ」となった。1910年、朝鮮総督府が設置されたことにともない、統監府監獄は朝鮮総督府監獄と改められた。台湾では早くから教誨師制度が定着しており、待遇としては1911年には奏任官の教誨師も増員された。朝鮮では、教誨師制度の定着が台湾より遅かったものの、待遇の面は早く整備された。この時期の監獄教誨は二、三の監獄を除いて実施され、また、未成年受刑者への教育についてみても比較的多数に対して行われるに至った[35]。

(二) 行刑累進処遇制度

行刑累進処遇制度は、監獄教誨のみならず、作業などの項目にも関わり、帝国がどのように受刑者を分類し、序列化するかを決定する主要な手段の一つと言える。そして、行刑累進処遇制度は監獄教誨制度と密接に関連している。行刑累進処遇制度は、受刑者の責任観念と密接に関連しており、この責任観念を伴わない行刑成績は、真の行刑累進処遇制度とはいえない。その中でも、受刑者の責任観念および意志の強弱を査定する役割を担うのは教誨師である。さらに、行刑累進処遇における点数

---

34)「司法及監獄事務概要　明治四十二年」『倉富勇三郎文書』。
35)「司法及監獄事務概要　明治四十二年」『倉富勇三郎文書』。

制においては、教誨部門が担当する点数が作業部門よりも多くを占めている。このことから、教誨師と行刑累進処遇制度の運用が極めて重要な関係を有していることが明らかである[36]。また、教誨師の人手不足により、業務遂行や関連文書の作成が不可能となれば、行刑累進処遇制度の運営に支障を来すことも容易に想像できる。本節では累進処遇制度を議論の範囲に含めることで、国民統合機構の一環としての教誨制度が、植民地に導入される際に生じる制度的差異とその意義を明示していく。

　1870年、アメリカ監獄協会がオハイオ州シンシナティにおいて全米監獄会議を開催した。この会議ではアメリカの監獄実務家と研究者のみならず、欧州の監獄実務家と政治家も出席した。そして、受刑者の個性に基づく累進処遇制を実施する必要があるという決議がなされた[37]。累進処遇制をインセンティブとして受刑者の改善を促すことが監獄行刑に求められることになった。

　日本は1880年代末期に、条約改正の準備の一環で、監獄の改良をさらに進めていくことになった。そして1889年、監獄則が改正された。この改正では階級処遇の精神が反映され、賞表[38]がある者によい待遇を与えるという規定が設けられた[39]。そのころ、ドイツ監獄官僚 Kurt von Seebach が来日し、監獄行刑の方法を伝授している。Seebach は行刑の目的を達成するために、個人的処遇を唯一の方法として採用しなければならないと語った。そして、監獄拘禁には二つの方法しかなく、一つは独居拘禁、もう一つは累進制であるという持論を披瀝している[40]。独居拘禁は Seebach が最も強調しているもので、首都東京における監獄すら分房制が実行されるに至っていないことは、彼を非常に失望させることになった[41]。また、累進制度に関する知識について、イギリス地方監

36）高山舜泰「戦時下行刑教化の體勢と前衞としての本領（上）」『教誨と保護』第17巻第10号、1942年、11-12頁。

37）Enoch Cobb Wines, *Transactions of the National Congress on Penitentiary and Reformatory Discipline*（Albany: The Argus Company, 1871）, 541.

38）行刑成績が優秀な受刑者に対して授与される賞状。

39）『日本近世行刑史稿下』刑務協会、1943年、601-602頁。

40）矯正協会編『近代監獄制度の指導者クルト・フォン・ゼーバッハ』矯正協会、1985年、129-130頁。

獄の累進制度及びアイルランド式の累進処遇制も翻訳され、日本に伝わってきた[42]。1890年代から、累進処遇法が一部の監獄で試行された。

1908年の監獄法には累進処遇制は採用されなかった。大正に入り、谷田三郎が監獄局長に就任した。谷田は階級制（累進処遇制）を行刑制の文明諸国共通的大主義と提唱している。谷田は、階級制によって行刑できれば、刑罰の効果が得られると考えた。1890年代以降には、独居房の不足を理由として階級制の実施は困難だとする主張があったものの、谷田は階級制を主張して、必ずしも建物の状況に限られる必要はないと提言し、膠着状態にあった議論を打破している[43]。これによって、各監獄の独居設備が十分であるかどうかに関係なく、階級処遇制が拡大していった。

台湾は大正期の階級処遇制度の風潮に応じて、1914年12月に受刑者分類拘禁並びに階級処遇手続きの通達を受け、1915年1月1日から植民地の実情を反映させる形で施行した。受刑者分類拘禁並びに階級処遇手続きでは受刑者を甲、乙、丙、丁、戊、己の六つに分類する[44]。即ち、甲級受刑者は改善の情がある者。乙級は改善の有無不明の者と改善の見込みのある者を包含する。丙級は不良受刑者、即ち性格、犯情、前科等に徴して、改良の見込みのない行状不良者及び表面的に従順を装う者である。丁級は行刑「不感応」の者であり、つまり受刑者の社会生活程度が低水準にあり行刑紀律作業及び給養が彼等に苦痛を感じさせることが微弱な者である。戊級は体質不良また慢性病者で、己級は少年処遇者である。

台湾総督府は台湾の民度風習及び阿片癮者の増加等に鑑み、「行刑不

41）矯正協会編『近代監獄制度の指導者クルト・フォン・ゼーバッハ』矯正協会、1985年、21頁。

42）神谷彦太郎訳「英国地方獄階級法」『大日本監獄協会雑誌』第24号、1890年、16-22頁。摩ありい・詞あぺんたあ嬢編著、ショウ香生訳「監獄階級法」『大日本監獄協会雑誌』第81号から83号、1895年、付録。

43）「谷田監獄局長談話概要」『監獄協会雑誌』第29巻第2号、1916年、64頁。

44）松井晟千代編『大正十三年六月　台湾行刑法規　全』行刑法規発行所、1924年、634頁。「受刑者分類拘禁並階級処遇手続通達」（1914-01-01）、〈大正三年台湾総督府公文類纂永久保存第四十卷司法〉『台湾総督府档案．総督府公文類纂』国史館台湾文献館、典蔵号：00002259008。

感応者また体質不良者」という分類法を作成した[45]。行刑の感応とは、受刑者が刑罰執行によって受ける苦痛に対する感応ということである[46]。つまり、行刑不感応者は刑罰執行より苦痛を感応しにくい者ということであるという。当時の台湾における日本人の実務家は、台湾人は日本人に比べて、民族性として刑罰感応性が鈍感であると述べた[47]。しかし、このような言説は台湾人と日本人のイメージを固定化し、特定のイメージを与えることで民族性を構築するものである。民族性の観察は多くの場合、植民者の視点を反映した個人的な観察に基づいており、精密な研究方法を欠いていることが多い[48]。例えば、生活水準の高低に基づく刑務作業への反応について論じる場合、民族的要因に加え、階級や貧富の格差がむしろ重要なポイントである可能性が高い。

　台湾の階級処遇制度は、考査制に基づいて実施されていた[49]。これは受刑者を改善可能性に応じて分類し、作業、紀律、食料、書信、書籍、監房、工場というように待遇を変えるものである。昇級の可否は監獄官によって判断される[50]。一方、朝鮮では西大門刑務所が1935年に累進処遇内規を定めた。これは、考査制を採り入れたもので、受刑者を四つの級別に分け、その級別に応じて処遇を変えていた[51]。

　1933年、監獄学の学者で実務家でもある正木亮がドイツの累進処遇制を特に参考にして[52] 作成した「行刑累進処遇令」が日本内地で施行

45)「分類拘禁竝階級処遇手続実施」『台法月報』第9巻第1号、1915年、92頁。

46) 上内恒三郎「台湾人の刑罰感応性と刑量裁定との関係」『台法月報』第12巻第12号、1918年、10頁。

47) 上内恒三郎「台湾人の刑罰感応性と刑量裁定との関係」14頁。

48) 上内恒三郎も、自身がとった研究方法における限界を認識している。上内恒三郎『台湾刑事司法政策論』台湾日日新報社、1916年、97-98頁。

49)「官房法務課報告案」(1932年01月01日)、「自昭和七年至昭和十五年主管事務報告綴」『台湾総督府档案』国史館台湾文献館、典蔵号：00011483006。

50) 松井晟千代編「受刑者分類拘禁竝階級処遇手続ノ件」『大正十三年六月台湾行刑法規全』行刑法規発行所、1924年、634-635頁。

51) 西大門刑務所職員交友会『西大門刑務所例規類纂』西大門刑務所職員交友会、1936年、207-210頁。장신「일제하 형무소의 사상범 대책과 전향자 처우」『민족문화연구』第64号、2014年、197頁。

52) 小澤政治『行刑の近代化：刑事施設と受刑者処遇の変遷』、491-492頁。

された。この法令の第一条には「本令ハ受刑者ノ改悛ヲ促シ其ノ発奮努力ノ程度ニ従ヒテ処遇ヲ緩和シ受刑者ヲシテ漸次社会生活ニ適応セシムルヲ以テ其ノ目的トス」という目的が掲げられている。この制度は言い渡された刑期を数段階に分け、受刑者の行刑成績に従って漸次処遇を向上させていくものである[53]。受刑者自らが良い行刑成績を示した場合、相応の優遇が与えられる。また、従来の累進処遇制にみられた、最初の段階は独居拘禁に付するという考え方は、1925年の国際監獄会議で独居拘禁制を廃止すべきという声明が出されたのに伴い、下火になっていった。したがって、行刑累進処遇令第29条によって、第4級と第3級の受刑者は雑居拘禁に付すると規定されるに至った[54]。

　正木亮の累進処遇制をどのように理解すべきだろうか。正木によると、累進処遇制の特徴の一つは「自由刑の弾力学」であるという。それは、刑罰期間を分けて一番下の期間を下積みとして置き、一番良い期間を社会的生活状態に置くというものである[55]。また、自己統制できるかどうかによって、どの段階に置くかを決める。正木は「自己統制をやらない者、即ち犬と同じやうで、人らしく扱はないのですから一番人間としての最下低に置く、一番良い上級のものを社会生活に置いて、段々責任を感ずるやうになって来る」と述べている[56]。これをみると、過去の階級処遇と同様というイメージを抱きやすいが、累進処遇は陶冶される者の精勤ぶりや成果によって、「一階上げるのではなく、二階も三階も上げて宜い」という弾力性が強調されている[57]。新たな累進処遇制では受刑者に相応の負担を負わせることを重視しており、これは処遇緩和を重んじた従来の階級処遇制と異なる点である[58]。

<hr />

53）正木亮『監獄法概論』有斐閣、1934年、76頁。
54）正木亮「第一編行刑累進処遇令釈義」『最新行刑令釈義』巌翠堂書店、1934年、60頁。
55）正木亮『行刑累進処遇令に就て』新光閣、1934年、16頁。
56）正木亮『行刑累進処遇令に就て』、16頁。
57）正木亮『行刑累進処遇令に就て』、16-17頁。正木亮『監獄法概論』有斐閣、1937年、82頁。
58）正木亮『監獄法概論』、86頁。

　もっとも、行刑累進処遇令が重視するのは、行刑累進処遇制を人格主義及び目的主義の具体化と見做す点である。この制度が目的とするものは、受刑者の自主的な改悛である。これ以前の行刑実態では、受刑者は他律的に行動し、形式的に従うのみであることが多かった。行刑累進処遇制について、正木亮は、受刑者が人間として取り扱われ、明朗に行刑に取り組むことができ、さらに、社会における責任の観念を涵養させることができるという二つのポイントがあると述べた[59]。行刑累進処遇令は、第一級や第二級の受刑者に対して、単に過去の階級処遇制が規定したように処遇緩和を与えるのみならず、責任観念に基づく受刑者の自治も求めるに至った[60]。

　日本内地で行刑累進処遇令が実施されたのとは対照的に、朝鮮では各監房の狭隘と看守不足を理由として、また、行刑上は独房に収容される必要がある思想犯でありながら雑居房に収容されているという現状からも、内地並みの行刑累進処遇制を実施するのは困難な状況だった[61]。しかし、朝鮮総督府は、教育刑の現れとする行刑累進処遇制を取り入れたいと考えていた。財政の逼迫及び設備の不足という状況にもかかわらず、1938 年に点数制の行刑累進処遇規則を実施した[62]。行刑課長の森浦藤郎は、この制度の実施を画期的な第一歩と位置付けたうえで、朝鮮全土の受刑者には国策に応じて、より確かな皇道精神を習熟させたいと説いた[63]。法務局長の宮本元は「朝鮮行刑累進処遇制度は決して外国制度の模倣又は移植ではなく、我が国粋に配するに欧米文化の精を採り、以て之を適度に調和して、新に創設せられたる制度であります」と述べた[64]。即ち、行刑累進処遇の施行によって、受刑者を理想的な国民像に相応しく改悛させることが目指されたのである。

59）正木亮『行刑累進処遇令に就て』新光閣、1934 年、14-15 頁。

60）正木亮『新監獄学：行政を基点として考察したる自由刑』、有斐閣、1941 年、275 頁。

61）「行刑累進処遇法朝鮮では実施困難しかし囚人の待遇は斷じて内地に劣らぬ」『大阪毎日新聞 朝鮮版』1933 年 10 月 30 日。

62）「訓示」『治刑』第 16 巻第 7 号、1938 年 7 月、2 頁。

63）森浦藤郎「年頭所感」『治刑』第 16 巻第 1 号、1938 年、7-10 頁。

64）「法務局長挨拶」『治刑』第 16 巻第 2 号、1938 年 2 月、6 頁。

過去の西大門刑務所の累進処遇内規と比べて朝鮮行刑累進処遇規則の異なる点は、受刑者の自治制を採用した点である。同規則第27条から第30条をみると、第一級の受刑者に対して検身と居房捜検を行わず、交談を許し、自由に指定の場所を遊歩させることもできるとしていたことがわかる。これに加えて、自治の原則をもって、第一級の受刑者が全体として自治を行う一つの主体となることが目指された。

　また、内地の行刑累進処遇令と比較した場合、著しく目立つのは構成が極めて簡潔であり、詳細な事項は施行規則に譲っている点である。内地の行刑累進処遇令は規定があまりにも複雑なので、運用が極めて煩瑣になったという批判を浴びている[65]。この朝鮮行刑累進処遇規則はそのような不備を改める形で策定されたと推測される。つまり、朝鮮行刑累進処遇規則は日本内地の行刑累進処遇令を単純に延長したのではなく、修正を加えたうえで制定されたのである。

　しかし、朝鮮行刑累進処遇規則第五条は、心理学、医学、教育学、社会学などの分野の知識を以って受刑者を調査するという規定が定められている。累進処遇は、かかる専門的な知識に基づいて実施されなければならないということである[66]。だが、当時の教誨師を含む刑務官にこの幅広い知識を要求するのは、無理があるといわざるを得ない。元来、累進処遇の実施では専門的知識が必要とされるにもかかわらず、当時の運用実態は「知識」の代わりに「常識」を使って実施しているのではないかと思われるほどの状態で、累進処遇規則を見直すべきだと批判する主張もみられた[67]。

　行刑累進処遇規則の実施を、朝鮮の受刑者はどのように受け止めたのか。受刑者金某は「時下非常時に當り皇國軍人は身を忘れ國のため努力せられつつあると云ふ教誨を聴いて欣喜に堪えす我等の境遇の情態を對照して恥しくと止まず、然るに国は我等を見捨てずして累進処遇を適用

65）伊集院賢「朝鮮行刑累進処遇規則」『台湾刑務月報』第4巻第8号、1938年、22頁。
66）平壤刑務所はこれに関わる参考書籍を挙げた。法務局行刑課「昭和十二年度予算ニ関スル書類」『朝鮮総督府記録物』管理番号：CJA0004373, 1937年、1039-1041頁。
67）「治刑雑想」『治刑』第18巻第11号、1940年、11頁。

して私は二級の待遇を受け今日集合会を開催して下さいまして感激に堪へない」と記している[68]。朝鮮人受刑者の金は確かに法務局長や行刑課長が行刑累進処遇規則を通じて伝えようとした意志を理解していたのではないかと見られる。ただし、この文章は公式な雑誌に掲載されており、刑務所にとって望ましい形で書かされた可能性があるが、以下の史料を通じて、行刑累進処遇規則が受刑者にとって持つ意義を明確に示した例だと言える。

治安維持法違反によって、西大門刑務所で刑に服した金珖燮[69]は、刑務所内では最初は人間として扱われず、動物扱いされていたが、行刑累進処遇規則に従って、徐々によい処遇を得たと述べている[70]。金珖燮にとっては、行刑累進処遇規則があったことで、刑務所の環境は人間が過ごすのにふさわしい場所となった。

しかし、戦時中においては、応召により刑務所職員の数が減少し、たとえ定員を補充しようとしても、財政的困難などの問題により、人員の確保は最終的に困難を極めた[71]。朝鮮総督府教誨師である澤野彰は、当時の教誨師は事務量が多くなり、煩瑣となってきたと記している[72]。しかも、戦中期では、朝鮮行刑教育規定及び朝鮮行刑累進処遇規則によって教誨の本業にさらに力を割かなければならなかったにもかかわらず、定員が増加されることはなく、教誨は過重な負担になってしまった。教誨師は行刑累進処遇制度の実施において最も重要な役割を担っているが、前述のような制約のもとでは、行刑累進処遇制度の確実な運用が困難であったことは容易に想像される。したがって、1944年、戦時体制が一層進展するに至って、刑務官の応召離職や外役作業の拡大のため、職員不足から事務の簡素化が求められることとなり、累進処遇制度に影響を

---

68)「金山浦刑務支所報」『治刑』第16巻第4号、1938年、117頁。

69）金珖燮（1905-1977年）、韓国の有名な詩人、文学者である。金珖燮は治安維持法に違反したため、1941年から3年間にわたって刑に処せられた。

70）金珖燮『나의 獄中記』창작과 비평사、1976年、30-33頁。

71)「法務局長注意事項」『治刑』第17巻第8号、1939年、4頁。

72）澤野彰「行刑時評」『治刑』第16巻第5号、1938年、25頁。

及ぼした。日本内地は考査制に戻り[73]、朝鮮は行刑累進処遇規則の廃止に至った[74]。

　台湾で施行された階級処遇制度は、やはり受刑者を階級に分けており、甲、乙、丙、丁、戊、己の六階級であった。初犯は乙階級に属し、前科がある受刑者は丙階級に編入される。丁階級への編入者は行刑不適応者である。己階級に編入される者は少年処遇を施すべき者であり、戊階級に編入される者は主に病者、体質不良な受刑者であった。階級に応じて、作業の種類、規律の寛厳、被服臥具、食料、書信などの処遇が異なる。六階級の中で、処遇が最も寛容だったのは甲階級である。行状、作業の成績、改善の有無、反則の有無などの事情により、進級できるかどうかが判断される[75]。規定によれば、朝鮮行刑累進処遇制度が規定するような他分野の専門知識と専門知識に基づく科学的な調査は要求されていない。

　行刑累進処遇制度について、台湾の刑務官は好意的に評価しており、台湾でも適用すべきだと主張した[76]。これに加えて、考査制に基づく階級処遇制は受刑者の自治制と合わないため、点数制に基づく累進制を採用すべきだが、たとえ累進処遇制度を施行しなかったとしても、受刑者の自治精神も尊重すべきだという声もあった[77]。が、恐らく、台湾の「民度の違い」及び従来の階級処遇制で充分であることを理由として、適用されなかったと推測されている[78]。台湾の民度の違いというような言説の裏には、植民者の眼差し及び序列化が見られる。科学的な知識にあまり依存しない従来の階級処遇制では、累進処遇制に比べると教誨師と刑務官の裁量範囲がさらに広かったため、教誨師たちにとっては都合

73）小澤政治『行刑の近代化：刑事施設と受刑者処遇の変遷』365 頁。

74）『朝鮮総督府官報』第 5099 号、1944 年 2 月 4 日、27 頁。

75）『昭和七年台北刑務所要覧』台北刑務所、1932 年、109-117 頁。

76）松隈秀幹「明日の行刑」『台湾刑務月報』第 1 巻第 2 号、1935 年、48 頁。久保照治「地方制度改正が行刑に影響するや否やの問題に関する座談会」『台湾刑務月報』第 1 巻第 6 号、1935 年、46 頁。

77）久保照治「地方制度改正が行刑に影響するや否やの問題に関する座談会」、46-47 頁。

78）菊地生「将に来るべき一つの問題」『台湾刑務月報』第 1 巻第 8 号、1935 年、38 頁。

が良かったのではないかと推測される。また、別の背景として、大正末期の行政整理のため、台湾総督府の法務部が法務課に縮小されて官房の一課となり、事務官1名及び所属7名という貧弱な体制で運営されることになった点を指摘しておきたい[79]。朝鮮総督府の法務局は、総督府下の一級機構として、資源及び人事において台湾より相当充実していたと考えられる。このような状況下で、法務課に縮小された法務部が1940年に法務局として再度昇格するまでの間、台湾の行刑制度は朝鮮に遅れを取ることになった。以上のような制度の落差を見る限り、台湾では、朝鮮に比べると、内地延長主義としての同化主義は徹底しなかったことが窺える。

　囚人自治制の理念は受刑者の錬成の本質へと変容していった。錬成の本質とするためには、外部からの強制かつ他律的なものではなく、自発的かつ自律的なものでなければならない。したがって、受刑者は受動的な立場ではなく、自主的な精神で更生することを錬成の第一義とするものとされた[80]。しかしながら、この囚人自主制の考え方は、個人主義的立場においてなされるものとは異なり、日本の国家の基礎をなす共同社会、つまり家族主義の共同社会で期待されるものである[81]。

　囚人自治制は成績がよい受刑者に責任を負わせ、信頼関係に基づいて、行刑の運営を受刑者に委ねるというものと考えられる。このような人間像は植民地朝鮮と台湾にも通用したのだろうか。植民地朝鮮と台湾の受刑者に対しては、ある程度オリエンタリズムの眼差しが存在していたと考えられる。

　朝鮮では、累進処遇規則が第一級の受刑者に囚人自治制を与えることで既に信頼を与えていた。一方で、台湾の階級処遇制には囚人自治制が導入されなかった。当時の総督官房法務課の伊集院賢は、台湾では囚人

---

79)「台湾総督府官制中改正ノ件（敕令第二號）」(1939-01-01)、〈昭和十四年台湾総督府公文類纂永久保存人事〉、《台湾総督府档案》、国史館台湾文献館、典蔵号：00010415004。

80)　佐々木敏雄「錬成偶感」『治刑』第21巻第8号、1943年、33頁。

81)　佐々木敏雄「錬成偶感」、34頁。

自治制の適用が時期尚早であるとし「自治の原則は其の文化の程度を前提とするが故に本島に於ては此の程度の自治を以て最高となすべきではなからうか」と論じている[82]。同じ植民地でも、実際には台湾と朝鮮は序列が付けられ、両者の間に差異が存在していたのではないかと推測できる。

　最後にもう一つの理由を見てみよう。イギリスや日本でも、累進処遇制は短刑期の受刑者には適用していなかったとみられる。当時の台湾では、一年未満の短刑期の有期懲役新入受刑者の割合が多数を占めたため[83]、日英の状況に鑑み、累進処遇制は台湾に適用し難いものとされたと筆者は推測する。

　ちなみに、教誨師一人に付き、何人の受刑者に教誨を施したかという点を朝鮮と台湾で比較すると、図1−1のようになる。戦時期には台湾が朝鮮を上回っており、もし行刑累進処遇令などが台湾に施行されることがあれば、台湾の教誨師にはその負担が過重になった可能性もあっただろう。1899年の資料を見ると、当時の教誨担当者は、教誨を効果的に行うには個別教誨が必要であることを既に認識していた。しかし当時の教誨師は収容者300人に対して1人にも至らず、教誨担当者を増やす必要があったという[84]。朝鮮で累進処遇を行うことができたのは、教誨師1人当たりの受刑者人数が台湾より少なかったことが関係していたのではないかと考える。

　上記の法制度の差異は、台湾に比べて朝鮮の方が教育刑に近い法制度を持っていたことを示している。さらに、日本内地、朝鮮、台湾の三地域における監獄からの釈放者の釈放理由を比較すると、台湾では仮釈放による釈放者の割合が非常に低く（図1−2を参照）、釈放理由の大部分が満期釈放であることが分かる。さらに、当時の台湾に関する記録によ

82）伊集院賢「朝鮮行刑累進処遇規則（四）」『台湾刑務月報』第4巻第11期、1938年、17−18頁。

83）林政佑「日本統治時代台湾における未成年者犯罪の処遇：裁判実務に着目して」額定其労、佐々木健他編『身分と経済 法制史学会七〇周年記念若手論文集』慈学社、2019年、414頁。

84）『開道百年北海道宗教教誨小史』全国教誨師連盟、1968年、85頁。

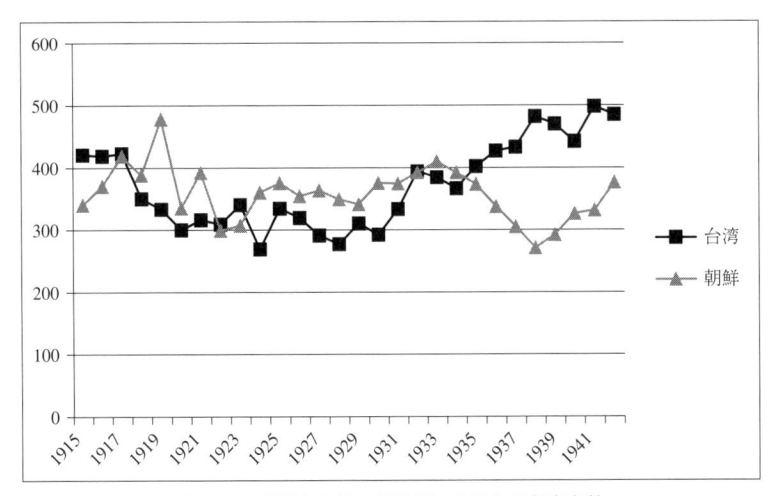

図1-1　朝鮮と台湾の教誨師一人当たり収容者数

出典：朝鮮総督府編、各年度『朝鮮総督府統計年報』及び台湾総督府編、各年度『台湾総督府統計書』。筆者作成。

図1-2　日本内地、朝鮮、台湾における仮釈放比率

出典：司法省行刑局編、各年『大日本帝国司法省行刑統計年報』、朝鮮総督府編、各年度『朝鮮総督府統計年報』及び台湾総督府編、各年度『台湾総督府統計書』。筆者作成。

ると、日本内地に比べて台湾の仮釈放率が非常に低く[85]、台湾の監獄行刑が教育刑の適用に消極的な傾向が確認できる。

三　教誨師の構成と動き

（一）浄土真宗の独占

　1846 年、フランクフルトで開催された国際監獄会議の決議には、教誨について、「自己宗派の教誨師、典獄、監獄医、監獄委員及び保護協会員などの監房訪問を許し」という文言が盛り込まれた[86]。この決議から推測できるのは、監獄側は、受刑者が自己の宗教・宗派の教誨師などの訪問を受けることを拒絶できないということである。しかし、各宗教の教誨師を積極的に常置するよう指示したとまでは読み取れない。

　日本帝国下では、内外地のいずれであっても、監獄教誨事業は基本的に浄土真宗本願寺派及び大谷派が独占した。この点については日本の宗教と教誨の関係を顧みる必要がある。

　明治初期、日本内地においては、各宗派の篤志家らが教誨に関与していた。1872 年には、大教院が設置され、三条の教則により、国民教化活動が行われた[87]。各宗派は教則との一致を図るだけではなく、神道との一致も図り、監獄教誨に着手した[88]。このような形で、文明開化と国民国家形成のための啓蒙が展開していった[89]。監獄教誨はこの活動の一環とされたため[90]、真宗大谷派僧侶である鵜飼啓潭、蓑輪対岳並びに浄

85）「最近十年間の仮出獄」『台法月報』15 巻 4 号、1921 年 4 月、50 頁。
86）正木亮『国際監獄会議』法務省、1966 年、14 頁。
87）三条の教則は「敬神愛国ノ旨ヲ体スヘキ事」、「天理人道ヲ明ニスヘキ事」、「皇上ヲ奉戴シ朝旨ヲ遵守セシムヘキ事」である。
88）藤井智鎧編『教誨創始の苦心を語る』、17 頁。
89）安丸良夫『近代天皇像の形成』岩波書店、2001 年、182-183 頁。
90）小川原正道『大教院の研究　明治初期宗教行政の展開と挫折』慶應義塾大学出版会、2004 年、131-133 頁。

土真宗の船橋了要などの篤志家による仏教教誨がこのころから展開していった。鵜飼啓潭は当時の名古屋藩知事である徳川慶勝に囚人教誨を願い出て、次のような許可を受けた[91]。

　　　右隆盛ノ聖化ヲ感戴シ国恩ノ萬一ニ報センカ為メ例月二回教育徒
　　刑ノ二張及獄中等ヘ罷越シ三条ノ大旨ヲ主トシ交フルニ仏教因果応
　　報ノ説ヲ以テ衆徒ニ説諭シ過去ヲ懺悔シテ改心自新ノ地ニ導キ度申
　　立之趣寄特ノ儀ニ付キ聞届候精々説導作興之功可相立候事

　　　　　　　　　　　　　　　　　　　　　　　　　　　　　　愛知県

　この許可からは、三条の教則に基づいて教誨を行いたいという申し出を、愛知県が認めたということが分かる。浄土真宗だけでなく、他の仏教宗派、神道、キリスト教もこの時期の監獄教誨事業に関与していた[92]。

　その時期に、埼玉県の教誨に派遣された小野嶌（島）行薫によると、教誨には各宗派が入り込んでいたため、教誨も別々に行われた。何らかの宗派に統一するために、受刑者に投票させたと述べている[93]。

　そして、以下の理由により、浄土真宗大谷派と本願寺派が監獄教誨を独占するに至った。

　第一には、一監獄一宗派方針の確立である。1883年2月、東京付近の各府県聯合獄事の席上で教誨師宗派を統一できるかどうかという問題が議論され、監獄において、多数の宗派が教誨に関与することは弊害をもたらすため、一派にすべきであると決められた[94]。このような単一宗派採用の考え方は徐々に強くなっていき、1892年に内務省で開かれた典獄会議では、一監一宗教の方針に基づき、宗教の選定はその監獄の囚人の多数が属する宗教を採用することに決定した[95]。同じ頃、石川島監

91）佐々木満『刑罰史・行刑史雑纂』佐々木満、1999年、161頁。刑務協会『日本近
　　世行刑史稿下』矯正協会、1974年、752頁。
92）刑務協会編『日本近世行刑史稿下』、752-761頁。
93）藤井智鎧編『教誨創始の苦心を語る』、17頁。
94）藤音得忍編『宗教と行刑』本派本願寺、1927年、175頁。
95）「監獄教誨は宗教に決す」『朝日新聞』1892年4月29日、東京朝刊、1面。

獄署長である安村治孝は、監獄での多様な宗教教誨に反対し、「監獄教誨の効を奏するには、真宗により、信の一法を教うるの外なし」という理由で、自署の監獄教誨を浄土真宗大谷派だけによって施すことを上申し、許可された[96]。以後、各監獄では次第に単一宗派をもって教誨を施すようになった。

第二には、当時、日本の民衆の宗教信仰において浄土真宗が首位を占めていたという事情がある[97]。当時の日本全国の各種宗派の信者数に関する統計は管見の限り見当たらないが、寺院に関する内務省の統計によると、寺院数は真宗が最も多かったことがわかる[98]。

第三には、各宗派の財政力に起因する点である。1889 年の監獄則改正によって、教誨師は学科教育担当教師及び作業を教える授業師に区別された。翌年、各府県監獄に教誨師が判任官待遇として置かれることになった[99]。実態としては、各監獄は財政負担の軽減を目的に、各宗派から派遣される教誨師に依頼することが多かった。だが、本山にとっては教誨師の派遣にともなって自ら支弁する俸給と旅費の負担が徐々に重くなっていき、浄土真宗以外の宗派はこの頃より教誨事業から撤退せざるを得ない状況に至った[100]。浄土真宗は最も多くの信徒を有する宗派であり、財力も比較的豊かであるため、監獄教誨への参加においてもより有利な立場にあった[101]。

第四には、キリスト教に対する仏教からの排撃である。クリスチャン典獄の有馬四郎助は 1898 年、巣鴨監獄所長時代に、当時独占的に教誨

96） 佐々木満『刑罰史・行刑史雑纂』、163 頁。

97） 藤音得忍編『宗教と行刑』188 頁。坪井直彦『監獄実務講話』東京書院、1918 年、223 頁。

98）『大日本帝国内務省統計報告 . 第 10 回』内務省、1895 年、152 頁。『大日本帝国内務省統計報告 . 第 22 回』内務省、1908 年、408 頁。

99） 小野義秀『監獄（刑務所）運営 120 年の歴史：明治・大正・昭和の行刑』矯正協会、2009 年、383 頁。

100） 苅屋公正『刑務教誨概論』大道書房、1941 年、7 頁。

101） 赤司友徳『監獄の近代 行政機構の確立と明治社会』九州大学出版会、2019 年、198 頁。Adam J. Lyons, *Karma and Punishment: Prison Chaplaincy in Japan* (Cambridge, MA: Harvard University Press, 2021), 74–5.

を行っていた浄土真宗本願寺派の教誨師を罷免し、クリスチャンの留岡幸助を採用した。この事件によって、浄土真宗をはじめ他の仏教団体から猛反発が湧き起こった。その結果、教誨事業におけるキリスト教の教誨師の勢いは衰えていった[102]。

　第五に、監獄学に関する知識人からの支持である。明治期における監獄学の権威者である小河滋次郎は、監獄学の著作において「一監一宗派」の教誨が比較的効果的であると明示している。また、監獄教誨は徹底的に宗教教誨を採用すべきだと主張し、宗教による感化は道理を通じた感化よりもはるかに効果的であるとも述べている[103]。

　以上が、浄土真宗本願寺派と大谷派が監獄教誨を独占するに至った背景である。しかし、一つ注意すべきことは、監獄法上、他の宗教は教誨に関与してはならないという明確な規定はなかったということである[104]。例えば、女性宣教師の A. Caroline Macdonald は監獄内で受刑者と面会し、聖書について講義した[105]。また、死刑囚の山口鸞が獄中から牧師に連絡したことで、牧師が監獄へ赴き山口鸞に教誨を施した例もある[106]。もう一つの例を取り上げておこう。大正初期に「鈴ヶ森おはる殺し事件」で石井藤吉が死刑を宣告され、東京監獄に収容されていたとき、外国人のキリスト教の伝道師からの訪問を受けた。だが、キリスト教の宣教師は公式の教誨師ではない。しかも、監獄の浄土真宗の教誨師が石井藤吉を仏教に帰依させたいと考えていたという事情もある[107]。昭和期、鹽野季彦行刑局長は、法制上、必ずしも一宗一派を特別に保護して教誨を行わせる必要はないと述べた[108]。正木亮行刑局長は、他の宗教家からキリスト教は教誨師となることができるのかと問われ、大歓

102）佐々木満『刑罰史・行刑史雑纂』、204-206 頁。Lyons, *Karma and Punishment*, 34.

103）小河滋次郎『監獄学』警察監獄学会東京支会、1894 年、862-863 頁。

104）「教誨師と司法省」『正教新報』第 514 号、1902 年 5 月、22 頁。

105）江連力一郎『獄中日記』郁文書院、1932 年、268-269 頁。

106）山口鸞『刑台上の感謝：死刑囚山口鸞悔改録』小兵士団、1922 年、53-54 頁。

107）石井藤吉述『聖徒となれる悪徒：石井藤吉の懺悔と感想』石尾奎文閣、1919 年、109-110 頁。

108）「第七回教誨研究会閉会式（続報）」『教誨研究』第 9 巻第 2 号、1934 年、48 頁。

迎だと答えただけではなく、千葉監獄の教誨には他の仏教宗派も関与し、八宗混合で行っていると語った[109]。この応答からみると、確かに他の宗教の教誨への関与を禁止する規定がなかったことは明らかである。つまり状況としては、他の宗教と宗派が例外的に教誨に関与したこともあったが、浄土真宗以外の仏教宗派にとっては、浄土真宗がほぼ独占していた監獄教誨には関与しにくい状況にあったというのが実情だろう。当時の教誨師である藤井恵照は、国際受刑者処遇規則に「刑務所の教誨師はその刑務所で最も信仰されている宗教に基づくことが多い」という規定があることを既に認識しており、収容者の84％が仏教徒であり、そのうちの45％が真宗であることから、収容者の信教の自由を妨げていないと主張している[110]。

(二) 植民地の教誨師構成

　台湾の監獄教誨師は、表1-1からわかるように、浄土真宗本願寺派が圧倒的に多数であったが、これは何故なのだろうか。第一に、本願寺派は日本の台湾統治初期に、開教使を派遣して軍隊に同行させ、台湾に来訪していたことが挙げられる。本願寺派の開教使は監獄教誨の草分けとして、台湾における近代的監獄教誨を展開してきた[111]。しかも、浄土真宗本願寺派は他の宗派よりさらに積極的な姿勢で台湾の布教に人員を投入していた[112]。また、1899年頃から、各宗派の本山は経済上の困難を理由として布教の方針を変化させた[113]。恐らくこうした点が他の宗派の教誨事業に関与する意図にも影響を与えたのではないかと考えら

---

109)「行刑に関する座談会」『刑政』第55巻第10号、1942年10月、8頁。

110) 藤井恵照「刑務法改正と教誨について」『教誨と保護』第15巻第7号、1940年、3頁。

111) 大橋捨三郎『真宗本派本願寺台湾開教史』真宗本派本願寺台湾別院、1935年、8-13頁。真宗本願寺派本願寺、真宗大谷派本願寺編『日本監獄教誨史』、1805-1809頁。

112) 得能弘一、林櫺嫚「台湾少年感化教育之開端与日本真宗本願寺派的関係：以成徳学院設立之背景為考察」『圓光仏学学報』第28号、2016年、158頁。

113)『台湾ニ於クル神社及宗教』台湾総督府文教局社会課、1934年、23頁。蔡錦堂『日本帝国主義下台湾の宗教政策』同成社、1994年、28頁。

れる。なお、曹洞宗には、日本内地と統治初期の台湾において監獄教誨師を務めていた僧侶がいたが、後継者はいなかった[114]。その原因として以上のような事情があったのではないかと推測される

　だが、日本統治初期において、日本人の教誨師は台湾語ができず、コミュニケーション上の問題から受刑者の信頼を得ることが困難だったため、台湾人の教誨師も雇用された。例えば、有名な医者である黄玉階[115]は台北監獄で十年間にわたって教誨師を務めた。受刑者は、黄玉階を信用し、彼の教誨を喜んだという[116]。このように初期の教誨については、日本人仏教僧侶と台湾人教誨師が協力する形で運営されていた。しかし、明治末期以降、教誨師は全て日本人が担うようになった。その理由は、『台法月報』に掲載されたある記事から推測することができる。その記事では、監獄教誨において最も重要なのは教誨儀式の執行であると述べられており、当時の仏教と儒教が共同で行っていた教誨は、儀式の統一において一定の困難が生じると指摘されている[117]。黄玉階を例に挙げると、彼は齋教の先大派に属しており、齋教は儒教、仏教、道教の三教を融合した宗教であるが、筆者の推測によれば、恐らく黄玉階は儒教の教誨師に分類されていた。したがって、ここでの「儒教教誨師」とは、日本仏教とは異なる宗教に属する漢人教誨師を指しており、教誨を行う際には儀式上の齟齬があったと理解できる。

　よって、台湾における司獄官会議では、教誨儀式の統一が最も重要な課題として決議された。記事には信教の自由に配慮すべきとの記載もあるが、儀式の統一が重視されるなかで、漢人教誨師が徐々に教誨の仕事から離れていった可能性があると考えられる。

　台湾における監獄教誨は、仏教僧侶及び儒教教誨師が連携する形で施

114）他の資料では、仏教各宗派の多くの人々が台湾における監獄教誨に対して消極的な態度を取っていたことに言及している。景山知之『病床随筆』興教書院、1911 年、5 頁。

115）黄玉階（1850–1918 年）。台湾人医師であり、日本統治時代に釈放者保護などの慈善事業にも従事していた。

116）「台北監獄の教誨師」『台湾日日新報』1900 年 11 月 11 日、3 面。

117）「監獄教誨の儀式」『台法月報』第 5 巻第 12 号、1911 年、85 頁。

表1-1　日本統治時代の台湾教誨師名簿

氏名	宗派	勤務地
川原教道	本願寺	台北
王岱修	台湾人	台北
黄玉楷	龍華教	台北
中津超音	本願寺	台北
小川信道	本願寺	台北
下野了政	本願寺	台北
野崎行滿	本願寺	台北
瀬川了全	本願寺	台北
掬月晴臣	本願寺	台北・台中
荻野善雄	本願寺	台北
宍戸了要	本願寺	台南・台南：嘉義・台北・台中
澤井岱峨	本願寺	台南：嘉義・台北
藤野立性	本願寺	台南：高雄・台南
甲斐寛英	本願寺	台北
小佐野玉眠	曹洞	台北：宜蘭
鈴木泰圓	曹洞	台北：宜蘭
金子曹嚴	曹洞	台北：宜蘭
加藤廣海	大谷	台北：宜蘭
金子曹嚴	曹洞	台北：宜蘭
加藤廣海	大谷	台北：宜蘭
福田行夫	本願寺	台中・台北
西武雄	本願寺	新竹
故選義貫	本願寺	台北：新竹
藤本周憲	本願寺	台北：新竹
林鵬霄	台湾人	台北：新竹
藤岡常懃	本願寺	台北：新竹
村上靈順	本願寺	台中
太田憲彰	本願寺	台中
長田觀禪	曹洞宗	台中
當山勇貫	本願寺	台中

山田諦聴	本願寺	台中
吉留義憲	本願寺	台中
西明龍賢	本願寺	台中
出原了乘	本願寺	台中
戸田我聞	本願寺	台中
青木博愛	本願寺	台中
閑林利劔	本願寺	台南・台中・台南
櫛本善真	本願寺	台中
福永覺也	本願寺	台中・新竹
久長興仁	本願寺	台北・台中・新竹
池田志幹	本願寺	台南・新竹・台北・台中
陸鉞巖	曹洞	台南
藤田超宗	本願寺	台南
宮本英龍	本願寺	台中
鈴川知之	本願寺	台南
秋田霊巌	本願寺	台南
藤井恵照	本願寺	台南
長松猶雷	本願寺	台南
土山得之	本願寺	台南
原田最雄	本願寺	台南
那須寂圓	本願寺	台南
岡駿逸	本願寺	台南
寺町實順	本願寺	台南・台南：嘉義・台南：高雄
田中行圓	本願寺	台南・台南：嘉義・台南：高雄
菊池龍象	本願寺	台南：嘉義
松本順了	本願寺	台南：嘉義
宮内昇住	本願寺	台南：嘉義
中山唯然	本願寺	台南：嘉義

出典：『台湾総督府公文類纂』、『台湾刑務所月報』、『日本監獄教誨史』、『台湾総督府職員録』を参考に筆者作成。

されてきたが[118]、明治末期以後から1945年までの間は、教誨師は日本人の仏教僧侶だけになった。

朝鮮における教誨師の構成は表1－2の通りで、基本的に日本人の浄土真宗僧侶が独占していた。この点は、日本統治初期の台湾で本島人の教誨師がいた状況とは大きく異なる。実際には、朝鮮人僧侶を教誨師に加えるべきだという声もあったが[119]、採用されなかったようだ。

また、表1－2によると、朝鮮には本願寺派の教誨師もいたが、台湾とは違い大谷派の教誨師が多数であった。大谷派の朝鮮における布教は、16世紀末に大谷派の僧侶が釜山で布教活動を行ったことに始まり、日本の仏教が朝鮮半島、さらには海外で布教を開始する起点となったといえる[120]。先行研究によれば、大谷派は江戸末期に佐幕派としての立場を取っていたが、明治維新後には維新政府への忠誠を表明し、内部の対立を解消しつつ、維新政府の戦略に協力する形で朝鮮侵入の先鋒となった[121]。

大谷派の朝鮮での布教が本格化するのは、奥村円心が初めて釜山に別院を建立し、布教に着手してからである。その後、同派の僧侶は朝鮮への布教を続け、社会事業に関わる施設の整備や運営に手を尽くした。その中で、監獄教誨にも着手した[122]。一方、本願寺派は、朝鮮における日本内地人の収容人数が増え、布教の必要性を感じるようになったことから、1908年に永登浦監獄が創設された際に、専任教誨使を派遣して監獄教誨に着手した[123]。翌年9月、韓国監獄官制が公布され、監獄布教使の派遣は永登浦監獄以外の監獄まで広がっていった。釜山、平壌、大邱、京城、馬山、兼二浦、仁川にも監獄布教使を置いた。これらは次

118)「監獄教誨の儀式」、85頁。

119)「鮮人僧侶를 教誨師로 채용하고 싶다고」『毎日申報』1919年8月10日、3面。

120) 河島研習『釜山と東本願寺』大谷派本願寺釜山別院、1926年、3頁。

121) 韓晳曦『日本の朝鮮支配と宗教政策』未来社、1988年、14、26頁。中西直樹『植民地朝鮮と日本仏教』三人社、2013年、48頁。

122) 吉川文太郎『朝鮮の宗教』朝鮮印刷、1921年、251頁。青柳南冥『朝鮮宗教史』朝鮮研究会、1911年、123頁。

123) 犀涯生「朝鮮刑務革略史（十）」『朝鮮治刑彙報』第4巻第9号、1926年、39頁。

第に各地の監獄に波及した[124]。このように朝鮮の監獄教誨の先鞭をつけたため、大谷派は朝鮮の監獄教誨事業において、存在感を示すようになったのではないだろうか。

『朝鮮総督府記録物』に含まれる史料の中には、教誨師の選任をめぐり、宗派と行刑課、刑務所とがやりとりしたことを窺わせるものがある。1938年6月、朝鮮開教総長の藤井玄瀛は朝鮮総督府行刑課長の御園生忠男宛てに、龍谷大学を卒業した3名を朝鮮刑務所教誨師の候補者として推薦したいとする本山の意向を伝えた。この3名は同年7月、朝鮮総督府法務局によって、木浦刑務所と全州刑務所の教務嘱託として任用された[125]。これを見ると、同じ宗派の教誨師は後任者や他のポストに同派の僧侶を推薦することを通じて、同派の勢力を維持し得たと推測できる。

また、恐らく、各宗派が抱えていた財政資源に関わる理由もあったと考えられる。例えば、浄土宗の僧侶は併合以前、平壌、海州、仁川などの地で教誨及び保護事業で活躍していたが、後継者がいなくなった[126]。

（三）教誨知識の形成と教誨のやり方

監獄教誨は近代以降の制度のため、具体的にどのように施せばいいのかという点が経験のない教誨師にとってそもそも悩みの種であった。教誨に関する知識の形成過程には、近代的監獄行刑がどのように築かれたのか、受刑者をいかに認識していたのかなどの点が示されている。ここでは、監獄教誨に関する学知の変遷について、分析する。

植民地統治期を大正期の半ばで区切り、その前期を見てみると、倫理学と宗教学との連携を強調したことが監獄教誨の特徴の一つといえる。

124）青柳南冥『朝鮮宗教史』、133-134頁。

125）法務部行刑課「刑務所人事関係書類」『朝鮮総督府記録物』管理番号：CJA004124、1935年、611-615頁。

126）教誨百年編纂委員会、浄土真宗本願寺派本願寺、浄土真宗大谷派本願寺編『教誨百年下』、309頁。これとは別に、寺刹令の実施により、日本仏教による朝鮮人の布教が急速に衰退したと推測することもできる。韓晢曦『日本の朝鮮支配と宗教政策』未来社、1988年、53頁。

表1-2 日本統治時代の朝鮮教誨師名簿

氏名	宗派	勤務地
佐佐木最恩	大谷	西大門
嚴常圓	本願寺	京城・大邱
古澤慧誠	大谷	公州・大田
津村清澄	本願寺	平壌・京城・釜山
杉山顯正	本願寺	晉州・光州・海州・平壌
細川巧照	本願寺	京城・大邱・清津・木浦・大邱
宮川專從	本願寺	大邱
吉田大了	本願寺	安東
平塚龍馴	大谷	西大門・春川
溪顯基	大谷	西大門・大田・元山・金泉・仁川
見義馨	大谷	春川・清州
佐佐木鴻文	本願寺	永登浦・釜山・大邱
桑原貫一	本願寺	京城・大邱・平壌
七里鐵男	本願寺	金山浦
小笠原彰眞	本願寺	鎮南浦
流水最勝	本願寺	光州・全州・大邱・釜山
和田教範	本願寺	馬山・平壌・釜山・永登浦
猪原現昭	大谷	咸興・大田・公州・春川
首藤戒定	大谷	開城・咸興・西大門
良永猛	無	開城
土井秀哲	大谷	公州
細川巧照	本願寺	京城・大邱・清津・木浦・大邱
上月信雄	本願寺	京城・瑞興・群山・木浦・清津・光州
平野護	大谷	新義州・公州
百済慶勝	本願寺	平壌・木浦・全州・釜山・京城
淺井暎雄	本願寺	光州・海州・釜山
神崎禾念	本願寺	海州・馬山・晉州・平壌
佐長秀雄	大谷	咸興・元山・清州・新義州・太田
古賀靜開	大谷	西大門
首藤嶺雲	大谷	公州・春川・清州・新義州

藤本章宏	本願寺	京城・釜山・群山・木浦・光州・平壌
遠藤銀藏	?	開城・金泉
長島賢秀	本願寺	金山浦・晉州・清津
澤野彰	大谷	公州・元山・咸興・西大門
立花龍圓	本願寺	京城・光州
須床達仁	本願寺	大邱・安東・清津・海州
藤井人呆	大谷	西大門・金泉・咸興保観・平壌保観
高吹勇英	大谷	開城・公州
木村融	大谷	西大門・大田・咸興・元山
本多文映	大谷	大田・新義州・春州・京城保観
渡邊貞治	?	仁川
安達唯信	本願寺	京城・木浦・平壌・全州
豊田包春	本願寺	大邱・金山浦・群山・西大門・釜山
西氷貞政	本願寺	金山浦・馬山・光州・木浦・清津
辻弘之	?	金泉
志熊龍猛	本願寺	金山浦・安東
浦本智嚴	本願寺	釜山・京城・開城・木浦・光州
磯江幸雄	本願寺	京城・群山・全州・釜山・大邱
中島敏	大谷	西大門・咸興・元山
末森尙治	大谷	西大門
末森正義	本願寺	京城・平壌・鎮南浦・安東
村上了昭	本願寺	全州・瑞興・馬山・京城（海南島）・木浦
北龍靈詔	大谷	西大門・新義州・春川
樹林晴美	本願寺	京城・瑞興・木浦
武田龍興	?	西大門
石浦義光	大谷	西大門・金泉・咸興
渡邊智賢	大谷	西大門・公州・元山・京城（海南島）
佐藤秀義	大谷	元山・大田・新義州
伊東惠	大谷	西大門・開城・仁川・京城保観
江上直治	?	金泉

出典：『朝鮮総督府記録物』、『教誨百年』、『朝鮮総督府職員及所属官署職員録』、『旧植民地人事総覧　朝鮮編』を参考に筆者作成。

後期では教化の科学化が重点的に行われたと考えられる。

（1）前期

A. 宗教に基づく道徳教育

　教誨師である藤岡了空は教誨が基づくべき主義は道徳にほかならないと主張した上で、「世間普通の道徳」と「宗教格段の道徳」という二つの要件を心得置かなければならないと述べており[127]、世間道徳と宗教道徳という二つの面を考慮したが、教誨のやり方は宗教を通じて施すべきという理念を有していたことが読み取れる。例えば、教誨堂に神仏を安置することが教誨に有効か無効かという問題について、教誨堂に特定の神仏を安置すると、在監者の多様な信仰に応えることができず、効果も出てこないという無効論よりも、神仏の道は人間の道徳を支配すべきであり、教誨堂に特定の神仏を安置すると、道徳心を喚起できるという有効論を採っている[128]。

　教誨の目的は改過遷善[129]というものである。教誨師はよく医者と同一視される。教誨師である國司廣勝は教誨師について以下のように語っている。

　　　最初に聴者の心理状態を研尋し其病コンを察しそれに適當する法藥と施術を加へんとするには内外各種の方面より犀利なる眼を以て觀察し其聴者たる心的形嚮を知り其病根の的を定むるは最も要用たらん乎（中略）教誨を加ふるよりも尚其の後始末を鄭寧にせざれば醫師の患者に投薬後の攝生を思はざるときは良薬も或は無効となるに等しかる可し一旦教誨に志さんものは醫となり看護人となり常に教導して怠らず之を勵ます工夫なかる可らず[130]。

127）藤岡了空『監獄教誨学提要草案』私家版、1892年、11頁。
128）藤岡了空『監獄教誨学提要草案』、39–41頁。
129）誤りを正し、より良い方向へ進むことを意味している。
130）國司廣勝「教誨の効績は如何にして識やる」『成人』第145号、1913年、3頁。

　このように、当時、教誨師は常に医師に喩えられた。例えば、大隈重信は、教育が乏しく、倫理観念も欠けている収容者に対する教誨を施すことは、神なり仏なりの理想境を根底として、世俗的倫理を誘導することになると述べ、犯罪者は精神上の病人と考え、教誨をもって治療のように施したと述べた[131]。

　監獄は病院のようだとの解釈も珍しくなかった。自由刑の目的は改善感化にあり、隔離は手段であり、目的ではないとされた。監獄は動物園ではなく、病院である、という言説もある[132]。

B.　国策の配慮

　教誨師は、国の政策に配慮しながら教誨を施した。明治二十年代に監獄教誨で活躍していた藤岡了空は、監獄の教誨は護国勤王の職務にして、而も真宗の僧侶にとっては、王法為本[133]の本旨を達するために勤めることと認識していた。もう一つは、1918 年に開かれた第一回の次席教誨師研究会において次の決議が出された。「口説ノ教導以外ニ於テ左ノ三件ヲ實行セハ亦以テ國民的思想ノ健全發達ヲ資スルコトアルヘシ」「イ　年中少ナクモ三大節ニハ厳格ニ教育勅語ノ奉讀式ヲ勵行シ然ル後教誨ヲ施行スルコト　ロ　祝祭日ノ免業日ニハ典獄以下要部ノ職員擧テ教誨堂ニ参集シ國體鼓吹ノ教誨ヲ重要視スルノ光景ヲ示ス事　ハ　監房通路又ハ工場ノ一部ニ國體ヲ重視セル格言[134]」。この決議からは、監獄教誨の内容や儀式には依然として国体が結びついており、国民統合の側面が表れていることが確認できる。

C.　総集教誨[135]の欠点

　初期の段階で、すでに一部の実務家は、受刑者を年齢、教育レベル、

131）大隈重信「宗教の倫理化」『成人』第 80 号、1907 年、4-5 頁。他の例として、干河岸貫一述『監獄囚人教誨乃かが見』菅竜貫、1887 年、67 頁がある。

132）富井隆信「謂はゆる不能改善者」『成人』第 145 号、1913 年、20 頁。

133）前近代日本における王法は必ずしも政治権力を指すものではないが、明治維新以降、真宗と政治権力の結びつきが深まる中で、ここでの王法は国家政策などの政治権力を指すようになった。吉田久一『日本近代仏教社会史研究』吉川弘文館、1964 年、14-17 頁。

134）本派本願寺教務部『次席教誨師記事第一回』本派本願寺教務部、1918 年、10 頁。

135）総集教誨とは、すべての受刑者を対象に教誨堂で実施される教誨を指す。通常、

罪質などで分類しないままに集団教誨を施すことの問題を認識していた。さらに、教誨の内容には宗教的な用語が含まれており、受刑者にとっては理解が困難な場合がある。そのため、教誨の効果は非常に限定的であったと言ってもよい[136]。

(2) 後期

A. 宗教に基づく教誨への反発

　1922年、当時検事だった正木亮は教誨師任用の条件に関する意見書を出した。正木亮は、これまで本願寺による推薦を経て任用された教誨師は、布教に等しい教誨を行うに過ぎず、このような僧侶は浅薄なる知識で行うため、教誨の効果はあまり出てこないと批判した。新聞記者だった中兼二が刑に服したとき、同房の受刑者は、教誨師が仏教を内容とする教誨をすることは無意味だと語った。中兼二の受け止めでは、他の受刑者の多くも同じ感想を持っているようだった[137]。

　また、正木亮は、教誨の目的の一つは宗教的強制を避けることであると述べ、プロイセンの制度を引用しながら、たとえ宗教観念を養成することができても、反社会性を消滅させるに足る教育家でなければ、教誨師たる資格を充分に備えている者と言ってはならないとして、同一宗派の者だけで教誨を行うことに大きな矛盾があると判断した[138]。宗教的観念の涵養と反社会的性格の除去は、それぞれ異なる専門性を有するものであるとの認識が確認できる。

B. 他の分野の専門的な知識との連携

　1934年、教誨研究会の講習科目に、従来の科目以外に、心理考査、思想犯に対する教誨、釈放者保護などが加わった[139]。このうち、心理考査は行刑累進処遇令の実施に応じて講習を施した。鹽野行刑局長は次

　　　受刑者の免業日に行われる。苅屋公正『刑務教誨概論』大道書房、1941年、84頁。
136)　豊野胤珍「現今の監獄教誨に對する希望」『成人』136号、1912年、2-7頁。
137)　中兼二『活地獄』東京国文社、1913年、83-84頁。
138)　正木亮「教誨師任用ノ範囲ニ関スル意見書」矯正図書館所蔵文書。
139)　「第七回教誨研究会閉会式（続報）」『教誨研究』第9巻第2号、1934年、45頁。

のように示した。「今回諸君の受けられたる講習は從來の講習とは趣きを異にしてその眼目として、心理考査の點に最も主力を注がれたことと承知いたしているのであります。（中略）と申すのは御承知の通り来年一月からはわが國にも累進處遇制が全國一斉に實施せらるることと相成るのであります。累進制は申すまでもなく分類を基礎とするのでありまして、収容者の心埋（ママ）状態並に成績等を案じて、處遇に階級をつける制度であります。從つてそのためには収容者に對する心理考査といふことが必須要件となつて来るのであります[140]」。ただし、心理考査等を実施する必要がある場合、実施者には関連する専門知識を備えることが求められるだけでなく、考査を遂行するために十分な実施者の人数も必要とされる。一定の人数や専門知識が欠如している場合、科学的な取り組みの実現が困難となる可能性がある。教誨師の人数や従来の訓練が科学化の要求に十分に対応できるかどうかは疑問の余地がある。

C．戦時中における教誨崩壊

　戦時中においては、受刑者がどのように動員され、その労働力が帝国のためにどのように活用されるかが最優先の課題となった。したがって、教誨は受刑者を忠良な日本臣民に作り変えることに重点を置き、さらに「改善不能者は断じていない」として、受刑者の労働力を動員することになった。このようにして、行刑局長の正木亮が述べたように、監獄を「人的資源の製造場所」にすることが目指された[141]。しかし実際には、受刑者が労働に動員されると、彼らに対してどのように教誨を実施するかが深刻な問題となった。

（四）信教の自由との衝突

　以上のように、浄土真宗大谷派と本願寺派が教誨師を独占する体制の下で、内地、朝鮮、台湾の受刑者はいずれも信教の自由が保障されてい

140）「第七回教誨研究會閉會式（續報）」、46頁。

141）正木亮「新体制と行刑の再認識」『刑政』54巻1号、1941年1月、5-29頁。二場實俊「決戦態勢下に於ける教誨の任務」『教誨と保護』17巻5号、1942年5月、2-9頁。

るとはいえない状況に置かれた。正木亮は、宗教教誨を一宗一派の独占とすることは、やがて信仰の強制につながり、なおかつ、明治憲法第28条に掲げられる「日本臣民は安寧秩序を妨げず及び臣民の義務に背かざる限りに於いて信教の自由を有する」とされる点について、監獄においてももちろん認めらなければならないと述べる[142]。日本内地について見ると、政治活動家である小山六之助は監獄で刑に服しているとき、真宗の教誨師は囚人の信仰について一番関心を持っていた。教誨師はまず囚人ごとの宗教信仰を調査した。監獄の教誨師がすべて真宗の僧侶だったことから、それに同調するようにして、多数の囚人は「私は真宗を信じて居ります」と答えた。小山が調査を受ける順番になったとき、小山は「何も宗教を信じて居りません」、「何宗を信じる気もありません」と答えたところ教誨師はこれに怒り、次の囚人の調査へ行ってしまった。三日後の日曜日、その教誨師は宗教信仰の重要性を宣伝しつつ、宗教を信じない小山を非難した。また、囚人が真宗以外の宗教を信じている場合は、教誨師は頬を膨らませて不快な様子を見せるが、真宗を信じる囚人に対しては親切にする傾向があった。教誨師のこのような姿勢を見て、小山は教誨師を認めず、宗教屋と皮肉った[143]。

　朝鮮監獄の教誨式では、仏像を収容者に拝ませることがあった。都寅権は自分がキリスト教信者であることから、偶像の前で頭を下げることはできないと突っぱねた。このような衝突により、仏像を収容者に拝ませる規定はなくなったという[144]。また、若干の台湾及び朝鮮の監獄ではキリスト教の教誨師を配置できるか否かについて議論があったが、結果としてはキリスト教の教誨師の配置は実現しなかった[145]。朝鮮監獄では、受刑者が牧師の洗礼を受けたいとする要望を刑務所側に提出した

142）正木亮『監獄法概論』清水書店、1930年、105頁。

143）小山六之助『活地獄』日高有倫堂、1910年、42-45頁。小山六之助（1869-1947）、即ち小山豊太郎は、かつて李鴻章を襲撃し、その結果として投獄された人物である。

144）金九著、梶村秀樹訳注『白凡逸志：金九自叙伝』平凡社、1973年、208-209頁。

145）真宗本願寺派本願寺、真宗大谷派本願寺編『日本監獄教誨史』、1824頁。『朝鮮における司法制度近代化の足跡』友邦協会、1966年、129頁。

ケースもあったが、拒否された[146]。これは、上記の国際監獄会議の決議に違反するのみならず、浄土真宗等の仏教の影響力の強さを示したものといえるのではないだろうか。その後、戦争末期に至ると、人手不足のため、日本人のキリスト教信者も教誨に関与することになったようである[147]。

　日本統治時代以前の台湾には、道教、仏教、斎教など様々な宗教が既に存在していた[148]。1903年、台北監獄の収容者の宗教信仰について調査が行われた。その結果、全603名の収容者のうち、335名が信仰を持っていた。観音菩薩を信仰する者が最多で、天公信仰、土地公信仰と続いた[149]。しかしながら、これら旧来の宗教は重視されなかったのみならず、日本内地からの仏教より低級であると見做す言説もあった[150]。また、教誨師の久長興仁は、台湾の水鬼信仰や輪廻思想などを迷信の表れとみなし、旧慣を打破し、教育普及と皇民化運動を徹底する必要があると考えている。こうした迷信を根絶するのは難しいものの、教誨師の任務は、祖師聖人の迷信排除の精神を体現することだとされていた[151]。

　明治憲法が台湾及び朝鮮にも形式的に適用された以上[152]、台湾及び朝鮮の収容者も信仰の自由を有するはずだが、旧来の宗教を監獄の教誨に導入せず、日本内地からの浄土真宗をもっぱら用いていたことは、被

146）法務局行刑課「昭和三四五六年情願書」『朝鮮総督府記録物』管理番号：CJA 00004418, 1928年、170頁。

147）李圭昌『運命의 餘燼』寶蓮閣、1992年、240頁。

148）台湾総督府『台湾事情』台湾総督府、1917年、515-521頁。

149）「本島人の宗教心」『台湾日日新報』1903年4月19日、3面。

150）撫臺翁「土人の迷信」『台湾土語叢誌』1903年4月19日、3面。植民地朝鮮の旧来の宗教はどのように日本から他者化されたのかについては、川瀬貴也『植民地朝鮮の宗教と学知：帝国日本の眼差しの構築』青弓社、2009年参照。他者化とは自分が属するグループ以外の人や集団を異質な存在と見做すことや排除することである。

151）久長興仁「台湾に於ける迷信と犯罪」『教誨と保護』15巻12号、1940年、41-46頁。

152）台湾への明治憲法の適用について、長尾景徳『台湾行政法大意』杉田重藏書店、1923年、3-5頁。外務省条約局法規課『日本統治下五十年の台湾』外務省条約局法規課、1964年、39頁。朝鮮については、萩原彦三『朝鮮行政法』巖松堂京城店、1923年、18頁。

植民者の信教への配慮に重きを置かないという植民地主義の現れであったのではないだろうか。

四　教誨の運用実態

（一）植民地の教誨の実態

（1）台湾

　日本統治初期には漢人の教誨師が存在していた。ここでは、教誨師の黄玉階を例に取り上げる。黄玉階は監獄教誨を行う際、善書を講じて人々に善行を勧めていた。彼は台北県知事村上義雄の依頼を受け、監獄で受刑者に善行を勧めていた。黄は、台湾が日本の領土となったのは下関条約の割譲によるもので、武力占領ではないことを説明し、台湾人には2年間の国籍選択権があったことを受刑者に理解してもらおうとした[153]。また、黄は、受刑者が日本帝国という文明国にいられることが幸福であると述べ、日本が博愛主義を採用し、受刑者を病人のように扱い、医療の提供を通じて治癒を目指していることを強調した。このように、監獄施設は清代とは異なることに力点を置いたのである[154]。このようにして、台湾人教誨師が、匪徒刑罰令によって収監された受刑者の不満を和らげようと試みる一方、植民地監獄は「統治機構―犯罪人」という構図の中で、文明的な側面を示そうとしていたことが窺える。

　1910年に監獄官だった真木喬によれば、台湾で教誨を実施するうえで最も深刻な問題は、風俗、習慣、社会事情等が異なる台湾人には教誨で取り上げられる種々の事情が通じず、また、言語の壁があることから、相互に意思の疎通ができなかったことであるという。たとえ通訳を介しても、教誨の真義はあまり伝わらず、隔靴掻痒の感があったと言われ

153）松本助太郎「黄玉階氏と監獄教誨」『台法月報』12巻9号、1918年、51-52頁。
154）松本助太郎「黄玉階氏と監獄教誨」、53頁。

る[155]。故に、台湾語に習熟した教誨師の必要性が高まった。しかし、日本人の教誨師が風土や気候の違いに適応できず、在任期間が短く、台湾語に習熟できなかったので、教誨の効果は薄かった[156]。民政長官の下村宏も「然ルニ我仏教布教者ハ殆ント土語ヲ語ル者無ク、只内地人ノ仏教信者ヲ対象トシテ生計ヲ立ツルカ如ク、又進ンテ本島人ノ教化ニカヲ用ユルモノナシ、監獄ノ教誨師ニシテ通弁ヲ以テ法話ヲナセルカ如キハ、寧ロ滑稽事ト称スヘシ」と語っている[157]。言葉の壁という問題は30年代に入っても、依然として存在していたようである。台北刑務所看守の本城隆は以下のように語っている。

　　職務執行上最も必要なる本島語の研究不足にして日常の簡単なる用語に於てすら尚満足に辨じ得ざることなり。（中略）彼等の心情を窺ひ其の個性を知り、言語不通よりする感情の齟齬を解き以て適切なる行刑を為し得べきものにして吾々はその完全なる職務執行上本島語の研究も亦忽にすべからざるものなり[158]。

　また『台湾日日新報』の記事は、台湾監獄の教誨師は教説で高遠な教理を示すだけだったので、それほど多くの知識を持たない台湾の収容者にとっては理解しにくかったと述べている[159]。その一方で、四書を講じて道徳観念を注入する方法に効果があったので、この方法を教誨に取り入れたという[160]。こういった点だけではなく、『台湾日日新報』は、台湾における監獄教誨には教誨師の人材不足という問題もあったと報じている。1350名を収容する台北監獄でさえ僅か1名の教誨師しかいな

155）眞木喬「台湾監獄視察談補遺」『監獄協会雑誌』第23巻第3号、1910年、28頁。
156）眞木喬「台湾監獄視察談補遺」、27-28頁。
157）向山寛夫『日本統治下における台湾民族運動史』中央経済研究所、1987年、622頁。
158）本城隆「台湾と行刑累進処遇令（承前、完）」『台法月報』第28巻第10号、1934年、46頁。
159）「監獄教誨師問題」『台湾日日新報』1912年3月15日、2面。
160）「監獄と教誨師」『台湾日日新報』1910年9月7日、2面。

かった。そして、教誨師は教誨を施す以外にも、常に事務多忙の状態にあったとも伝えている[161]。

　昭和初期監獄に収容された台湾人の張深切の獄中記によれば、教誨の時間は規定を順守する形でおおむね日曜日や祝祭日に設けられた。収容者にとって、教誨を聴くことは一番嫌なことであったという。なぜなら、教誨師が説教すると、収容者は彼らに侮辱されているような気分になったからだというのだ。特に、支配者である教誨師たちが尊大な態度で、被支配者である収容者たちを愚か者と見ていたということもある。だから教誨は聞きたくないものであったと述べられている[162]。ある時、教誨師が30分間にわたって、当時の日本内地の青年の堕落や学校のストライキへの参加について、また、それに対する自分の心境や不心得な若者への批判についてしゃべり続けたことがあったという。これに対して、張深切は、無表情を装って、相手にしなかった[163]。一方で、教誨師は蓄財の方法を収容者たちに教えてもいたようである。日本人の収容者はありがたそうに聞いたが、台湾人の収容者は大抵の場合、あまり関心がなかった。ある台湾人の収容者に至っては「教誨師がそれほど金儲けがうまいなら何もここで安月給を喰ってゐずに金儲けに行けや百万長者になるぢゃねえか、嘘もよい加減にしやがれ」と言うほどだった[164]。監獄教誨は形式的で実用性に乏しく、あるいは単に難しい仏語などを使うばかりで、収容者には理解し難いという問題も存在していた[165]。

161）「監獄と教誨師」『台湾日日新報』1910年9月7日、2面。

162）張深切『在広東発動的台湾革命運動史略：獄中記』中央出版社、155頁。日本内地における教誨師の話は単に仏教がテーマではなかった。例えば、江連力一郎が聞いた教誨は欧州大戦中のイタリア軍少年憲兵の愛国美談であったため、興味を深くそそられたという。参照：江連力一郎『獄中日記』郁文書院、1932年、148頁参照。

163）張深切『在広東発動的台湾革命運動史略：獄中記』、156頁。

164）張深切『在広東発動的台湾革命運動史略：獄中記』、156頁。

165）上田茂登治編『刑務所長会同席上ニ於ケル訓示演述注意事項集：明治一七年一一月至昭和七年七月』刑務協会、1933年、56頁。

（2）朝鮮

　日本統治初期において、朝鮮語が理解できなければ、教誨師は役には立たないと認識されていた。そのため、朝鮮語に堪能な教誨師は極めて貴重な存在であった。例えば、本願寺派の厳常圓などである[166]。1910年に、朝鮮における監獄教誨師の定員は僅か4名で、京城、平壌、大邱、永登浦に1名ずつ配属された。他の監獄には嘱託教誨師が1名ずつ配置された。なお、朝鮮語ができない教誨師は布教が困難だったことが史料に示されている[167]。逆に、朝鮮語ができる教誨師が施した教誨は収容者に対する効果が良好であったと見られていた[168]。しかし、日本統治初期における監獄では、教誨師1名が平均して436名の受刑者を担当することになったため、そのような状況では教化の効果を達成することは困難であったのではないだろうか[169]。

　また、史料によると、京城監獄において、牧師が監獄側に招待され教誨を施したという記録もある[170]。ここからは、正式な教誨師は浄土真宗の僧侶が担当したものの、キリスト教からの教誨支援もある程度容認されたことがわかる。容認の程度は時代によって変化があったと考えられるが、現時点では史料に制約があるために全貌は把握できていない。

　1923年、法務局長の松寺竹雄は刑務所収容者の教化を向上させるため、治刑協会を立ち上げ、朝鮮人向けの監獄事業を行った。松寺は真宗布教使及び京城、西大門両刑務所教務主任を随時召集し、教化に関する調査研究を行い、その結果に基づいて以下の施策を実施した。まず、刑務所職員相互の救済を図り、また刑務の改善及び発展を促進することを目的として、朝鮮治刑協会が設立された[171]。そして、朝鮮治刑協会は内地で収容者閲覧用の雑誌『人』を発行していたのと同様、朝鮮では雑誌『道』を発行した。また、教誨師の執筆により、朝鮮語訳付の『自彊叢

166）直樹『植民地朝鮮と日本仏教』三人社、2013年、287頁。

167）「京城便」『成人』第115号、1910年、60頁。

168）「朝鮮海州監獄通信」『成人』第124号、1911年、57頁。

169）「監獄教誨ノ概況」『朝鮮総督府月報』第2巻第7号、1912年7月、99頁。

170）洪善杓「余ㄴ 京城監獄을 観하ㄴㄴ노라」『半島時論』第1巻第7号、1917年、49頁。

171）『朝鮮刑務所写真帖』朝鮮治刑協会、1924年、1頁。

書』の出版を開始した。

　以下、この自彊叢書を分析する。

　まず叢書出版の経緯から見ていこう。当時、教誨師は朝鮮の日本内地と風俗事情や言語などが異なり、朝鮮人向けの教化用の書籍や教材が乏しいことを実感していたという[172]。そのため、朝鮮人向けの教化用の書籍を執筆し、出版する事業が提案されることとなった[173]。この叢書は日本内地と全て異なるわけではなく、中には、日本の岩国少年刑務所の教化用の書籍が朝鮮語に訳された書籍もあった。在監者が改悛しているかどうかについて、この叢書を読んでいるかどうかも評価の一つとされた。例えば、控訴審において、控訴人が自彊叢書の内容を理解していると判断されたため、それは減刑を求める理由の一つになりえた、という事例がある[174]。

　ちなみに、台湾の受刑者向けの漢文版の教化用の書籍は存在しなかったようであるが、受刑者向けの雑誌『まこと』には、中国語訳が付されている。恐らく台湾では、資源の少なさ、及び行刑に関する組織の立ち上げが遅れたため、漢文版の教化用の書籍までを用意する余裕がなかったのではないかと推測される。

(二) オリエンタリズム的なイメージ

(1) 台湾

　浄土真宗の史料によると、当時台湾の在監者に対する教誨では、一般的道義観念の養成を基礎として、修身斉家の道を説き、品性の向上を図る一方、処世に必要である一般的知識の啓発も取り扱っていたと述べられている[175]。日本人の教誨師の目には、台湾人はほとんど知識がなく、自分の名前すら書けない人が多いと映ったようである。時には知識を備

---

172) 平塚龍馴著、林久次郎訳『旅乃出直志』朝鮮治刑協会、1923 年、2 頁。

173) 例えば、当時、西大門刑務所の教誨師であった平塚龍馴は、京城刑務所の教誨師である津村の依頼を受け、自彊叢書の第一編を執筆した。

174) 高等法院刑事部、昭和 11 年刑上第 180 号。

175) 真宗本願寺派本願寺、真宗大谷派本願寺編『日本監獄教誨史』、1808 頁。

えた人もいるが、「支那」一流の空論に終始しているから、実生活に適
応できる人は稀であり、それに加えて、台湾人は宗教の深遠な教義を理
解できない、というイメージが史料には披瀝されている[176]。このよう
に台湾人に対して劣等なイメージが作りあげられていったようであ
る[177]。

　教誨師の長松猶雷もある程度、オリエンタリズム的な眼差しを持って
おり、本島人を思想的に幼稚で未開の民族とみなし、非常に迷信深いと
考えていた。そのため、総集教誨では迷信を打破し、確固たる信仰を築
くべきだと主張していた。しかし、個別教誨においては、長松は逆に迷
信を利用して受刑者を善行に導くことが可能だと考えていた[178]。一方、
本島人への教誨について、長松は、平易な真宗教義を基礎とし、支那民
族の思想において支配的な孔孟思想を組み合わせて教化を行うべきだと
主張していた[179]。

(2) 朝鮮

　自彊叢書の第五編は、朝鮮刑務所の収容者向けの雑誌『道』から文章
を抜粋した書籍である。塀の外の社会状況を知らせる文章には様々な内
容が含まれ、収容者と外部社会とを結ぶ、朝鮮治刑協会によって作られ
た架け橋の一つであったと考えられる。その中には当時の国民協会長
だった尹甲炳の談話「内地視察談」が収録されている。その冒頭は下記
のようなものであった。

　　　内鮮の文化に多大の差あることは、識者を俟たずとも、一見容易

---

176)　真宗本願寺派本願寺、真宗大谷派本願寺編『日本監獄教誨史』、1808-1809頁。
177)　実際に、日本内地の教誨師西元龍拳は日本内地の累犯者に対して、このように
　　述べる。「教誨は先づ普通の常識修養を知覚せしめねばならぬ、彼等習慣犯者に没
　　常識漢が澤山ある」。西元龍拳「累犯者の研究（接前）」『成人』第103号、1909年、
　　55頁。この語りを見ると、民族差より階層差等他の要因のほうが影響していたと
　　いうのがより実態に近いのではないかと考えられる。
178)　長松猶雷「集合教誨私見」『台法月報』第7巻第3号、1913年3月、34頁。
179)　長松猶雷「集合教誨私見」、34頁。

に首肯される事柄であって、これがため政治上にも法律上にも形式の上に、勢い多少の手加減を要することは云ふまでもない。併しながら、其手加減たるや、朝鮮の文化に應じ、民度に照らし適切の程度を誤らないことが第一条件であって、餘りに厳に失すれば差別待遇の非難が起り、内地人横暴とか、政策の壓迫とか云とが問題となるのであるから、餘程慎重の態度に出でなければならない。勿論朝鮮の文化や民度は、内地に比して、尚格段の遜色あるを免れない。従って差別待遇に不満を鳴らす前に、朝鮮の民衆は先づ自ら文化の発達を策し、民度の向上に努力しなければならぬのである[180]。

　そして、尹はこの中で、日本と比較して朝鮮が遅れている点を強調している。例えば、朝鮮では路上で多数の子供が遊戯に熱中しているが、日本では学校教育を受けるためそうした子供はほとんど見かけない、これは朝鮮の教育の幼稚性であるという。これを見ると、尹が、植民者側から作られた序列化の眼差しを内面化していることがわかる。また、この文章を収録したことからして、治刑協会はこのような考えを擁護していたのではないかと考えられる。言い換えれば、この眼差しは、「文明開化」した日本を基準とし、朝鮮の独自性を後進として位置づける発想の現れである。そして、日本から示唆を受け、この「遅れた」朝鮮社会の「近代化」を追求する必要があるという思想が根底にはあるとみられる。

　また、朝鮮総督府法務局長は、内地人は宗教心や信仰心を具有しているが、朝鮮人には乏しいので教化は一層困難となるだろう、と説いている[181]。このような言説は少数派ではなく、むしろ当時の法務、教誨などに関わる統治者側の一般的なイメージだった。

　この眼差しは、最前線の教誨師の間にも現れている。西大門刑務所の主任教誨師である平塚龍馴は、内地では宗教が普及しているため、囚人は因果の観念を深く理解しているが、朝鮮では宗教が普及していないた

180）山下良右衛門編；林久次郎訳『道志る扁』朝鮮治刑協会、1926 年、144-146 頁。
181）「教務係主任に對する法務局長開示」『朝鮮司法協会雑誌』第 3 巻第 3 号、1924 年、22 頁。

め、未来に起きうべきことに対する警戒心が乏しく、社会性に欠けており、教誨が非常に難しいと述べている[182]。朝鮮には元々、在来信仰や仏教、後に伝来したキリスト教が存在し、これらの宗教にはそれぞれ信者がいる。しかし、平塚の発言が示しているのは、これらを「宗教」と見なしていなかったということである。また、善行を勧めるという目標に関しては、平塚は西大門刑務所の収容者が孔孟思想に関する書籍に非常に興味を持っていることを観察し、儒家の関係者を教誨に導入すれば一定の効果が期待できると考えていたが[183]、そのような仕組みは形成されず、依然として真宗僧侶が教誨師の役割を占めていた。

　この眼差しは台湾と同じように植民者からのオリエンタリズムの現れと言えるのではないだろうか。

（三）受刑者の受け止め方

（1）立ち直りの例

　まず、教誨が受刑者の更生に寄与した事例を見ていこう。1905年、佐藤学知は実父を殺害し、その後死刑を言い渡された。執行を待つ間、真宗の教義に基づく教誨を受け、自力と他力の違いを理解するとともに、念仏の重要性を深く認識した。その結果、彼の行動には改善の兆しが見られたようである[184]。日本内地では教誨師は受刑者の依頼を受け、離縁した配偶者を探し、復縁できるよう御膳立てしたというケースがある[185]。こうした事例は、日本内地の監獄教誨がどのように受刑者を更生させたかを示している。

　植民地の監獄教誨は、一部の受刑者にとっては確かに役に立っていたと考えられる。朝鮮の刑務所に収監されていた尹某は前科が多く、刑務所内で規則に違反することも多かった。しかも、ある刑務所で他の収容

182）「正しい道を説く教誨師の労苦」『京城日報』1924年11月30日、3面。

183）「正しい道を説く教誨師の労苦」。

184）蒔田耕夫「恐るべき大悪人は即ち敬ふべき妙好人」『成人』第80号、1907年、28-30頁。

185）藤井恵照『覚めたる友：改善実話』監獄協会、1917年、69-73頁。

者と口論となり、激怒した末に相手を殺害したことで、6年の懲役を追加された。しかし、数年ののち、尹某は法悦の生活に入り、朝夕念仏を絶やさない、信心深い人物となった。何故彼は悔悟したのか。その理由の一つに、当所の教務主任が献身的に感化に努めたことが挙げられる[186]。また、教誨師の説教によって、朝鮮人受刑者が他の未発覚の犯罪を自白した例もある[187]。

　さらに、更生保護においても、教誨師は重要な役割を果たしていたと考えられる。当時台湾において教誨師だった宍戸了要が取り上げている事例のうち、前科に加えて窃盗罪を犯した李某のケースは次のようなものだった。李某は出所した後、厳父から許されず家に戻ることができなくなり、居場所を失った。このため、台中の更生保護の場である再生院に赴き、役人たちから同情を得た。そして、役人が厳しい父親を説得してくれた。このことも李某が改悛する契機になった。しかし、李某の社会復帰の道は容易ではなく、周囲の人々からの白眼視や嘲弄を受けて悩んだが、教誨師が李某の傍で励ましたことで、徐々に李某は父親の許しを得られるようになり、その後、結婚し、若主人として店を経営して一家平和に過ごしたという[188]。朝鮮でも同様の事例があり、春川刑務所の本田教誨師は、朝鮮人受刑者の金常真が出所後に就職できるよう支援したという[189]。これらのケースから、教誨師は出所者の人生にとって、確かに啓発を与える存在であり、人生の転換の可能性を与えることもあったことが窺える。

(2) 教誨に対する不満

　監獄教誨のなかで重視される書籍の閲読については、台湾監獄令施行規則第 82 条が規定を設けている。ここでは、雑居拘禁の在監者は同時

186）「独居拘禁に対する私考」『朝鮮治刑彙報』第 7 巻第 12 号、1929 年、34-35 頁。
187）「教誨師説教로 旧罪를 自白？개성에 잇는 幼年罪囚」『中外日報』1927 年 6 月 20日、2 面。
188）宍戸了要「甦りたる姿」『社会事業の友』第 82 号、1935 年、103-104 頁。
189）「前科者에 温情 春川刑務所教誨師熱誠」『毎日申報』1937 年 2 月 17 日、4 面。

に3点以上の文書図画を閲読することはできないが、辞書はこの限りでないと定められている[190]。しかし、台中監獄では独居拘禁の在監者は普通書籍2冊と辞書1冊しか持つことができなかった。独居収容者に対して、何故そのように台湾監獄令施行規則の規定より厳しく処遇をしたのだろうか。呂運亨[191]は、教誨師の訓戒に対して不満を持った経験を語り、さらに、刑務所での書籍の借入について、教誨師の許可基準はあまりにも不合理だったと述べている。例えば、英語書籍を借入した時、H.G Wellsの本は借りられたが、なぜかわからないがShakespeareの本は借りることができなかったという[192]。また、共産党事件によって新義州刑務所に収容された李根昌は、経済学の書籍また辞書の差入れを申請したが、不許可とされたという。李根昌の経験によると、刑務所官吏は、自分の外国語能力が十分ではないために外国語書籍を検閲することができず、そのために不許可と判断したようである[193]。

　植民地だけではなく、日本内地の監獄でも書籍閲覧の許可が教誨師の独断で行われたこともあった。1899年の監獄則には、囚人が書籍の看読の許可を求めた場合、感化または紀律を妨げないと認められる場合に限って許可するという規定がある。そして、看読の許可に関する裁量は主に教誨師が持っていた。実際には、この裁量は教誨師の都合に任せられるという問題があり、裁量濫用は稀なことではなかった。小山六之助の記事を見るとそのことがよくわかる。徳富蘇峰の静思余録を求める囚人に対して、教誨師は「餘り高尚な書物などを望まないで、易さしい宗教の本でも見る気になれ」と言った。これ以外にも小山は英語の本を読んで、理解できない部分を教誨師に尋ねたが、英語を学校で勉強したことがない教誨師は厭な顔をして、終始無言だった。他の囚人はこれを見

190）簡吉獄中日記／1930-08-01『台湾日記知識庫』。

191）呂運亨（1886-1947年）、朝鮮独立運動家で政治家。

192）김삼웅『서대문형무소 근현대사』나남、2000年、201頁。

193）「新義州共産党事件七氏ミ　無事出獄」『東亜日報』1929年12月15日、2面。刑務所側はこの新聞記事は真実ではないと弁明した。朝鮮総督府法務局「人事其他情報書類綴」『朝鮮総督府記録物』管理番号：CJA0004253、1927年、1239-1242頁。

ると、「坊主一寸も読めないのだ」と笑った。囚人にとっては痛快な出来事だったが、一週間後、看守長は「英書禁読並びに、学問上に関する質問を、教誨師に向って為すことを、厳禁する旨」を伝えた[194]。こうしたことから、書籍の閲読が、囚人の改善に役に立つかどうかではなく、教誨師の都合によって判断されていたことがわかる。

　また、公州刑務所の朝鮮人受刑者が提出した請願書によると、この受刑者は、個別的教誨は警察の取調べのようであり、このような教誨で受刑者の改悛を求めることは可能なのかと疑っている[195]。また、当所に備え付けられている書籍は僅かに日本語と仏教に関するものだけであった[196]。

(3) 要求に合わせる

　教誨の中で、教誨師がことさらに仏教の経典の良さを強調する場合がある。監獄に拘禁されたことがある李光洙は作品『無明』の中で、鄭某という収容者が教誨師から『無量寿経』を受け取り、無罪になりたいために、熱心にこれを読んでいるところを描写している[197]。鄭某がどの宗教の信者だったかという情報はないが、有罪の判決を言い渡された後、まったく『無量寿経』を読む気がなくなったと描写されているところから見ると、教誨は教誨師側からの押し付けという側面だけではなく、収容者側が教誨に対してある種の見返りを期待する側面があった点も無視できない。

　二回目の入獄で十年の刑期に服していた簡吉の日記には、天長節などの祝祭日には、教育勅語を必ず抄録したのみならず、自らの行為に対する後悔を表明していたとの記述がある[198]。そして、仏教に関する書籍

194）小山六之助『活地獄』、46-47 頁。
195）法務局行刑課「昭和三四五六年情願書」、23-24 頁。
196）法務局行刑課「昭和三四五六年情願書」、24 頁。
197）이광수「무명」『이광수 단편소설』유페이퍼、2016 年、473 頁。
198）「昭和 11 年 4 月 3 日神武天皇祭」、「昭和 11 年 4 月 29 日天長節」、「昭和 11 年 10 月 30 日」、「昭和 11 年 11 月 3 日明治節」、「昭和 12 年 1 月 1 日」、「昭和 12 年 2 月 11 日紀元節」等『簡吉獄中日記』未刊行。

の読書ノートも多く、浄土真宗の教義及び念仏に感服していたことを示している[199]。一方で、「獄中日記」を書いていた簡吉は監視され、その日記は教誨師に検閲される可能性があった。他の資料を参照すると、監獄の教誨師は簡吉の仏教の理解力が高いと称賛しており、この点から考えると[200]、恐らく、簡吉がこの「獄中日記」にしたためた仏教経典に対する理解に関する記述を教誨師も読んだと考えられる。つまり、簡吉が実際には感服していなかったと仮定した[201]としても、教誨師の要求に合わせることでその賞賛を得ることは可能だったといえる。

（四）皇民化の教誨

（1）国語（日本語教育）

　教誨においては、日本人化あるいは皇民化が強調された。受刑者は、この風潮が刑務所に波及するなかで教誨を施された。日本の古典の内容を正しくかつ自在に解読できれば、国体及び日本精神をより一層理解することができる、と考えられていた。そのため、真に日本精神を会得できるように、日本語を充分に理解させなければならないとする言説もみられた[202]。

　この風潮に応じて、朝鮮の刑務所では国語の普及を図り、国語教育をさらに強化した。西大門刑務所では水曜日に国史、金曜日に国語という具合に日程を決め、入房後の 30、40 分間、それぞれの講座を放送した[203]。大邱刑務所では、「国語で書き、国語で考へ、国語で話す」という方針で受刑者の皇民化を図り、毎週平日に 15 分間、国語講座を開設した[204]。

199）「昭和 12 年 2 月 1 日」、「昭和 12 年 2 月 4 日」、「昭和 12 年 5 月 6 日」『簡吉獄中日記』未刊行。

200）楊渡『簡吉：台湾農民運動史詩』南方家園、2014 年、241 頁。

201）既存の研究によれば、簡吉は監獄での圧迫的な待遇を受けながらも、反抗の精神を抱き続けていたという。楊渡『簡吉：台湾農民運動史詩』、239–240 頁。

202）樹林晴美「国語愚痴論」『治刑』第 17 巻第 2 号、1939 年、51 頁。

203）「彙報」『治刑』第 17 巻第 4 号、1939 年、64 頁。

204）磯江幸雄「第一回国語講座を終わりと」『治刑』第 18 巻第 12 号、1940 年、37 頁。

旅順刑務所の所長は台湾を訪問した際、朝鮮は台湾より日本による領有の開始が遅いが、国語は遥かに普及していると述べた。このことは、台湾では、国語普及は朝鮮より不十分だったことを示していたため、台湾の刑務所でも国語教育を強化し、皇民錬成の徹底を期すべきだとの主張がなされた。台北刑務所は国語教習規程を制定し、実施していた。昼食後、戒護人員や教務人員が収容者に国語を教え、国語教習会も行っていた[205]。「国民精神作興週」には、国語力試験を行い、試験結果の優秀な者を激励した[206]。台中刑務所の国語教育は、国語を常用し得る者に対してワッペンを着用させる方法を採っていた。一方、「ラジオ」の活用や日曜日と免業日の教誨後に国語教育を行うケースもあった[207]。

　台湾では明治末期において、「土語」に精通するよう、監獄官に「土語」を学ぶよう奨励した[208]。1920 年代の朝鮮教誨では、収容者の琴線に触れるため、朝鮮語による教誨が期待され、朝鮮語の習熟に対し手当を与えるという政策もあった[209]。このように戦時期以前の朝鮮語あるいは台湾語に習熟した刑務官に手当を与える政策があったこととは対照的に、戦時期は、統治者側が被植民地の現地語を理解せずとも、収容者に対する国語教育を強化することにより、統治者の政策に従って行動させようとしたものといえる。この方策は総動員体制下の国民統合の現れといえるのみならず、統治コストを省くという目的もある。

　しかしながら、教誨師が日本語を理解できない受刑者に対して日本語で教誨を施しても効果があるのか疑念を抱かざるを得ないだろう。当時も、やはり朝鮮語で施す必要があり、朝鮮語を廃止するわけにはいかないという声もあった[210]。台湾でも同様の声があった。台湾語に習熟し

205) 冠川「第一線に立ちて（十八）」『台湾刑務月報』第 8 巻第 7 号、1942 年、24-25 頁。

206) 「宜蘭支部」『台湾刑務月報』第 3 巻第 1 号、1937 年、21 頁。

207) 「台中支部」『台湾刑務月報』第 3 巻第 3 号、1937 年、18 頁。

208) 『台湾行刑法規』台湾総督府官房法務課内台法月報発行所、1933 年、77 頁「土語」とは、台湾語など言語を指す。

209) 「朝鮮総督府及所属官署職員朝鮮語奨励規程中改正ノ件」『朝鮮治刑彙報』第 2 巻第 9 号、1924 年、2-4 頁。

210) 百済慶勝「行刑時評」『治刑』第 16 巻第 8 号、1938 年、16 頁。

ていなければ、受刑者の心をしっかり掴むことはできないという懸念も示された[211]。

(2) 儀式の強化

　1936 年、台南刑務所に構内神社が建立され、日本帝国にとって重要なニュースとして、台湾の刑務に関する機関紙及び日本の刑政にも記載されている[212]。この構内神社の鎮座祭には、台南州知事の今川淵、総督府法務課長の山本真平、台中、新竹の両刑務所所長代理、台南刑務所所長の永野直、所長以下の職員及び収容者が参列して、宮司の引導によって、天照大御神の御神霊を奉戴した。同年の夏、全国刑務所所長会議において、行刑局長の岩松玄十二が提起した指示事項には「教誨の目的は精神修養に依り収容者をして自ら前非を悔悟し、国法を遵法するの信念を教養するにあるのであります。特に現下の我が国の思潮は建国の精神に鑑み國體の本義を明にするのでありますから、行刑教誨に於ても此の點を考慮し塩梅する必要があるのであります。それで當局に於ては先以て敬神崇祖の観念を値付けることが急務と考へ、今回之が具體的施設として遙拝所を設置せんとするの計畫を樹てたのであります[213]」とあり、全国の刑務所の構内に遙拝所を設置するという指示が明示されていた。戦争によって、人的資源は枯渇しはじめ、同化主義は一層強化された。新竹少年監獄では所内の職員が神社の建築のために自発的に私費を拠出したと報じられた。神社への参拝によって、収容者は日本臣民の精神を涵養でき、忠誠を尽くす国民になり得ると期待されていた[214]。

　神社参拝を強化する流れは朝鮮の刑務所にも及んでいた。光州刑務所は戦時下において、受刑者に対する「国民精神強調週間行事」として

---

211)　牧山人「語学と行刑」『台湾刑務月報』第 7 巻 1 号、1941 年、58 頁。

212)　「台南刑務所に神社建立」『刑政』第 49 巻第 3 号、1936 年、90–91 頁。「台南刑務所に神社奉祀」『まこと』第 228 号、1936 年、8 頁。

213)　「全国刑務所長会同」『刑政』第 49 巻第 8 号、1936 年、68–69 頁。

214)　「構内神社を建て　囚人教育に活用　所内職員の醵金て近く竣工　新竹少年刑務所の佳話」『台湾日日新報』1937 年 4 月 26 日、9 面。

「第一日　神社参拝　国体明徴」という日を設け、神社参拝を行った。受刑者を二班に分け、庭前清浄の地に設けられた神社に参拝させるというものである[215]。また、1938年から1939年まで朝鮮全体で刑務所の構内に遥拝所を設置した[216]。全鮮刑務所長会議において、南次郎総督は、日本帝国は重大時局に際会し、国民精神を総動員し、皇民化の好機として、教育勅語を基調とし日本行刑の完成への工夫と努力を求めると強調した[217]。これに応じて、総集教誨の式次例を改正し、新たに皇居遥拝、勅語奉読、誓詞斉唱を加えた[218]。そして、1940年、法務局長より各刑務所長に宛てて、所内神祠の建造について通牒があった[219]。

　以上の経過を見ると、戦前の国家神道及び天皇統治の象徴としての神社は、塀内で実施された神祠や遥拝所などの一連の建立を通じて、「同化」という目標に照応し、収容者の参拝という「通過儀礼」を経て[220]、「忠良なる帝国臣民」を作り出すことが期待されたと見られる。

(3)　教誨テーマと戦争との繋がり

　台湾監獄の総集教誨のテーマは日中戦争あるいは日本の皇道精神と強く繋がっていった。例えば、1937年には「皇道精神」、「日本国民の自覚」、「国体観念の強調」、「日本海海戦に就いて」、「海軍記念日にあたりて」、「総動員の意義」、「北支事変の真相と国民の自覚」、「皇軍将士の優しさ」、「日支事変の経過と我等の覚悟」、「全体主義」、「日本帝国の使命」、「銃後の守」、「銃後の力」、「皇民達の自覚」、「国民精神総動員運

<hr>

215)「光州刑務所所報」『治刑』第16巻第4号、1938年、127頁。
216) 教誨百年編纂委員会、浄土真宗本願寺派本願寺、浄土真宗大谷派本願寺編『教誨百年　下』、320–321頁。
217) 教誨百年編纂委員会、浄土真宗本願寺派本願寺、浄土真宗大谷派本願寺編『教誨百年　下』、317頁。
218) 教誨百年編纂委員会、浄土真宗本願寺派本願寺、浄土真宗大谷派本願寺編『教誨百年　下』、318–319頁。
219) 澤野彰「受刑者の神祠神社に關する考へ方」『治刑』第18巻第11号、1940年、24頁。
220)「通過儀礼」の概念の運用については、若林正丈『台湾抗日運動史研究』研文出版、2001年、379–420頁。

動」というテーマの教誨を行った[221]。朝鮮では、「国体の意義」、「海軍無条約時代に處する我等の覚悟」、「国体明徴と国民の覚悟」、「北支事変の真相と覚悟、人の本心」、「銃後の赤誠」、「時局を認識して」、「北支事変勃発について」などをテーマとする教誨も施した[222]。朝鮮における教誨師は日本帝国の皇道精神及び内鮮同祖論を朝鮮人収容者に強調して、同化の教化を施した[223]。

まとめ

　以上の考察を踏まえると、監獄教誨に関する法制を概観すると、植民地の台湾と朝鮮では、日本内地の監獄法に依って法制が定められ施行されていったことがわかる。一方、昭和期の教育刑的な意味をもつ行刑累進処遇制度は、先に日本内地で施行されており、その後、朝鮮では、日本内地の同制度が修正され施行された。台湾では、日本統治時代の終わりまで、他の専門的な知識を取り入れる必要がない階級処遇制を続けていた。植民地台湾の教誨と日本内地及び朝鮮のそれを比べると、制度的な落差が存在していたことがわかる。落差の理由は当時の階級処遇制で台湾の監獄は十分統治できたことや、台湾受刑者に対する眼差し、法務当局の組織体制の貧弱さと関係していると推測される。

　教誨師は日本内地と同様に、植民地朝鮮及び台湾でも浄土真宗が独占した。浄土真宗の僧侶によって構成された帝国監獄教誨のネットワーク

---

221)「表：集合教誨教題一覧」『台湾刑務月報』第 3 巻第 6 号、1937 年、47 頁。「表：集合教誨教題一覧」『台湾刑務月報』第 3 巻第 7 号、1937 年、55 頁。「表：集合教誨教題一覧」『台湾刑務月報』第 3 巻第 9 号、1937 年、45 頁。「表：集合教誨教題一覧」『台湾刑務月報』第 3 巻第 10 号、1937 年、56 頁。「表：集合教誨教題一覧」『台湾刑務月報』第 3 巻第 11 号、1937 年、53 頁。

222)「総集教誨題目一覧」『治刑』第 15 巻第 4 号、1937 年、82-83 頁。「総集教誨題目一覧」『治刑』第 15 巻第 7 号、1937 年、72 頁。「総集教誨題目一覧」『治刑』第 15 巻第 7 号、1937 年、72 頁。「総集教誨題目一覧」『治刑』第 15 巻第 9 号、1937 年、86-87 頁。

223) 李圭昌『運命의 餘燼』、240 頁。

が見られる。だが、細かく見ると、朝鮮の教誨師の宗派は、浄土真宗の大谷派と本願寺派が多かったが、台湾の教誨師は浄土真宗の本願寺派が大多数であった。この体制からすると、受刑者の信教の自由は保障されていたとは言いがたかった。教誨に関する知識は国家神道及び浄土真宗に基づく道徳教育が主流であった。大正末期からは、科学的根拠に基づく教誨が一層強調されるようになり、これに応じて、他の科学的な知識に依存する行刑累進処遇制度も現れた。また、法制度及び仮釈放率の差異から、朝鮮は教育刑に偏向している一方で、台湾は応報刑に、それぞれ依存する傾向があったことが見てとれる。

最後に、教化の運用実態面についてである。植民地の教誨は言葉の壁、現地の宗教の不導入などにより、挫折することもあった。さらに、戦時期における皇民化を意識した教誨は戦時体制の影響を受けたものであったと理解できる。植民地の受刑者が監獄教誨制度に対してどのような意識を持っていたかについて検討するなかで、教誨に対する多様な体験が存在していたことが明らかになった。従順に帝国の臣民となる意思を示し、それと引き換えに、処遇の改善を獲得しようとするものもあった。教誨に対する嫌悪の意識も存在していた。日本帝国において国家神道と仏教が相互に交錯して形成されたヘゲモニーは、全ての収容者に浸透していたわけではない。国民統合の役割を担う教誨師たちは、言葉の壁・人手不足・事務の煩瑣・財政的な困難などに突き当った。一部の教誨師たちは収容者に対してオリエンタリズム的な眼差しを向けることがあった。このような状態にあって、教誨師たちは植民地の事情を勘案しながら、様々な調整を行ったが、帝国のヘゲモニーを収容者に確実に浸透させることができたのか疑問である。刑務所の教誨師を含めた刑務官たちは、こうした内面的・外面的な種々の制約から、刑務所内で帝国のヘゲモニーを徹底することはできなかったとみられる。いわゆる、ヘゲモニー層と国家の装置との間の落差が存在する。

よって、収容者は必ずしも Foucault が描くような従順な臣民とはならなかった。このように考えてみると、西川長夫の提示する国民統合の図式において、国家統合の装置の次元に存在するアクター及び政治経済学

的諸要因により、相剋あるいは矛盾が生み出されているといえる。さらに敷衍して、このような矛盾と相剋の狭間に、植民地民衆の主体性が窺えるのではないかと考える[224]。

　Foucault は近代的監獄についてのある命題を示している[225]。それは、監獄における規律権力は従順的身体を生み出すというものである。しかし、本章によると、一人一人の受刑者たちは様々な意識を持っており、一様に従順というわけではない。そして、教誨師をはじめ刑務官はFoucault の言うように受刑者を終始監視しているわけではない。むしろ言葉の壁や人手などの要素が作用することにより、Foucault の命題とは合致しない。アメリカの法学者 Alford は、言説の次元と実践の次元とが常に合致するわけではないとして Foucault を批判するが、その実例がここに示されているともいえる[226]。近代監獄が掲げる教化の目的は、植民地監獄における収容人数や運営状況などに鑑みて、まったく達成できなかったわけではないが、とりわけ教誨師が日本人僧侶で構成されている点に留意すれば、その達成は限定的であったといわざるを得ない。

224）西川長夫の国民の統合理論では、「民衆的主体」は幻想であるとして取り扱われているが、ここには疑問がある。今西一「国民国家論と『日本史』」大津透ほか編『歴史学の現在』岩波書店、2016 年、249-250 頁。

225）Michel Foucault, *Discipline and Punish: The Birth of the Prison*, trans. Alan Sheridan（New York: Vintage Books, 1979）, p. 135.

226）C. Fred Alford, "What Would It Matter If Everything Foucault Said about Prison Were Wrong? *Discipline and Punish* after Twenty Years," *Theory and Society* 29, no. 1（2000）: 125-46.

第二章

植民地台湾における
監獄作業に関する一考察

一　問題意識

　本章の課題は、以下の2点である。植民地の台湾において、行刑のなかで重要な位置を占める監獄作業の制度はどのような様相を呈していたのか。そして、この制度に基づく監獄作業がどのように運営されていたのかである。これらを分析することで、植民地台湾の監獄法制と監獄を通じた収容者の統制の一側面を明らかにしていく。

　監獄とは本来犯罪者に社会復帰を促すための装置であり、監獄作業はその一環と考えられる。Foucault が提示しているように、近代的監獄は、近代国家が人道主義に基づき、受刑者の身体に苦痛や損傷を与える身体刑に代わり、国家の監視下に置いて受刑者に矯正処遇を施して規律を正すという、刑罰改革の理念の現れとして誕生した[1]。しかしながら、Foucault の監獄の誕生に関する考察はそれまでの刑罰史研究に多大な刺激をもたらしたものの、監獄史研究に関する言説の次元に止まり、監獄行刑の具体像には深く触れていなかったという批判も免れない[2]。この批判を受け、本章は監獄に関する法制、言説、そして運用実態という三つの次元を意識しながら、台湾監獄史を考察していく。さらに、国家は監獄施設を通じて、受刑者を規律化し、社会の一員として復帰させるという囲い込みの方策を展開する一方、この囲い込みによって、犯罪と犯罪者を社会から疎外する施策をも行っている[3]。このような仕組みによって、国家の権力は社会の中へさらに深く浸透し、民衆を新しい国民像に向かわせていく[4]。監獄の歴史的考察は、国家の権力と民衆との関

1）Michel Foucault, *Discipline and Punish: The Birth of the Prison*, trans. Alan Sheridan（New York: Vintage Books, 1979）.

2）C. Fred Alford, "What Would It Matter If Everything Foucault Said about Prison Were Wrong? *Discipline and Punish* after Twenty Years," *Theory and Society* 29, no. 1（2000）: 125-46.

3）安丸良夫『一揆・監獄・コスモロジー：周縁性の歴史学』朝日新聞社、1999年、66頁。

4）安丸良夫『一揆・監獄・コスモロジー：周縁性の歴史学』、66頁。

係を解明する手がかりになり得るであろう。

　上記の先行研究の知見を借りて、台湾の監獄について検討していく。台湾においては、伝統中国法の身体刑や追放刑に代わり、日本の植民地統治を介して西洋から継受された近代法が導入された。これに伴い、近代自由刑を施す場所である監獄の制度も台湾に受容されていった。筆者は、日本帝国が監獄を用いて、権力をいかに、また、どこまで台湾社会に浸透させたのか、植民地の民衆の生活に如何なる変化をもたらしたのか、どのような国民を生成したのかという問題意識を提起し、法制、言説及び運用実態という三つの次元から考察する。監獄行刑は教誨、作業、戒護、医療衛生などの側面も含む。監獄に収容される受刑者たちは日常的に労働作業をさせられていた。在監者は監獄にいる間、長期間にわたって作業に従事するため、監獄作業が監獄行刑の柱の一つだったと言える。したがって、本章は監獄作業に焦点を絞り、検討していく。

　本題に入る前に、日本統治時代の台湾における監獄を概観しておく[5]。台湾における監獄法制は基本的に内地の監獄法制を依用した。例えば、1899 年台湾監獄則第 1 条は 1889 年勅令第 93 号監獄則によって定められ、1908 年台湾監獄令第 1 条は監獄法によって規定された。そして1908 年をもって、監獄制度の大枠を規定する法令が定着した。台湾の監獄制度は内地と同じ点も多かったが、男性収容者の辮髪を容認したほか、監獄制度に関する下位規範、言説、運用実態は常に同様だったわけではない。

　また、台湾は常に内地に追従していたわけではない。台湾監獄官制の制定は 1900 年であり、これは台湾における監獄の中央統制化に関する法制が内地に先んじていたことを示している。台湾では、内地で内務省が管轄する業務と府県が管轄する業務の双方を台湾総督府が行うことになった[6]。これにともない、地方官制を改正し、台湾監獄官制も成立し

---

5) 林政佑『日治時期台湾監獄制度与実践』国史館、2014 年。蔡宛蓉「日治時期台湾監獄制度之研究（1895-1945）」国立台湾師範大学台湾史研究所修士論文、2010 年、参照。
6)「台湾監獄則改正（律令第一八号）」（1900 年 05 月 11 日）、「明治三十三年甲種永

た[7]。日本内地では監獄費の国庫支弁をめぐる議論によって、1900年に監獄事務を内務省から司法省に移管したが、地方官は以前と同じように監獄に対する監督権限をもっていた。その後、内地では1903年の地方官制改正と共に監獄官制が発布され、初めて全ての監獄を司法省が直轄することになった[8]。

　先行研究において、植民地台湾刑事司法研究の先駆者である黄静嘉は、植民地期台湾の刑事司法が高圧統制であったと述べている[9]。その後、王泰升は「法的継受」概念をもって植民地期台湾の刑事司法を含めた法制と運用実態を分析することによって、日本統治下の台湾法制の形成及び運用について、日本帝国の利益のためという制約の下での法的近代化がもたらされたとしている[10]。王はこのような視座から、植民地台湾の法制と社会との相互作用についてさらなる解明を進めたが、監獄法制に関する分析については、未だ十分に踏み込んではいない。植民地台湾の監獄作業に関しては、林政佑[11]と蔡宛蓉の修士論文[12]で言及されているが、監獄作業に関係する法制度は如何なるものであったのか、そしてどのようにして実施されたのかについては十分に解明されてはいない。このように、総じて未解明の点はなお多いといえる。

　一方、植民地朝鮮の監獄教誨史の議論を概観すると、李鐘旼がFoucaultの視点を用いて分析しているのに対して、山本邦彦はFoucault

<hr>

　久保存第六巻」、『台湾総督府档案』国史館台湾文献館、典蔵号：00000477011、96-99頁。
7)　「地方官官制中改正并官等俸給令并総督府監獄官制同職員官等俸給令」（1900年05月15日）、「明治三十三年甲種永久保存第一巻」『台湾総督府档案』、国史館台湾文献館、典蔵号：00000472010、163、168-170頁。
8)　小早川欣吾『明治法制史論〔第1〕下巻 公法之部』巖松堂書店、1940年、1181-1182頁。
9)　黄静嘉『日拠時期之台湾殖民地法制与殖民統治』黄静嘉、1960年、第4章第2節以下。
10)　王泰升『台湾日治時期的法律改革』聯経出版、2014年、第4章。同氏『台湾法律現代化歴程：従「内地延長」到「自主継受」国立台湾大学出版中心、2015年、9-46頁。
11)　林政佑『日治時期台湾監獄制度与実践』、231-245頁。
12)　蔡宛蓉「日治時期台湾監獄制度之研究（1895-1945）」、128-131頁。

の視点が適切か否かという疑問を提起するだけではなく、教誨以外の行刑体系の一環として監獄作業などの考察も不可欠だと主張している[13]。山本の指摘に従うならば、植民地監獄は常に植民地の権力が具象化する空間であるが、植民地権力がいかに働いていたのかという点を究明するうえで、この監獄作業の考察は検討に値すると考えられる。植民地における監獄行刑に関する諸側面をさらに把握できれば、植民地の権力の行使の様相がさらに明らかになるだろう。受刑者が一日のなかで監獄作業に長い時間を割かれる点からは、監獄作業の詳細を掘り下げることも必要だと考えられる。

　以上の点を踏まえ、本章では、在監者の労働作業は制度としてどのように構築されていたのか、どのように実践されていたのか、関連する仕組みはどうだったのかなどの観点から、法制、言説及び運用実態をさらに明らかにしようとするものである。

二　監獄作業に関する法制度の変遷

（一）日本統治以前の徒刑

　清朝統治下の台湾においては、大清律令で定める笞、杖、徒、流、死の「五刑」を公式な刑罰とした。その内の徒刑は言わば「徒罪」であって、受刑者を台湾から遠く離れた地域へ送り、強制労働させた。『台湾通史』を執筆した連横は、その著作のなかで、当時の台湾では徒刑に処された人々は近い場合で澎湖、遠い場合は泉州に送られたこともあったと記している[14]。新疆のような泉州よりさらに遠い地へ行かされ、官兵の奴婢として労働させられたとする文献もある[15]。即ち、清朝における

13）山本邦彦「1920 年代朝鮮における監獄教誨の一考察」『佛教大学大学院紀要文学研究科篇』第 38 号、2010 年、85 頁。

14）連横『台湾通史』台湾銀行経済研究室、1962 年、286 頁。

15）『清会典台湾事例』台湾銀行経済研究室、1966 年、163-164 頁。

「徒刑」は追放と強制労働の両面を備え、その強制労働は監獄のような施設においてのみ処せられていたわけではない。

（二）明治期日本内地の監獄作業法制

　江戸時代初期の日本における刑罰のうち、自由刑は追放刑を主としていた[16]。その後、熊本藩の「徒刑」や幕府の「人足寄場」などの創設が追放刑に代わって次第に広がっていった[17]。このような収容者の強制労働は、外見的には、しばしば日本における近代的自由刑の起源と言われる[18]。明治期に入って、中国の明清律を範とした新律綱領で「凡徒ハ、各府藩縣、其徒場ニ入レ、地方ノ便宜ニ従ヒ、強弱ノ力ヲ量リ、各業ヲ與ヘテ役使ス（中略）蓋シ労役苦使シ、以テ悪ヲ改メ、善ニ遷ラシム」と規定した。体力の強弱によって作業を賦課し、報酬を与えることは近代の監獄作業の内容と類似するが、「労役苦使」とあるところからは、受刑者に苦痛を与えることを強調した監獄作業理念が窺える[19]。

　1872年の監獄則は「階段累進的役法」を採用し、常人に対する懲役を五等に分け、期間の経過により、昇級によって労働条件を緩和できると規定している。この制度は、起草者である小原重哉が旧人足寄場の制度とイギリスの「アイルランド制」を合併しようとしたものと考えられる[20]。新律綱領よりもさらに規定が詳細になっているが、地租改正前の財政難に加えて政治的不安定によって、1872年監獄則は施行を停止せざるを得なくなった[21]。

---

16) 浅古弘ほか編『日本法制史』青林書院、2010年、215頁。

17) 追放刑は社会から受刑者を排除するのみであり、積極的教化を受刑者に施さないため、受刑者を教化することを重視する近代的自由刑とは異なる。

18) 例えば、高塩博『江戸時代の法とその周縁：吉宗と重賢と定信と』汲古書院、2004年、19頁。刑務協会編『日本近世行刑史稿上』刑務協会、1943年、812頁。このような通説に対し、塚田孝とダニエル・ボツマンは疑問を提出している。塚田孝『身分制社会と市民社会：近世日本の社会と法』柏書房、1992年、67–98頁。Daniel V. Botsman, *Punishment and Power in the Making of Modern Japan* (Princeton, NJ: Princeton University Press, 2007), chap. 4. 参照.

19) 仲里達雄『刑務作業の本質についての研究』法務研修所、1958年、133頁。

20) 姫嶋瑞穂『明治監獄法成立史の研究：欧州監獄制度の導入と条約改正をめぐって』成文堂、2011年、35頁。

1881 年監獄則は「階級処遇的役法」や業種指定を廃止し、第 42 条により、作業の賦課は「刑名ニ因テ之ヲ斟酌」すると規定した[22]。その後、1881 年監獄則があまりに寛大であったために引き起こされた「弊害」を是正するため、懲戒主義に傾き、1889 年監獄則が制定された。今回の改正では、刑名による刑務作業の賦課は実行困難である上に、懲戒主義を貫徹できないことを理由として、賦課の準拠方針は「体力」に改めた[23]。

(三) 1895 年台湾監獄令

日本統治時代の台湾において、1895 年 11 月 20 日から台湾監獄令が台湾住民刑罰令・台湾住民治罪令と共に施行された。具体的には、台湾住民刑罰令第 4 条により、刑罰に懲役刑が設けられた。この台湾監獄令はあくまで監獄の種類、位置、監督について規定しているもので、受刑者をどのように処遇すべきかを定めた詳細規定については、民政局長が総督の認可を得て制定するよう授権規定だけがある。翌月、台湾総督府は「監獄仮規則」を制定した。その第 6 条「囚人ノ服役ハ毎囚ノ体力ニ應シ之ヲ課スヘシ」という規定は内地の 1889 年監獄則と同一である。翌 1896 年、「監獄仮規則施行細則」が施行された。本細則の第 16 条には「男囚ノ監獄内ノ作業ハ舂米耕耘運搬藁工炊事掃除等ノ業ヲ科ス　女囚ノ作業ハ裁縫洗濯等ノ業ヲ科ス」と記されている。改正監獄則施行細則第 43 条による内地の男囚の監獄作業は瓦工、煉化石工、石工、砕石、鍛冶工、油絞工、木挽工、抄紙工、木工、桶工など、内地の女性は紡織、機織など、台湾と比べてより多くの業種があり、また、強役[24] の業種も多かった。内地と同様の近代的自由刑による監獄作業制度が台湾でも

21) 姫嶋瑞穂『明治監獄法成立史の研究:欧州監獄制度の導入と条約改正をめぐって』、39-41 頁。
22) 姫嶋瑞穂『明治監獄法成立史の研究:欧州監獄制度の導入と条約改正をめぐって』、83 頁。小澤政治『行刑の近代化：刑事施設と受刑者処遇の変遷』日本評論社、2014 年、203 頁。
23) 小河滋次郎『日本監獄法講義』磯村兌貞、1890 年、64-67 頁。
24) 強役はより体力を要する労働作業の種類をいう。

制定され、運用が始まったのである。

　一方、1897年、台湾総督府は「監獄教誨師授業手女監取締及押丁ノ分掌例」を公布し、作業に関わる「授業手」の主要な任務を明記した。授業手は作業係員の指揮の下、農工業の教授、受業囚の督励、ノルマが達成できるよう役務を管理することなどを職務とする。監獄署における授業手、教誨師、女監取締、押丁の配置を規定した。給与については、女監取締、押丁については明確な金額を規定したが、教誨師と授業手については「給額適宜」と定めていた[25]。当時、台湾総督府が戒護を重要視していた他に、経費が不足していたことを反映した結果である。

(四) 1899年台湾監獄則

　1897年、台湾総督府は各監獄所長を招集し会議を行なった。台湾監獄仮規則は、日本の台湾統治初期、抵抗勢力と戦っている時期に制定されたもので、暫定策に過ぎず、監獄則の制定を放置することができなかったためである。しかも、在監者が日々増加すると共に、獄務が煩雑になったにもかかわらず、監獄則は粗略であるが故に、在監者の取扱において様々な不便が生じていた。さらに、制度が統一されておらず、在監者に対する措置が監獄によって全く異なるケースもあった。また、外国人が時折台湾で拘禁されるケースをきっかけとして、監獄則の不備が日を追って外国人の目にとどまる事態を招来するようになり、いずれ大いに外交上の交渉に支障を来し、結果として列強の心証を害しかねないと考えられるようになった。このようなことから、会議では、台湾監獄則の制定は目下の急務である、との結論が出された[26]。1899年律令第3号により公布された台湾監獄則の第1条は監獄に関する規程について、特に定めるものを除き、1889年勅令第93号監獄則に依ると規定した。即ち、内地の監獄則を依用する形で監獄を統制することになったのである。このように、日本帝国にとって、近代的監獄制度は外国人から見て

25) 『府報』第76号、1897年5月11日、7頁。

26) 「監獄則制定ニ付各監獄署長召集」(1897年03月01日)、「明治三十年十五年保存第二巻」『台湾総督府档案』国史館台湾文献館、典蔵号：00004516005、89-90頁。

文明的刑罰の基準を満たす必要があり、たとえ植民地台湾であっても、監獄制度は同様の基準に適合するべきであると考えられていたのである。

同年、内地で監獄則と監獄施行細則が改正された[27]。これに対応し、台湾では1899年12月に台湾監獄則が改正され、第1条に明治32年勅令第344号を加えた[28]。今回の改正では、作業賦課の判断基準はさらに総合的となり、「刑名罪質年齢技能将来ノ生計等ヲ斟酌シ各自ノ体力ニ応シテ」という規定に改められた。この条項をめぐって、留意すべき点は、1897年、台湾監獄則施行細則の改正草案のなかで第48条について、「定役囚及ヒ懲治人ノ作業ヲ指定スルニ當テハ其年齢健康技能犯數将来ノ生計等ヲ斟酌スヘシ」と提案されていた点である[29]。この提案は採用されなかったが、後に日本内地で行われた改正にほぼ符合しており、当時から、単に体力だけを基準として監獄作業賦課の判断を行う方法は不十分なものであると認識されていたと見ることができる。

台湾における前記監獄則の改正に際して、内地と同様に集治監を設置するべきかの検討が行われた。集治監は当時の内地の監獄の種類の一つで、内務省直轄の重罪囚を収容する監獄施設である。集治監を通じて、内務省は重罪囚を北海道の開拓及び炭鉱での採炭などで強制労働させていた。このような集治監の効用に鑑み、台湾における集治監の設置をめぐる議論がなされたが、最終結論である台湾監獄則理由書は、この問題について次のとおり説明している。

　　集治監ハ之ヲ設置スルノ必要ヲ認メス若假リニ必要アルトシテ其位置ヲ選メハ指ヲ先ツ澎湖島ニ屈セサル可ラスト雖同島ハ土地産物ニ乏ク拓殖耕耘等ノ業モ亦之ヲ求ム可ラサルカ故囚人ノ服役ニ充ツヘキ適當ノ作業ナク随テ長期刑ノ囚人ヲシテ空ク房内ニ閉居セシメ置

27）国立公文書館蔵「監獄則中ヲ改正ス」『公文類聚』。
28）『台湾総督府報』第662号、1899年12月21日、29頁。
29）「監獄則制定ニ付各監獄署長召集議事録」（1897年04月01日）、「明治三十年十五年保存第二巻」『台湾総督府档案』、国史館台湾文献館、典蔵号：00004516006、200頁。

クノ止ムヲ得サルニ至ルナラン又本監ヲ置クニ就キ経済上ヨリ之ヲ
観察スルニ其ノ新設ニ要スル費額ハ尠クトモ十五萬乃至二十萬圓ヲ
降ラサルヘク其他囚人押送費官吏ノ俸給等為メニ生スル所ノ経常支
出ハ思フニ決シテ尠少ニ非ラサルナリ（中略）故ニ若集治監ニ費ス
ヘキ金額ノ在ルナランニハ之ヲ移用シテ地方監獄構造ノ完成ヲ期ス
ヘキコト實ニ目下ノ急務ナリト確信ス[30]。

　これらの理由から明らかなように、台湾に集治監を設置しない方針を
採択したのは、限られた資金の下では、新型の監獄の建設を優先すべき
と結論づけられたためだった。初期の台湾において囚人の逃走事件が頻
発したことを受け、重罪囚を収容する集治監に備わっていた堅固さに言
及しながら、台湾に集治監を設置すべきという反論も上がった[31]。だが、
この反論は採用されなかった。こうしたことから、集治監を設置しない
という決定は複合的な要因によるものであり、統治コストにも左右され
ていたことがわかる。

　続いて、さらに二つの制度の変更があった。1902 年、日本内地では
監獄作業の種類・手続きなどをさらに詳細に規定するため、監獄作業規
程が制定・施行された。その後、一年を経て、内地の監獄作業規程に基
づき、台湾でも監獄作業規程が制定・施行された。台湾の監獄作業規程
はもともと大部分が内地の規程と同じで、この際の制定・施行に併せて
他の規定と重複する法文をより簡素化した。1900 年の台湾監獄官制に
授業手は加えられていなかったため、1906 年に「監獄授業手及押手設
置規程」を定め、授業手と押手の給料についても明確に規定した。

(五) 1908 年台湾監獄令

　1907 年、日本内地では刑法が公布され、翌年施行された。これに応

---

30)「監獄則制定ニ付各監獄署長召集議事録」（1897 年 04 月 01 日）、「明治三十年
　　十五年保存第二巻」『台湾総督府档案』、国史館台湾文献館、典蔵号：
　　00004516006、173-174 頁。
31)「本島集治監設立の必要」『台湾日日新報』1901 年 4 月 25 日、2 面。

じて内地の監獄則も改正の対象となり、1908年、新たに監獄法が制定・施行されることになった[32]。台湾総督府はこの変更に対応し、台湾監獄令を制定・施行した。その趣旨は基本的に内地の監獄法に依るものであった。このような形で台湾の監獄作業法制は定着していった。

前記の台湾監獄令では、監獄作業についていくつかの点に留意することになっていた。第一に、監獄作業の目的である。監獄作業は生業であるため、収益の増強を図るという経済的側面を必ずともなうが、民業圧迫や自由労働者に対する妨害につながらないよう注意しなければならなかった。また、監獄作業が収容者の健康を害することは避けなければならなかった。監獄作業の目的は収益の増強によって国庫に益するに止まらず、在監者に労働の価値を了解せしめ、益々業務に精励刻苦する必要を自覚させ、そして将来出獄後の再犯を防止することである[33]。二番目の要点は、作業工銭についてである。旧監獄則では工銭は国庫と就業者の所得に分配することになっていたが、今回の監獄法では収益を全部国庫に帰するように改めた。国家は行刑に関する全ての費用を負担するため、作業の代償は国庫の収入とすべきである上、国家の行刑に基づき、監獄作業を公法的国権の作用とし、私法契約関係は存在しないという理由であった[34]。

1926年に至ると、日本内地と台湾における監獄作業には制度上の差異が生じた。内地では、巣鴨刑務所と豊多摩刑務所で受刑者職業訓練概則が施行されたが、台湾ではこのような制度は設けられなかった。この制度は、技能受刑者の養成を目的として、建築木工、家具木工、鍛冶工などの職業作業を実習訓練によって行うものであった。実習生の選定は、その作業の経験がなく、40歳未満の成年受刑者であり、残りの刑期は2年以上、釈放後この技能で生計を立てようとすることが条件とされた。実習期間は6ヶ月とされていた。この期間は作業するのみならず、実習

---

32)「監獄法案他五件　第一讀会」『貴族院議事速記録第四号』明治41年2月8日、71-72頁。

33) 小河滋次郎『監獄法講義』巌松堂、1912年、239-241頁。

34) 小河滋次郎『監獄法講義』、300頁。

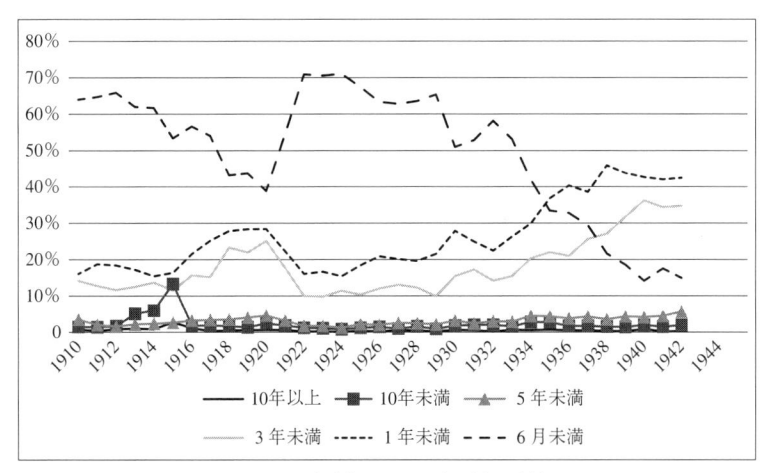

図 2-1　受刑者における各刑度の割合
出典：台湾総督府編『台湾総督府統計書』各年報。筆者作成。

指導を受ける必要もあった。訓練修了者に対して、技能を有することを証明する修了証が授与されることになっていた[35]。

　この制度は、従来の監獄作業との間にどのような差異を有していたのか。従来の監獄作業では職業に直接関わる知識を教えなかったため、専門的技能者は養成し難かった。したがって、さらに厳密な訓練及び課程を設ける必要があった[36]。受刑者職業訓練概則は監獄作業の形式化という欠点を補い、職業訓練に関連する知識の授与の強化を意図するものであった。しかしながら、この概則は施行範囲が極めて限定的だったため[37]、内地全ての監獄には普及しなかった。

　受刑者職業訓練概則がなぜ台湾に施行されなかったかについては、総督府が監獄作業を重視していなかったためと解釈し得る。別の要因として、台湾監獄においては、短期の受刑者が多数を占めていたことも考慮すべきであろう。上記の図2-1を参照すると、台湾監獄における受刑

35）井上一志『行刑施設の変遷』カヅサ共済法規出版部、1988 年、378 頁。

36）A生「職業訓練所を覗いて」『刑政』第 39 巻第 9 号、1926 年、58 頁。

37）正木亮『行刑の時事問題』刑務協会、1931 年、35 頁。『行刑施設の変遷』、356-357 頁。

者は主に6ヶ月未満と1年未満の刑度が多数であった。短期受刑者に職業に関する知識や技術を身につけさせるのは時間的に困難だった。例えば、新竹刑務所は50％以上の受刑者の刑度が一年以下であり、一年以下で職業訓練を施すことは無理だと表明している[38]。したがって、総督府は2年刑期以上を条件とする受刑者職業訓練概則は、主に短期受刑者を収容していた台湾には適合しないと判断したと推測される。これは半面、台湾の監獄作業は形式に陥る危険があったと考えることができる。

　以上、検討したように、植民地台湾の監獄作業に関する制度は主に内地の制度に準拠して制定・施行された。このように共通の制度基盤を通じて、植民地台湾が日本帝国に統合されていったことは明白である。そして、1908年をもって監獄作業の大枠を規定する法令が定着した。後述のように、作業時間などについては変化していった。また、1920年代半ばから、内地の監獄作業に関する制度に受刑者職業訓練概則が導入されたが、台湾ではこの制度がなかったことから、制度面の差が見られる。制度面は、必ずしも運用の実態面と合致するとは言えない。次節以降、運用の実態について検討していきたい。

三　初期の運用実態（1895－1903年）

　以下では台湾における監獄作業の運用実態を分析する。本節では1903年と1937年で時期を区分する。まず、1903年までは台湾における新型監獄の完成前の時期である。そして、1903年から1937年は台湾の本節では、台湾において新型監獄が完成する前の時期に当たる1903年までについて論じる。続く第四節は、新型監獄の完成から戦時期前までに当たる1903年から1937年まで、第五節は、日中戦争が刑務作業に影響を及ぼした1937年から戦時期までを対象とする。

---

38)「新竹少年刑務所」『台湾刑務月報』第4巻第12号、1938年、9頁。

（一）経理作業を中心に

　刑法における懲役刑の規定によると、監獄作業は基本的に強制である。この時期の監獄作業の理念は以下の新聞記事から窺える。

　　監獄に在る囚徒に労役を課するは之をして刑の痛苦を知り自ら改
　悛して善良の民たらしめんがためなり諸種の作業に就かしむる事を
　なせり是れ即ち一方に刑の目的を達すると共に一方に於ては囚徒に
　種々の工藝を習熟せしめ満期出獄の後此に由りて生計を立つるの道
　を得せしめんがためなり[39]（下略）

　つまり、植民地での監獄作業の目的は単に刑の痛苦を受刑者に与えることのみならず、将来受刑者に生計を立てさせることにもある。そのため、教化に繋がる監獄作業の整備が重要視されてきたと見られる。

　しかしながら、監獄作業では単に在監者を就役させるのみならず、在監者を監視する看守などのマンパワー及び作業に要する設備や材料なども整備しなければ、その運営は困難に遭遇しかねない。台湾の初期の監獄において、看守の人数、設備と空間が不十分であったことから、在監者の就役はまだ完全ではなかった。そのため、在監者には、監獄の「経理作業」に出役させることが多かった。「経理作業」とは炊事、掃除、看護など監獄の日常業務を処理するための仕事を指す。広義には監獄庁舎の建築修繕も経理作業に属する[40]。監獄は炊事、運搬、また、掃除などに在監者を使役することが多かったが、看守不足を理由として、使役を行わなかった監獄もある[41]。1896年の監獄統計によれば、炊夫、掃除夫、配薬、看護夫、土工、洗濯夫、運搬などの作業があり、在監者の

39）「監獄囚徒作業談」『台湾日日新報』1900年11月22日、2面。

40）渡邊武「自由刑の執行と刑務作業」『刑の量定に就いて』司法省調査課、1928年、
　　31頁。

41）「監獄則制定ニ付各監獄署長召集議事録」（1897年04月01日）、「明治三十年
　　十五年保存第二巻」『台湾総督府檔案』国史館台湾文献館、典蔵号：00004516006、
　　110-114頁。

就役はほぼ経理作業の域を脱していないと見られる[42]。

　その後、監獄作業の業種はやや充実が図られた。台北監獄では、作業の種類は裁縫、製靴、藁細工、大工仕事、製瓦、米搗などであった。このうち、裁縫と製靴には専門の授業師がおり、注文に応じて製造・販売を行った[43]。しかしながら、東京・大阪の監獄作業よりはるかに未熟だったと言わざるを得ない[44]。一方で、台北監獄の収容者多数を南門の新台北監獄の建築工事に従事させた[45]。台中監獄の作業業種は藁工、土工、鍛冶工、裁縫工、竹工、木工などであった。実際の運用では、大部分の受刑者を出役させた監獄の新営工事は増収につながらなかったが、製造した煉瓦は台中の都市計画に用いられるものであり、作業の収入の増加に繋がる見込みもあった。また、看守らの被服は受刑者の裁縫によるものであった[46]。

　作業条件がまだ不十分な状況下で、匪徒刑罰令によって主に長期刑を科される受刑者が多く、これらの受刑者に合う作業もなかったことから、全島から刑期 10 年以上の受刑者 800 名を選び、九州の三池炭鉱に出役させるという提案が出された。この案が実現すれば、台湾監獄の収支にも好影響をもたらし得る。この案について調査するために、台北監獄の典獄の志豆機源太郎は三池炭鉱に出張し、この案の実現に向けて段取りを進めた。台湾の在監者を内地で働かせるには当時の監督官署の内務省の承認を得なければならなかった。内務省ではこの炭鉱出役案をめぐり参事官会議が開かれたが、反対意見が多数を占め、この案は採用されなかった。反対の理由は当時内地と台湾との間に司法事務共助法が制定されておらず、内地に適用されていない台湾の律令によって処断された受

42)「明治二十九年末監獄統計」（1897 年 03 月 16 日）、「明治三十年乙種永久保存第五巻」、『台湾総督府檔案』国史館台湾文献館、典蔵号：00000150003、43-46 頁。

43)「台北監獄囚徒の作業」『台湾日日新報』1900 年 8 月 29 日、4 面。

44)「監獄囚徒作業談」『台湾日日新報』1900 年 11 月 22 日、2 面。

45)「監獄囚徒作業談」。

46)「明治三十三年各監獄事務成蹟報告」（1901 年 08 月 15 日）、「明治三十四年乙種永久保存第十一巻」『台湾総督府檔案』国史館台湾文献館、典蔵号：00000609001、11-12 頁。

刑者が内地に来ても、法の効力が及ばない点にあった。したがって、内地において刑を執行することができるのかという問題点を解決することができなかった[47]。この案が実現すれば、台湾監獄の収支に好影響をもたらし得た点から見て、台湾の監獄側は監獄運営について、初期から財政的見地に立ち、統治コストを抑えようとした意図が窺える。

監獄費の節約は単に台湾の目標のみならず、日本内地にとっても監獄費を国庫から支弁することになったため、監獄費を節約することが緊要になった。この方針に伴い、監獄作業の収入を増加させることが企図された[48]。

以上の考察によると、初期の監獄施設は、その整備は不十分な状況であった。作業の種類については、作業のためのインフラストラクチャーが整備されていなかったため、多くの作業業種は経理作業に属していた。

（二）労働時間と工銭

1889年に定められた日本内地の監獄則施行細則第49条によれば、時季により作業時間の長さが異なっていたことがわかる[49]（下記の表2-1）。

表2-1　1889年と1899年の日本内地の作業時間割（単位：時間）

月次	1	2	3	4	5	6	7	8	9	10	11	12
1889年	7:30	8	8:30	9:30	9:30	10:30	10:30	9:30	9	8:30	8	7
1899年	7	8	9	9:30	10	10:30	10:30	10	9	8:30	7:30	7

出典：1889年内地の監獄則施行細則第49条及び1899年の監獄則施行細則第44条に基づく。筆者作成。

1899年の監獄則施行細則第44条では別表に作業時間を設けず、就役時間の長さを示した。作業時間について改正前とは大きな相違点はない

47）君島三郎「台湾刑務回顧録：志豆機さんは語る（六）囚人の内地出役」『台法月報』第28巻第4期、1933年、79-81頁。
48）上田茂登治編『刑務所長会同席上ニ於ケル訓示演述注意事項集：明治一七年一一月至昭和七年七月』刑務協会、1933年、28頁。
49）横江勝栄『獄則提要：新旧対比』横江勝栄、1889年、26-27頁。

と見られる。

　台湾においては、1899年の台湾監獄則施行細則第50条に則り、各地方の実情に応じて、作業時間割が設けられた。例えば、台北監獄の在監者の作業時間割は以下の表のとおりである[50]。服役時間は当時の内地と比べて30分短かった。

表2-2　1899年における台北監獄在監者の作業時間割

月次	1	2	3	4	5	6	7	8	9	10	11	12
服役時間	7	8	8	9	9	10	10	10	9	9	8	7

出典：「臺北監獄在監人動作時限表」（1899年06月01日）「明治三十二年十五年保存第五巻」『台湾総督府檔案』国史館台湾文献館、典蔵号：00011093003、12-13頁。筆者作成。

　その後、台湾監獄則施行細則は1899年末、内地の監獄則改正に呼応して改正された。作業時間は内地と同様に施行細則に明記された。

表2-3　1899年台湾監獄則施行細則による作業時間割

月次	1	2	3	4	5	6	7	8	9	10	11	12
服役時間	7	8	9	9:30	10	10:30	10:30	10	9	8:30	7:30	7

出典：台湾監獄則施行細則第50条による。筆者作成。

　以上述べたとおり、1899年以降の台湾における作業時間の推移は、基本的には内地の規定に準拠したものであった。

　1897年、台湾における「囚人工銭給与規則」が制定・施行された。同規則第1条の規定は内地の工銭給与基準を参考にしており、囚人の罪の軽重により、支払いを決めることになった。1899年、台湾監獄則と監獄則施行細則が施行された。監獄則施行細則に工銭に関する規定が盛り込まれたことによって、囚人工銭給与規則は自然消滅した。監獄則施行細則は、工銭に関する規定を従前以上に抽象化したものであった。即ち、施行細則第51条は「各種ノ工銭ハ其地普通ノ傭工銭ニ照シ各自ノ技能ト就役時間トニ應シ一日若干ト定ムヘシ」と規定しており、各県知

50）「台北監獄在監人動作時限表」（1899年06月01日）、「明治三十二年十五年保存第五巻」『台湾総督府档案』国史館台湾文献館、典蔵号：00011093003、12-13頁。

事は取扱いに苦慮した。例えば、台湾住民刑罰令で処断された受刑者の工銭は、いかに計算するのかという疑義が台湾総督府に提出され、結局、台湾総督府は、内地の1899年監獄則第22条に依拠する旨の内訓を示した[51]。

四　中期の運用実態（1903-1937）

（一）官司業の台頭

　作業施行の方法については三通りある。第一は官司業である。官司業の場合は、監獄側が作業に要する材料、機械を購入し、専門技術者の指導下で在監者に作業させる。第二は委託業である。所謂委託者が材料、機械を提供し、監獄側は単に専門技術者の指導の下で、在監者に委託物品を製造させるというものである[52]。第三は、受負（請負）業で、監獄と私人との契約によって、監獄が受刑者の労力に対する報酬を受負者より得る代わりに、受刑者の労力を生産のために受負者に貸与し使用を許す制度である。受負者は全ての器具、機械及び材料を提供し、作業指導者も場合によって派遣した。作業指導者の指導の下で、収容者を就業させる。この制度は私人が関与する度合が大きく、逆に官側の負担は少なくなる[53]。

　国際監獄会議の決議は「（1）就役受刑者にとって、有利にして、且最も、利益ある作業が必要なりとせば、各国は、その国の状況に従い、種々なる規定及び監獄制度の必要を満足するため、作業の確実なる管理を如何にすれば実際的方法であるかということを調査すべきものである。

51）「台湾住民刑罰令所断者工銭給与方（内訓第四四号）」（1899年09月08日）、「明治三十二年甲種永久保存第七巻」『台湾総督府档案』国史館台湾文献館、典蔵号：00000354012、152-153頁。

52）小河滋次郎『監獄法講義』、264-265頁。

53）例えば、司法省行刑局編『日本帝国司法省行刑統計年報．第25』司法省行刑局、1925年、61-65頁参照。

（2）作業は監獄生活の主要事項なる故、刑罰執行を監督する統一的国家機関、及びその実施に属せしむ。故に受刑者を私人利益に委ねることを許さず」としており、ここからは官司業を推奨する姿勢を読み取ることができる[54]。受負業の課題としては、受刑者の規律、改善、訓練などにふさわしいかという点がある。そもそも行刑は国家機関によって営むべきであり、公正であり厳粛であると同時に、受刑者を善良な社会人として復帰させるものである。受負者はあくまでも営利を主とするものであって、行刑の目的に合致するのか或は矛盾が生じないのかという問題点もある[55]。したがって、当時、監獄学者の小河滋次郎は監獄作業の理想的な業態は官司業であり、受負業はその補完と提唱している[56]。内地における監獄作業の方針では、明治期から大正中期にかけて、受負業が中心的な位置を占めていったが[57]、昭和初期に入ると、委託業の比率が増加していき、受負業の割合が次第に下がっていった。戦時期からは、官司業の割合は上位に立つようになった[58]。

　内地の状況と異なり、1909年当時の台北監獄では受負業は籐細工だけであり、他の作業品は全部官司業に属していた[59]。これに加えて、大正中期以後、戦時期以前の監獄作業の方針においては、下記の図2-2のように、台湾の監獄作業において官司業が中心的な位置にあった[60]。

　官司業をもって監獄作業を運営する場合には、作業技術の教え手を確保し、設備などを整備しなければならず、監獄側は充分な作業資金を投入する必要がある。昭和期以前の内地の監獄における官司業の不振については、作業資金の欠乏がその主な理由とされている[61]。そこから考え

54）正木亮『国際監獄会議』法務省、1966年、45頁。

55）渡邊武『自由刑の執行と刑務作業』、39-41頁。

56）小河滋次郎『監獄作業論』監獄協会出版部、1902年、64頁。正木亮『行刑法』日本評論社、1936年、47頁。

57）上田茂登治編『刑務所長会同席上ニ於ケル訓示演述注意事項集：明治一七年一一月至昭和七年七月』、36頁。

58）仲里達雄『刑務作業の本質についての研究』、36-50頁。

59）「監獄囚人の作業」『台湾日日新報』1909年3月3日、5面。

60）君島三郎「台湾刑務回顧録：志豆機さんは語る（二）刑務所作品を愛翫した佐久間総督」『台法月報』第28巻第9号、1934年、64頁。

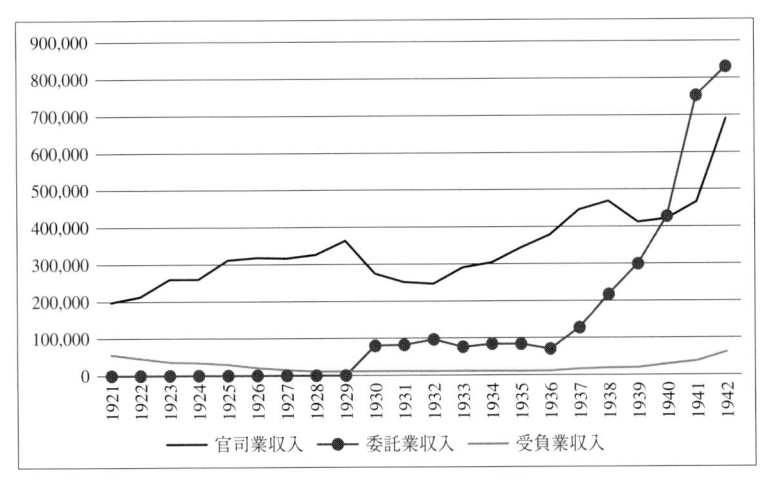

図 2-2　各作業方法による収入（単位：円）

出典：台湾総督府編『台湾総督府統計書』各年報。筆者作成。

てみれば、台湾の監獄作業が投じた作業費は内地より多額であったのではないだろうか。

　収容者に係る直接的な費用を示す収容費のうち、作業の運営に要した費用に当たる就役費の割合がどのように推移したのか、日本と台湾を比較しながら考えてみたい。下記の図 2-3 を見ると、確かに台湾の収容費に占める就役費の割合は、内地より高かったことが読み取れる。特に、新型監獄施設の完成後 3 割以上に達した。大正中期以後、就役費の割合は 4 割以上だった。監獄作業のための就役費の多寡は、官司業が中心的位置を占めるかどうかという点と密接に関係があることが確認できよう。さらに、資料から読み取ることのできるもう一つの要因は、衛生面での配慮であった。一部の業種は、例えば洗濯業のように、本来は受負業としていたが在監者への伝染病感染を防ぐために、官司業に変更した業種もあった[62]。さらに、最も重要な要因として、技術の習得には時間が必

61）河邊湛然「刑務作業統制の理想と實際」刑務協会編『刑政論集：「刑政」五十周年記念』刑務協会、1938 年、387 頁。

62）「囚人作業設置ノ件台南縣ヘ認可」（1899 年 08 月 15 日）、「明治三十二年永久保存追加第二巻」『台湾総督府档案』国史館台湾文献館、典蔵号：00000422025、

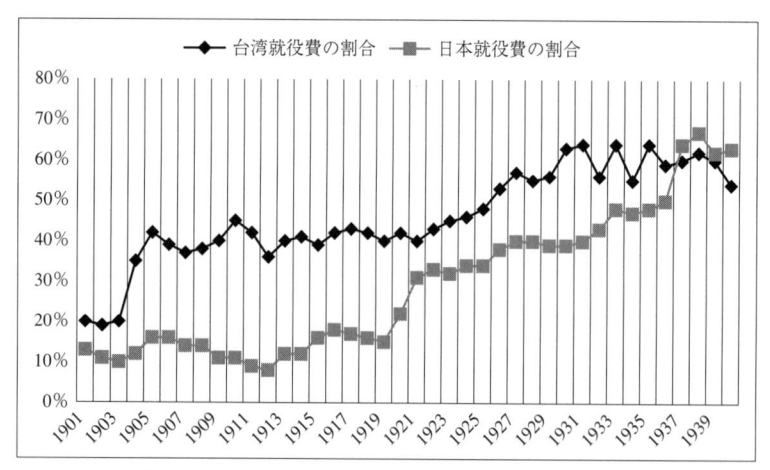

図2-3　台湾と内地における収容費に占める就役費の割合

出典：『台湾総督府統計書』『監獄統計年報』及び『行刑統計年報』各年版による。筆者作成。

要であるため、官司業の発展には基本的に長期囚に従事させることが望ましいという点を指摘しておく[63]。台湾は統治初期から、匪徒刑罰令による無期懲役をはじめ長期囚が多かったため[64]、これらの受刑者は結果としては官司業の発展の土台となったが、この背後に植民地主義の過酷さを象徴する匪徒刑罰令が働いていたことは見逃せない。

　監獄作業への積極的な予算投入によって、監獄作業の業種はどのように多様化していったのだろうか。次の項で改めて検討していく。

（二）業種の多様化

　新型監獄の完成後、台湾総督府は各監獄第三課長に管内を巡回させ、監獄作業の原料を調査するよう命じた。この調査によって、各地の特産物や産業資源を監獄作業に用いることが適切か、監獄作業が民間業者を

312-314 頁。

63）　河邊湛然「刑務作業統制の理想と實際」、387 頁。

64）　向山寛夫『日本統治下における台湾民族運動史』中央経済研究所、1987 年、289-290 頁。前述の受刑者職業訓練概則が施行されなかった理由の一つとして、長期受刑者の数が少なかったことが挙げられるが、これは大正以降のことである。

圧迫していないかを把握し、監獄作業を実施する際の参考とした[65]。

　一方、各監獄も特産工業を監獄作業とする傾向があった。例えば志豆機典獄が台北監獄の監獄作業で受刑者に生産させたものとしては、晴雨両用のヘルメット帽及び楠木貼り下駄がある。また、当時は民間製紙業が脆弱だったため、台北監獄は率先して抄紙作業を導入し、囚人の技術習得に努めた[66]。しかし、経費節減という当時の方針によって、作業指導者を大量に雇用することは難しかったため、熟練した技術を持つ受刑者が未熟練受刑者を教える方策も取った[67]。

　大正中期までの監獄作業の中で、林投帽[68] の製造は極めて重要である。「林投帽」の事例が重要である理由は、監獄作業としての林投帽製作が、社会復帰を促進し、林投帽製作技術を持つ出獄者が社会に受け入れられるという効果をもたらした点にある。しかし、林投帽製作が当初監獄作業として導入された目的は、受刑者の社会復帰を促すことよりも、むしろ日本人の利益を実現することにあった。内地において 1902 年、横浜の植木商会は林投葉を小笠原諸島で採取し、神奈川監獄に林投帽製造を依頼し、専売特許を取得した。その後、近藤十次郎が台湾へ赴いたところ、林投葉が全島に分布しているため、台湾での林投帽の製造が有利だと判断し、植木商会に売り込み、店員として雇用された。その後、近藤は台中監獄の高屋常三郎典獄に対して、林投帽製造が有利だと説得した上で、伝授料を受け取った。これを機に、台中監獄では林投帽製造が作業として始められた。これに加えて、林投帽製造の技術が民間に流出しないように、作業にはなるべく長期囚を当て、他の監獄も林投帽を製造するようになっていった[69]。林投帽製造によって、台中監獄の作業

65)「監獄第三課長作業材料調査復命書」（1904 年 08 月 01 日）、「明治三十七年十五年保存第三巻」『台湾総督府檔案』国史館台湾文献館、典蔵号：00004792033。「監獄会議と作業品」『台湾日日新報』1904 年 9 月 8 日、2 面。

66)「監獄作業近況」『台湾日日新報』1915 年 4 月 17 日、2 面。

67)「獄務諮問会議紀録」（1903 年 02 月 09 日）、「明治三十六年永久保存第六巻」『台湾総督府檔案』国史館台湾文献館、典蔵号：00000807001、48-49 頁。

68)　林投帽とは、林投樹の葉を原料として製作された帽子である。台湾における林投帽の発展については、蒋竹山『黄旺成的林投帽：近代台湾的物、日常生活與世界』時報出版、2024 年を参照。

収入は1902年度、台北監獄や台南監獄に比べてはるかに多額となった[70]。その後、台中監獄の林投帽製造事業は一時特許権侵害であると訴えられ、林投帽製品は差押さえられ、作業も中止されたが、結局、証拠不十分により免訴という予審決定が下された[71]。これによって、林投帽製造作業は再開できることになった。一方、高屋典獄のもとで、林投帽の編み方で大甲帽を製造してみたところ、台中監獄の官業としては意外に好評を博した[72]。当初は、台湾製帽合資会社が材料、器具を監獄に提供し、監獄側が在監者の労働力を供給するだけの受負業だったが、1906年からは監獄作業収入を増加させることを目的に林投帽業種を監獄の官司業とし、製品を一手に会社に売渡すことになった[73]。

　林投帽は日本国内だけでなく、海外でも非常に人気があった。このため、収容期間中に林投帽の製造方法を習得した出所者を、民間の製造業者は積極的に雇用した。こうした民間業者としては、例えば、林投帽子製造商の吉村半造などが有名である[74]。このような雇用は、出所者の社会復帰に有効であったのではないかと考えられる。もともと、監獄側には林投帽の製造法を積極的に普及させようという意図はなかったが、受刑者が監獄で教わった技術をもって社会復帰できたように、一部の受刑者の一助となったのみならず、林投帽製造法が自然に広がっていったと見られる。史料から見ると、監獄側にとって、当初林投帽の製造技術の伝授は、受刑者の社会復帰や技術習得を目的としたものではなく、むしろ植民地資源の活用と生産に重点を置いていたことがわかる。しかし、このように受刑者に林投帽の製造を求める過程において、当初の意図と

69) 台中州勧業課『台湾に於ける帽子』台中州勧業課、1938年、84-85頁。

70)「監獄作業」『台湾日日新報』1903年1月10日、3面。

71)「台中庁下近藤庄衛外三名林投帽製造特許違犯被告事件」(1903年06月11日)、「明治三十六年永久保存第七十三巻」『台湾総督府檔案』国史館台湾文献館、典蔵号：00000873023、175-176頁。「林投帽特許侵害事件」『台湾日日新報』1903年9月18日、2面。

72)「監獄作業と大甲帽」『台湾日日新報』1903年8月1日、2面。

73)「林投帽の官営」『台湾日日新報』1905年12月27日、2面。「台中淡水帽の状況」『台湾日日新報』1905年11月29日、4面。

74)「故主に弓を彎く」『台湾日日新報』1906年10月2日、2面。

は異なり、結果的に受刑者の社会復帰を促進することにつながった。ここにおいて、予期しない形で、植民地統治を強化したことは明白であろう。

　一方、これらの長期受刑者が監獄作業に対してどのような意識を持っていたかについては、当時の台湾総督府事務官の手島兵次郎の論説が参考になる。

> 台湾人の長所たる貯蓄思想と賃銭を多く得らゝの職業を練習する希望との二つが現はれて来た、監獄に於ては此の貯蓄思想と職業練習の希望との二つの長所を利用して、作業の奨励に専ら努めたのである。（中略）或る囚人は自分の刑が満期に近づきたるも、工業上の技能未だ充分に進歩せざる故、今少しく在監して技能を磨きたきとの希望を起して、監獄より早く出ることを好まざるやうな者もあつた[75]。

　この記述に基けば、台湾における監獄作業は一部の受刑者にとって、確かに将来の生業に役に立っていたということは否定できないと考えられる。

　しかし、明治末期頃から、林投帽子業者の間で激しい競争が巻き起こり、その結果、粗製乱造に陥って信用が失墜した。このため、販路が途絶えることになったので、監獄でもこの業種を廃止せざるをえなくなった[76]。

　明治末期までには、次第に監獄作業の種類が定着していった。台北監獄の作業で最も盛んだったのは林投帽、洋服細工、指物工であり、三大作業と呼ばれた。台中では林投帽と指物工が最も盛んであり、次いで籐細工が盛んであった。台南でも林投帽と指物工の作業が盛んだった[77]。これらの作業が盛んになったのは、製品に対する需要の増加に伴うもの

75）手島兵次郎「在監人長所の利用」『成人』第 122 号、1911 年、3-4 頁。

75）手島兵次郎「在監人長所の利用」『成人』第 122 号、1911 年、3-4 頁。

76）本多理三郎「監獄作業の茶話」『台法月報』第 15 巻第 4 号、1921 年、24 頁。

77）「全島監獄作業概況」『台湾日日新報』1910 年 12 月 1 日、2 面。

であった[78]。

　一部の監獄作業は民間事業者が先行し、或いは存在感を示していたといえるが[79]、賃金が安い受刑者による監獄作業の製品が市場に流入することで、民業圧迫も免れなかった[80]。

　林投帽業が次第に下火になった後、作業業種はどのようになったのであろうか。1931 年の台北刑務所における官司業の業種は、表装工、紙工、麻工、竹工、藺工、藁工、塗物工、木工、鍛冶工、革工、洗濯工、製帽工、裁縫工、備夫、営繕工、雑役、左官、土方、耕耘、米搗、草履工、印刷工であり、官司業の就役者数は合計 1068 名であった[81]。受負業（業種はわずか竹工、紙工、革工、裁縫工の 4 種類）の者（142 人）を上回っていた[82]。また、官司業の業種は多様であり、とくに裁縫（213 人）と藁工（286 人）などの割合が特に高かったが、一人一日当たりの収入額はそれほど多くなかった[83]。内地では繊維産業の発展にともない、監獄作業の業種のうち、機織工の就業延べ人員が約 20 ％強となり、最も多かったが、これと比較すると[84]、藁工、裁縫などを主要作業としていた台湾の監獄作業の業種は格下だったといわざるを得ない。内務省次官による内地の典獄への注意事項には、1898 年時点で既に藁工は収入が少なくなっており、衛生を害することから廃止すべきという指示も含まれていたほどであるが[85]、台北刑務所では藁工の就業人数が依然として多かった。

　これらの作業を通じて養成された一部の技術は、社会的要請に応えるものでもあった。裁縫などの作業は当時の台湾農村で発展しつつあった中小零細工業で求められていた技術に見合っていたと考えられる。一部

---

78)「監獄作業品」『台湾日日新報』1909 年 10 月 6 日、2 面。

79)　本多理三郎「監獄作業の茶話」、24 頁。

80)「刑務所製品の街道進出　一當業者」『台湾日日新報』1932 年 10 月 4 日、3 面。

81)　台北刑務所『台北刑務所刑務要覧』台北刑務所、1932 年、82-84 頁。

82)　台北刑務所『台北刑務所刑務要覧』、84 頁。

83)　台北刑務所『台北刑務所刑務要覧』、86-89 頁。

84)　小澤政治『行刑の近代化：刑事施設と受刑者処遇の変遷』、217 頁。

85)　上田茂登治編『刑務所長会同席上ニ於ケル訓示演述注意事項集：明治一七年一一月至昭和七年七月』、36 頁。

の釈放者が受刑中に習得した技術をもって社会に復帰した事例も見られる[86]。しかし、監獄受刑者の中で累犯者は高い割合を占めていた。しかも、これら再犯者の中で、無職で浮浪していた者は、約半数以上に上る[87]。故に、作業を通じて授産するという方向性は、限定的にしか達成されなかったことがわかる。

　他方では、備夫など「経理作業」に属する作業の就役者数が多数を占めた。「経理作業」は受刑者にある程度改善を施すこともあるが、受刑者に出獄後の生計を立てる技術を身につけさせるという点から見れば、経理作業がもたらす効果はほとんどない。したがって、正木亮は「経理作業」を定業として受刑者に賦課することは避けたほうがよいと指摘している[88]。

（三）外役条件の緩和

　日本統治初期において台湾監獄の在監者の外役は内地と同様に運営されていたが、在監者の逃走などが頻発して、監獄の秩序が不安定になったことから、一時的に外役を停止したこともあった[89]。このようなことがあったため、構外作業が活発だった内地と異なり、台湾総督府は構外作業にそれほど積極的ではなかったと思われる。両地の施行規則を照合すると、双方とも刑事被告人は構外作業に就かせることはできなかったが、受刑者については規定が異なっていた。台湾では刑期の二分の一を経過していない者は構外作業に就かせることができないとされている。しかし、内地の場合は刑期六月に満たず又は受刑後三ヶ月を経過していない受刑者は司法大臣の認可を受ければ、構外作業に就かせることができるという除外例が設けられていた。なぜ台湾では内地のような除外例

---

86) 志豆機源太郎「釈放者保護に就て」『釈放者保護事業彙報』財団法人台湾三成協会、1925 年、12 頁。竹中信子著、曾淑卿訳『日治台湾生活史：日本女人在台湾（大正篇 1912-1925)』時報出版、2007 年、183 頁。

87) 岸邊生「行刑の理想と現實」『台湾刑務月報』第 6 巻第 1 号、1940 年、14-16 頁。

88) 正木亮「監獄学とソヴィエトロシヤの労働改善法」『法学志林』第 30 巻第 2 号、1928 年、87 頁。

89)「外役暫停」『台湾日日新報』1902 年 1 月 29 日、3 面。

が定められなかったのかについては、先に述べたように、初期の監獄で逃走が頻発したためだと考えられる。また、台湾の構外作業に対する消極性について、司法省監獄事務官である眞木喬は台湾総督府が緊縮主義を採っていたと述べている[90]。眞木によれば、意思疎通が困難な状況で構外作業をさせた場合、如何なる事態が生じるか予測し難いというのである[91]。いわゆる、戒護の保全を考慮するため、言語が異なる植民地の収容者の管理では、戒護の妨げになりうる作業は避ける措置を取っていた。

このような外役の制限に対して、看守長である松島常太郎は法改正の建言を提起した[92]。1921年、台湾総督府はこれに対して、従来の規定においては構外作業の範囲が限定的で、実際の運用に困難を来している一方、囚情は既に平穏になっていることを認めた。そして、内地の構外作業の規定を範とし、監獄令施行規則第62条の改正を行った。この改正によって、刑期六月に満たず又は受刑後三ヶ月を経過せざる受刑者は、台湾総督の認可を受ければ、構外作業に就かせることができるようになった[93]。今回の改正により、台湾と日本内地における構外作業の規定が同一化され、刑事被告人や刑期6月に満たずまた受刑後3月に経過せざる場合などの例外を除き、原則として一般的受刑者に構外作業を課すことが可能となった。

この時期の重要な外役工事としては、1935年に始まった花蓮港刑務所の新営工事が挙げられる。この工事は経費節減のため、他の刑務所からの受刑者によって行われた。

（四）作業時間の延長

1907年の監獄法施行細則第58条によると、日本内地作業時間は以下

90) 眞木喬「台湾監獄視察談」『監獄協会雑誌』第23巻第1号、1910年、31頁。

91) 眞木喬「台湾監獄視察談」、31頁。

92) 松島常太郎「監外の作業に就て 台湾監獄令施行規則第六十二條の改正を望む」『臺法月報』第15巻第3号、1921年、37-38頁。

93)「監獄令施行規則改正（府令第八十二号）」（1921年04月01日）、「大正十年永久保存第三十三巻」『台湾総督府档案』国史館台湾文献館、典蔵号：00003169016、268-271頁。

のように定められていた。1月と12月は7時間、4月、5月と8月は10時間、2月と11月は8時間、6月と7月は11時間、3月、9月と10月は9時間である。一方、台湾では1908年、監獄令施行規則第55条により、作業時間は以下のように定められた。1月と12月は7時間30分、5月と8月は10時間、2月と11月は8時間、6月と7月は10時間30分、9月と4月は9時間30分、3月と10月は9時間であった。全体からみれば、内地との差異が大きいとは言えない。作業時間は、地方の状況、監獄の構造又は作業の種類によって調整が必要と認められた場合は、台湾総督の認可を得て時間を増減できた。例として、1922年に台北監獄では、在監者に新竹出張所新営工事で出役させたところ、工事の進捗を図るために就業時間を調整する必要があると認められ、規定外の延長が1時間なされ、さらに作業上の都合で特に必要がある場合は、1時間30分間まで延長できた[94]。なお、作業時間の問題について、台南監獄は当地の事情に鑑み、次のような処置を行なった。即ち、当地では毎年11〜2月に季節風が強くなり、日没とともに漸次風力が増して沙塵が吹く。このため午後4時以後は採光不足になり、工場における作業及び戒護に極めて困難が生じた。そこで、監獄作業に比較的支障のない3〜5月、8〜9月の作業時間を延長し、11〜2月の作業時間を短縮した[95]。作業時間を延長するかどうかは監獄所在地の気候、地理及び戒護の配置に関わっていたことがわかる。

　しかし、このような在監者の労働作業時間に対して、非難が起こった。社会通念上、一般の工場労働では、労働時間が11時間から12時間程度、家内工業は13時間から14時間と認識されていた。これに比して監獄作業時間は寧ろ短く、このため制裁効果に欠けるのみならず、作業を通じた教化の使命を全うできないと批判された[96]。

---

94)「在監者ノ作業時間延長認可（台北監獄）」（1922年01月01日）、「大正十一年十五年保存第十四巻」『台湾総督府档案』国史館台湾文献館、典蔵号：00007151006、24-26頁。

95)「在監者作業時間変更認可（台南監獄）」（1922年01月01日）、「大正十一年十五年保存第十四巻」『台湾総督府档案』国史館台湾文献館、典蔵号：00007151010、47頁。

これを受けて、内地においては1921年の司法省訓令850号により、刑務作業時間は12時間から13時間に延長された。作業時間延長の流れは台湾にも及んだ。台湾総督府によると、当時の在監者一日の作業平均時間は9時間5分であったが、これに対して社会における家内工業の労働時間は11時間から12時間で、在監者の労働時間との差は2時間ないし3時間に達した。こうした状況を鑑み、労働作業を通じて在監者の職業訓練及び労働習慣の涵養の目的を達成するために、1921年に施行された司法省訓令850号では、内地の監獄平均作業時間を参照し、戒護其他の関係を配慮しながら、一日平均1時間20分延長することになった[97]。1922年6月14日以後の作業時間は以下のように改められた[98]。

表2−4　1922年台湾在監者の作業時間

月次	1	2	3	4	5	6	7	8	9	10	11	12
作業時間	9	9	9:30	10	10:30	11	11	10:30	10	9:30	9	9

出典：『府報』第2681号、1923年6月14日、47−48頁。筆者作成。

しかし、行刑衛生の専門家である芥川信は労働時間8時間が最適であると述べている[99]。これを基準とするならば、そもそも社会通念上の労働時間が長過ぎると言わざるを得ない。

（五）作業収入の自給率及び作業賞与金の差

台湾総督府は作業収入の増加をもって行刑経費を賄う自給自足の目標達成に極力努めていたが、その実績はどうだったのだろうか。表2−5と表2−6からみると、全体としては、内地と台湾は同様の推移を示していたと考えられる。台湾における監獄作業の自給率は1910年の内地より高く、同時期の、台湾の監獄作業製品は、林投帽や指物をはじめと

96）辻敬助「監獄作業時間問題」『台法月報』第16巻第6号、1921年、20頁。

97）「在監者ノ作業時間制定（訓令第一二七号）」（1922年06月01日）、「大正十一年永久保存第一四一巻」『台湾総督府档案』国史館台湾文献館、典蔵号：00003411004、33-35頁。

98）『府報』第2681号、1922年6月14日、47-48頁。

99）芥川信『行刑衛生』金原書店、1925年、28-29頁。

表 2 - 5　台湾の作業収入と収容費（単位：円）

年度	作業収入（A）	収容費支出決算額（B）	自給率（A/B）
1905	112, 113	171, 087	66 %
1910	150, 884	180, 602	84 %
1915	98, 838	147, 554	67 %
1920	269, 918	344, 303	78 %
1925	341, 679	333, 750	102 %
1930	366, 687	407, 890	89 %
1935	437, 039	507, 277	86 %
1940	874, 132	829, 438	105 %

出典：『台湾総督府統計書』、『台湾事情』より筆者作成。

表 2 - 6　日本の作業収入と収容費（単位：円）

年度	作業収入（A）	収容費支出決算額（B）	自給率（A/B）
1905	1, 146, 262	2, 415, 694	47 %
1910	1, 421, 603	3, 026, 248	47 %
1915	1, 496, 599	2, 605, 289	57 %
1920	5, 161, 267	6, 149, 280	84 %
1925	6, 231, 029	5, 312, 427	117 %
1930	5, 628, 113	6, 921, 513	81 %
1935	8, 972, 194	10, 215, 241	88 %
1940	20, 447, 142	19, 269, 637	106 %

出典：監獄統計及び行刑統計より、筆者作成。

して多くの製品が市場に認知されていた[100]。その後、大正初期の恩赦などによって、受刑者数が減ったため、作業収入にも影響が及んだ[101]。昭和初期に至るまで、台湾と内地は均しく、自給率は増加の傾向をたどった。第一次世界大戦に伴う好景気並びに 20 年代からの作業時間延長などが背景にあると考えられる[102]。しかし、1920 年代半ば以後の財

---

100)　眞木喬「台湾監獄視察談（二）」『監獄協会雑誌』第 23 巻第 2 号、1910 年、25-26 頁。

101)　「監獄作業予算」『台湾日日新報』1914 年 5 月 10 日、2 面。

政不況の中で、台湾の自給率は減少した[103]。その一方で、内地における監獄作業は満洲事変を機に軍需作業に傾斜していった[104]。全体から見ると、台湾における監獄作業の自給率は低くなかったと考えられる。

　このような作業収入の成長のなかで、受刑者が受け取った作業賞与金はどうだったのか。

　台北刑務所の作業係を務めていた本城隆の比較によれば、内地の作業賞与金額と台湾の作業賞与金額には大きな差がある。本城による表2-7を見ると、内地と台湾の受刑者は同じ級別に置かれていても、賞与金の格差は2倍近かったことがわかる。台湾の作業能率と生活水準は内地と同一ではないため、単純に比較することはできないものの、その差はあまりにも大きかったと本城は指摘する。本城によると作業賞与金は作業能率を増進する源泉であるので、台湾において作業賞与金が低いという問題点を改善すべきだと主張している[105]。

　一人当たりのノルマについてみると、内地においては、五割、十割を達成した者が非常に多く、達成しなかった者は極めて少なかったことから見ると、比較的軽かったと言える[106]。一方、台湾においては、一人当たりのノルマを達成して釈放される者は稀であり、五割以下が多かったという。なお、内地における計算基準が多額の上に、分役階級の進度が速く、ノルマ達成者が多かったため、作業賞与金額は実に台湾の五倍以上に達したと言われている[107]。故に、台湾の作業賞与金は受刑者の作業能率の増進或いは受刑者の将来の生計面においても、内地より効果が薄かったと考えられる。では、同じ監獄作業であるにもかかわらず、

102）辻敬助「明治年間監獄作業変遷概観（五）」『刑政』第52巻第2号、1939年、51-52頁。

103）「台湾の刑務所と作業統制　官用品製作と民業との関係」『台湾日日新報』1934年9月4日、2面。

104）小澤政治『行刑の近代化：刑事施設と受刑者処遇の変遷』、229頁。

105）本城隆「作業賞与金に就て」『台湾刑務月報』第1巻第8号、1935年、51、55頁。

106）本城隆「作業賞与金に就て」、51頁。

107）本城隆「作業賞与金に就て」、51頁。

表2-7　台湾の第一種甲と日本内地の第一種の作業賞与金の比較（単位：円）

級別＼作業種別	特別級	一級	二級	三級	四級	五級	六級	七級	八級	九級	十級
日本内地　第一種	10以内	4.50	4.00	3.50	3.00	2.50	2.00	1.50	1.00	計算テナサズ	
台湾　第一種甲	5.40以内	2.72	1.82	1.54	1.28	1.04	0.82	0.62	0.44	0.28	0.14

出典：本城隆「作業賞与金に就て」、51頁。

なぜ植民地台湾における受刑者の待遇は劣っていたのだろう。

作業賦課量の完了が全部強制できるわけではなく、受刑者は自身の状況に応じて調整できるようになっていた。治安維持法で入監させられた楊克煌が刑の執行当初、独居室で服役していた時、作業として課されたのは黄麻を分離する作業だった。これらの黄麻糸を利用して、ビール瓶用の袋を織る作業だった。一か月後、楊は雑居室に移された。工場に入る前、更衣室で作業服に着替え、作業終了後には、更衣室で着替える際に戒護のため裸身で点検を受けるという流れであった。

新たな着替えはビール瓶の袋用の草縄結びであった。工場での一人一日の作業量は、冬に180条、春秋に200条、夏に220条という日課であった。三等の給食[108]が与えられ、四等として十分だと感じた上に、草縄結びの作業を行う工場は汚くかつ暑すぎる故に日課を達成しないと決め、八割位まで完成させて四等の飯を食べた[109]。行刑制度の主要な側面はその強制性にあるが、この事例によると、受刑者側に裁量が存在し、

108) 三等の一回の量は473瓦（下白米：1合6勺4才、甘藷：68匁）、四等の一回の量は411瓦（下白米：1合4勺3才、甘藷：59匁）であった。参照：「在監人作業種別及食糧給与標準」作達中改正ノ件」（1930年01月01日）、「昭和五年十五年保存右第八巻」「台湾総督府档案」国史館台湾文献館、典蔵号：0000732010、215頁参照。

109) 楊克煌「我的回憶」楊翠華出版、2005年、158-159頁。

監獄作業は単なる時間労働と見做すことさえできることになる。

五　戦時期の運用実態（1937 – 1945 年）

（一）軍需作業との繋がり

　日中戦争勃発以降、刑務作業と戦争との関わりが濃厚になり、日本内地においては、大量の在監者を動員し、軍需品製造、鉄道工事、飛行場建設などの外役作業に従事させ、また南方赤誠隊を結成し、戦地にも派遣した[110]。これに加えて、刑務所と民間工場との連携も一層緊密になった。例えば、広島刑務所は日本製鋼所広島兵器工場と連携して、200 名から 500 名くらいの受刑者を通役作業させていた[111]。受刑者たちはこのような形で、塀を超えて社会と接点を持つことができる処遇を受けたが、戦争によって数多くの命を落とす事態にも至った。

　台湾において監獄工場に掲げられた標語にも戦時色が現れている。例えば、新竹少年刑務所の工場に「箸取らば銃取る兵に先づ感謝」という標語があったり[112]、台中刑務所では 1943 年に以下の「受刑詞」を通達した。「我等ハ無疆ノ皇恩ニ感謝シ皇國ノ道ヲ體得シ心身ノ修練ニ努メ光栄アル皇國臣民トシテ更生センコトヲ誓フ　我等ハ明朗以テ作業ニ精勵シ勤勞報國ノ誠ヲ効サンコトヲ誓フ　我等ハ同胞親和ノ本旨ニ遵ヒ紀律ヲ守リ禮節ヲ重ンジ國体精神ノ昂揚ニ邁進センコトヲ誓フ[113]」。これを見ると、戦時体制は、刑務作業にも確実に影響を及ぼしたことがわかる。

---

110)　戦時行刑実録編纂委員会編『戦時行刑實録』矯正協会、1966 年、第二章から第三章まで。

111)　広島刑務所『広島刑務所史：広島刑務所百年の歩み』広島刑務所、1988 年、26 頁。

112)「新竹少年刑務所巡閲ノ件」（1943 年 01 月 01 日）、「昭和十八年巡閲ニ関スル書類綴」『台湾総督府档案』国史館台湾文献館、典蔵号：00011151009

113)「臺中刑務所巡閲ノ件」（1943 年 01 月 01 日）、「昭和十八年巡閲ニ関スル書類綴」『台湾総督府档案』国史館台湾文献館、典蔵号：00011151005、197 頁。

　軍需用品の製造については、1934 年まで台湾の刑務所では皆無であったが、監獄作業の軍需品との繋がりが次第に強まり、軍需用品の製作は作業の業種の一つとなっていった[114]。例えば、台南刑務所は海軍より陣営具の注文を受けたり[115]、新竹少年刑務所は台湾総督府に「比較的短期刑者多キ當刑務所ニ於テハ是等ノ者ニ適スル作業ニ充當スルト共ニ時局下工業資金支出軽減ヲ圖ル為本作業ノ新設ハ通常ト認メラルヽニ由ル」という理由をもって軍手工新設を申請し、そして許可を得た[116]。

　一方、構外作業の拡大の動きも進んだ。台湾における監獄作業は室内作業を主流としていたが[117]、労働力不足のため、台南刑務所は台南市の市営住宅敷地約 1 万 8425 坪の廃墓地整地工事を受負い、構外作業として受刑者に行わせた[118]。台北刑務所は内地で行われていた泊込作業の方法を採り、合計 1396 名の在所者のうち、206 名の受刑者を金瓜石での泊込作業に、51 名の受刑者を中和での泊込作業に使役させた[119]。さらに、受刑者を占領地へ派遣したこともある[120]。当時海南島看守長を務めていた衣笠一の記録によると、「台湾総督府管ト刑務所から派遣

114)「台湾の刑務所と作業統制官用品製作と民業との関係」『台湾日日新報』1934 年9 月 4 日、2 面。しかし、日露戦争時、台北監獄では軍需産業との連携及び作業時間の延長があったようである。「時局ニ對スル囚情報告（台北監獄）」（1905 年 05月 01 日）、「明治三十八年十五年保存追加第五巻」『台湾総督府檔案』国史館台湾文献館、典蔵号：00004870001、5-6 頁。

115)「臺南刑務所巡閲ノ件」（1943 年 01 月 01 日）、「昭和十八年巡閲ニ関スル書類綴」『台湾総督府檔案』国史館台湾文献館、典蔵号：00011151006、231 頁。

116)「刑務所作業種類新設認可ノ件」（1941 年 01 月 01 日）、「昭和十六年例規」『台湾総督府檔案』国史館台湾文献館、典蔵号：00011172044、386-387 頁。

117)「屋外作業で増産へ 囹圄の人の自覚昂揚」『台湾日日新報』1943 年 7 月 22 日、2面。

118)「臺南支部」『台湾刑務月報』第 7 巻第 6 号、1941 年、88 頁。「臺南刑務所巡閲ノ件」（1943 年 01 月 01 日）、「昭和十八年巡閲ニ関スル書類綴」『台湾総督府檔案』国史館台湾文献館、典蔵号：00011151006、230-231 頁。「台南市営住宅整地工事請負ノ件」（1941 年 01 月 01 日）、「昭和十六年例規」『台湾総督府檔案』国史館台湾文献館、典蔵号：00011172043、384-385 頁。

119)「臺北刑務所巡閲ノ件」（1943 年 01 月 01 日）、「昭和十八年巡閲ニ関スル書類綴」『台湾総督府檔案』国史館台湾文献館、典蔵号：00011151002、16 頁。

120) 内地の受刑者が占領地に派遣されたこともある。戦時行刑実録編纂委員会編『戦時行刑實録』矯正協会、1966 年、1238-1251 頁。

の『台湾報国隊』（隊長山本典獄補）二百名も同地［陵水：引用者］にあって、ともに施設部陵水工事事務所の有力メンバーとして工事に当った」という[121]。

　監獄作業の優先順位については、軍需を第一とし、官需、民需の順という方針が立てられていた[122]。この方針に関して、巡閲者が、「作業経営ニ付テモ国家ノ要請スル方向ニ動員スル場合等ニ於テ一刑務所ノミデ不可能ノ場合ハ全刑務所ガ一丸トナツテ當ルト云フ様ニ全体主義デ往クト云フ様ナコトモ考ヘルベキデアルト思フノデアリマス[123]」と述べている。

　しかし、戦時下、物資の入手には非常な困難が生じた。例えば、針、印刷用紙、塗料などの欠乏が、通常の作業経営に支障を来した[124]。加えて、監獄が戦争への動員に応じた結果、各監獄内の状況にも変化が生じた。一例を挙げると、宜蘭刑務所は組織の縮小を経て、応召の影響で職員数は減少し、受刑者数も減少した。その結果、宜蘭刑務所の受刑者は専ら「経理作業」に使役されることになった[125]。

（二）作業時間の延長

　上述したように戦争の影響が色濃く現れると、軍需に応じるため、作業時間の延長は恒常化していった。台北刑務所所長の永野直は「支那事変ニ際シ軍需品及治安維持ニ関係アル註文殺到シ之等ハ何レモ急ヲ要スルモノナルヲ以テ作業時間ヲ伸長シ之ニ應ゼントスルニ由ル」として、

121）衣笠一『海南島派遣の朝鮮報国隊始末記』衣笠一、1997 年、8 頁。「台湾ニ於ケル受刑者構外作業ニ伴フ増員ニ関スル件ヲ定ム」『公文類聚』第六十七編・昭和十八年・第四十四巻・官職三十八。

122）「台南刑務所巡閲ノ件」（1943 年 01 月 01 日）、「昭和十八年巡閲ニ関スル書類綴」『台湾総督府档案』国史館台湾文献館、典蔵号：00011151006、231 頁。

123）「台南刑務所巡閲ノ件」（1943 年 01 月 01 日）、「昭和十八年巡閲ニ関スル書類綴」『台湾総督府档案』国史館台湾文献館、典蔵号：00011151006、235 頁。

124）「作業事務打合会議要綱」（1942 年 01 月 01 日）、「昭和十七年例規綴」『台湾総督府档案』国史館台湾文献館、典蔵号：00011173071、569 頁。

125）「台北刑務所宜蘭支所巡閲ノ件」（1943 年 01 月 01 日）、「昭和十八年巡閲ニ関スル書類綴」『台湾総督府档案』国史館台湾文献館、典蔵号：00011151003、85 頁。

平日の作業時間を2時間の範囲内で延長し、日曜日に半日就業させることについて台湾総督に認可を求め、その後許可された[126]。一方、台南刑務所所長である山田栄次郎は日中戦争に関連して軍部から軍需品の注文を受け、納入期限が迫ったため、1937年10月23日から11月14日まで、平日の作業時間を3時間の範囲内で延長し、日曜日には11時間半就業させるという形で、作業時間の拡大について台湾総督に許可を求めた。これも認可されている[127]。このほか、台湾総督府は以下の理由をもって監獄作業時間の延長を認め、延長するか否かの判断は刑務所長の裁量に委ねる旨の通達を出した。

> 軍需品及防衛用品ノ製作ヲ刑務所ニ於テ引受クルコトハ平素唱ヘツ、アル官用品製作ノ主義ニ適ヒ且軍機ノ秘密ヲ保持シ得ルハ勿論収容者ヲシテ間接ニ事変ニ参與セシメ得行刑教化上頗ル有益ナル効果ヲ斉スヲ以テ勉メテ之ガ註文ヲ引受ケツ、アル処之等ノ部品ハ何レモ火急且期日ノ厳守ヲ要スルモノ多ク一方収容者ノ作業時間ハ訓令ニ依リ定リ之ガ伸長ヲ為スニハ総督ノ認可ヲ要スル為註文ヲ受クル際逡巡スル等ノコトアリテ時宜ニ添ハザル憾ミアルヲ以テ斯ル際刑務所長ノ裁量ニ依リ便宜作業時間ヲ伸長シ得ルコトトシ出来得ル限リ註文ニ應ジ以テ収容者ヲシテ奉公ノ誠ヲ致サシメ併セテ改過遷善ニ資シ度左様ニ依ル依命通牒相成可然哉[128]

　このような状況下で、夜間作業も行われるようになった。台湾の受刑者を皇民化させるために、長時間にわたり出役させて、受刑者の心身に強くプレッシャーをかけたのだろう。例えば、1941年に台南刑務所は夜間作業により奉公したという新聞報道がある[129]。受刑者が長時間作

---

126)「作業時間伸長認可ノ件」(1937年01月01日)、「昭和十二年例規綴」『台湾総督府檔案』国史館台湾文献館、典蔵号：00011171053、433-435頁。

127)「作業時間延長認可ノ件」(1937年01月01日)、「昭和十二年例規綴」『台湾総督府檔案』国史館台湾文献館、典蔵号：00011171054、437-439頁。

128)「刑務所作業時間伸長ノ件」(1937年01月01日)、「昭和十二年例規綴」『台湾総督府檔案』国史館台湾文献館、典蔵号：00011171055、441-442頁。

業させられていたことが垣間見える。

（三）作業に対する方針の転換

　日中戦争による軍需の波に乗って、台湾の刑務所における作業収入は一気に増加し、1937年には58万円余りに達した。この収入は刑務所の一切の費用をカバーするのみならず、2千円の剰余金も生じた[130]。また、前掲図2-2を見ても、作業収入の増加がわかる。刑務作業収入の飛躍的増加の客観的な要因の一つは、この時期は統制経済のもとで物価の抑制が図られたことである。このような政策の下、原価割れで利益が得られず戦時統制経済の犠牲になった商工業者も決して少なくない。だが、刑務作業は工賃が社会の標準とかけ離れて低いのみならず、適正な原価と無関係であるため、統制経済下で生き延びられた[131]。もう一つの要因は器具機械の改善であった。例えば、台北刑務所は印刷工場で印刷機械を購入し、作業効率の改善を図った[132]。最後に指摘したいのは、授業手そして何名かの監獄に関わる人物が、時局に応じて、就業者自身が作業を通じて国に報いたいとの観念を有するに至ったと指摘している点である[133]。ただし、受刑者が果たしてどれほどの程度自発的に国家のために犠牲を払っていたのか、またどれほどの程度が受動的であるのかという疑問も禁じ得ない。

　また、一人平均の作業収入は飛躍的に増加したが[134]、受刑者が受領した作業賞与金は果たして増加したのだろうか。1942年に開かれた作業打合会議の記録を見ると、作業賞与金は社会一般の水準と隔たりが大

129) 「沸る囹圄の赤誠夜業作業延長でご奉公臺南刑務所でも佳話」『台湾日日新報』1941年12月12日、4面。

130) 「受刑者も作業報国 作業収入に黒字現出」『台湾日日新報』1938年5月7日、2面。

131) 永野直「作業に於ける數字の誘惑と其の反省」『台湾刑務月報』第8巻第6号、1942年、10–11頁。

132) 伊東銀蔵「作業雑観」『台湾刑務月報』第8巻第10号、1942年、36頁。

133) 滿壽樓「昭和十四年度作業収入を検討して」『台湾刑務月報』第6巻第6号、1940年、12頁。伊東銀蔵「作業雑観」、35–38頁参照

134) 台北刑務所の看守長である伊東銀蔵は1939年から1941年の作業収入は異状なる増収と指摘した。参照：伊東銀蔵「作業雑観」、36頁。

きいため、作業賞与金を適切な水準まで引き上げるべきという提案がなされた。提案した台北刑務所は当時 1 年以下の受刑者が支給を受けた賞与金は帰住旅費にさえ満たないと指摘した[135]。また、当時、受刑者達から国防献金が行われたという報道が頻繁になされている[136]。受刑者は作業賞与金が足りない状況下でも、自分の賞与金を国防献金として拠出していたことになる[137]。つまり、受刑者は帝国の戦争のため、軍需作業に従事させられていったが、受刑者が受け取る賞与金はそれ相応に増加することはなく、むしろ、より一層帝国に奪われていくことになった。

　戦時期下の刑務作業は、実質的に受刑者の将来の社会復帰を助けることになったのかという疑問が生じるかもしれない。実際、当時の史料によれば、刑務所側は賦課した作業が受刑者の出所後の生業に必ずしもうまく結びついていないと認識していたことがわかる。

　　　戦時下ニ於ケル國民ノ一員トシテ皇國ニ報スルノ自覺ト認識ヲ昂揚セシムルコトニ努力ス然シテ作業訓練ニ於テモ單ニ釈放後ノ自活ニ資セシムルコトノミニ偏セス常ニ旺盛ナル犠牲的精神ニ萌ヘシメ溌剌タル意氣ヲ以テ作業ニ當リ仮令賦課セラレタル作業カ釈放後ノ生業トシテ不適ナリトモ欣然之ニ從ヒ生産擴充戰力増強ニ貢献スル所以テ自覺セシムルコトニ昻メツヽアリ[138]

というのである。また、岩村司法大臣は戦争下の刑務作業の理念につい

---

135)「作業事務打合会議要綱」（1942 年 01 月 01 日）、「昭和十七年例規綴」『台湾総督府檔案』国史館台湾文献館、典蔵号：00011173071。

136) 例えば、「光明蘇る報国の道　圄圄の人人造船に敢闘」『台湾日日新報』1943 年 12 月 19 日、4 面。「獄窓から国防献金　事變終了迄連続献金も申出で　台南刑務所に熱誠漲る」『台湾日日新報』1937 年 8 月 5 日、5 面。

137) 監獄の監視下にある受刑者がよりよい処遇を求めるためには、監獄側の指示に従わなければならなかったという状況においては、受刑者の国防献金は完全に自主的だったとは言い難い。

138)「台北刑務所宜蘭支所巡閲ノ件」（1943 年 01 月 01 日）、「昭和十八年巡閲ニ関スル書類綴」『台湾総督府檔案』国史館台湾文献館、典蔵号：00011151003。

て、こう述べている。

　　刑務作業は、從來主として本人の職業、将来の生計等を勘考致しまして専ら其の獨立自營の資質、能力を養成すると共に、他面刑務所經營の自給自足の目的を達成することに努めて来たのでありますが、支那事變勃發以来、我が國の經濟體制は専ら聖戰目的の完遂に向けられて来たのでありますし、個人經濟的な作業機構より全體的作業機構に移行すべきことは刑務作業の上にも及んで来たのであります[139]。

　この時期における行刑思想は一層全体主義へ向かった。日本という国家は君民一体であると強調され、「全」は「個」を包容し、「個」は「全」に奉仕し、個人主義は無視される方向に傾斜した[140]。さらに言うと、監獄作業の趣旨は既に歪曲され、帝国に奉仕するための行為と解釈され、生業の目的に合うか否かは問われず、受刑者の社会復帰を助けるという本来の目的から外れていったのではないかと考えられる。

まとめ

　本章は、論文冒頭に述べた二つの課題に対して、植民地台湾の監獄作業の制度及びその実態を探求し、詳らかにした。台湾には、日本の植民地統治を介し、近代的自由刑という制度が導入され、主に内地に準拠して監獄作業の制度が制定・施行されたが、内地における一部の監獄で実施された受刑者への職業訓練制度は制定・施行されなかった。監獄作業の実態については、三つの時期に分けて分析を行った。まず、1895年から1903年までの第一期は、新型監獄完成までの期間に当たり、在監

139）「所長会同における訓示・注意・指示」『刑政』第55巻第7号、1942年、2頁。
140）泉二新熊「我が国民精神と行刑の理想」刑務協会編『刑政論集「刑政」五十周年記念』刑務協会、1938年、17頁。

者の労働力を新型監獄の施設整備に投入する一方で、旧来の監獄空間における制限の下で一切就役させなかったり、「経理作業」をさせたりしていた。

　1903年以後からの第二期では、監獄作業にさらに予算を投入し、台湾の土地状況に適合する作業を模索しながら、監獄作業の制度と業種が定着していった。この時期に、植民地台湾の監獄作業は官司業が主流になっていき、作業時間の延長の動き、林投帽など好業績の業種により監獄作業の収入も大幅に増加し、監獄の自給自足は達成の方向に進んでいった。だが、植民地台湾の受刑者の賃金などが内地に比べてはるかに低額だったことは、植民地主義の現れと考えられる。確かに、一部の作業は当時の台湾農工産業が要求する技術と合致し、受刑者の社会復帰の援助となる場合もあったが、経理作業など出獄後の生計を立てる技術が身につきにくい業種に従事する受刑者も多かったことから、社会復帰の促進効果は限られていたと考えられる。

　戦時期に入ってからは、内地と同じように、作業と軍需との繋がりが一層強化された。作業賞与金はさらに低下し、国防献金の要請もあった。労働時間も益々延長されていった。戦時期に入ると、受刑者という名の労働力に対する収奪は、より一層強化されていった。戦時期における監獄作業は、受刑者を帝国の駒と扱い、監獄作業の本旨から外れていったと言える。

　以上の実証的考察を踏まえると、植民地台湾の監獄作業の主要な目的は帝国の政策に歩調を合わせることであり、特に監獄自体の維持及び戦時期の軍需産業における例からもそのことは窺える。そして、台湾における監獄作業制度は内地を参照しつつ整備されたが、作業量や賃金などの面において、受刑者の負担は内地より大きく、植民地主義を反映していたと言えるだろう。台湾における監獄の制度・実態には先行研究が指摘するように植民地主義のもたらした差別、負担などが見出せる。他方では、内地と共通した側面、統治コストの節約、行政の考慮などが、多分に見出せることにも留意すべきだろう。これらの点は、先行研究が指摘する植民地台湾における刑事司法の高圧的な統治について、きめ細か

く分析し直すための視座を提示しているといえるだろう。

第三章

植民地朝鮮の監獄作業に関する考察

一　問題提起

　監獄における受刑者の日常生活では、作業にかかる時間が一日の大半を占めている。監獄作業の内容や賃金、時間等は、監獄側が受刑者をいかに律していたのかという点を強く反映したものであることは頷けるだろう。つまり、ある時期ある地域での監獄の規律と運用実態を探究するには、監獄作業という側面は無視することができないと考えられる。本章では植民地朝鮮における監獄作業は制度としてどのように構築されていたのか、どのように運用されていたのか、また、関連する仕組みはどのようなものだったのか等について、制度、言説及び運用実態をより詳細に明らかにしていく。

　アフリカにおける植民地統治では、植民地官僚は監獄労働を利用することで労働力不足を解消した。監獄作業を科された受刑者は、植民地統治において、重要かつ廉価な労働力であり、行政的な管理コストを抑制するためのソースとして扱われた[1]。植民地におけるインフラストラクチャーの構築が監獄受刑者の強制労働によってなされたのはその好例である[2]。本章が主題とする植民地朝鮮において上記の観察は当てはまるのだろうか。また、上記の観察は経済史の視点からのものだが、法制史の視点から見た場合、植民地の監獄に関する法制度は如何なる役割を演じているのか。法は単に廉価な労働力を作ったのか。また、法による制限はなかったのだろうか。これに加えて、植民地の監獄法は近代性及び植民地性という両面を有すると指摘されており[3]、この点からも、監獄労働に対する法の位置付け及びその運用はさらに明らかにする必要があ

1）Leigh A. Gardner, *Taxing Colonial Africa: The Political Economy of British Imperialism*（Oxford: Oxford University Press, 2012）.

2）Stacey Hynd, "'...a Weapon of Immense Value?' Convict Labour in British Colonial Africa, c. 1850-1950s," in *Global Convict Labour*, ed. Christian G. de Vito and Alex Lichtenstein, vol. 19, *Studies in Global Social History*（Leiden: Brill, 2015）, 222-48.

3）林政佑「日本帝国の看守に関する考察：台湾と朝鮮を中心に」『朝鮮史研究会論文集』第 58 期、2020 年、159-188 頁。

ると考えられる。この考察に基けば、日本帝国は法を通じてどのように植民地朝鮮の統治をしていたのかという側面も窺うことができるであろう。

　植民地朝鮮の法制史研究については、近年、重要な研究成果が出され、日本帝国は裁判制度や地方制度等をもって、いかに朝鮮を統治したのかという実相が明らかになってきた[4]。だが、植民地朝鮮における監獄行刑についての研究はまだ十分に行われたとはいえないと考える。既存の研究は、植民地朝鮮の監獄に関する制度の形成[5]、仮釈放の運用[6]、そして西大門刑務所の受刑者処遇[7]をめぐる検討が主流である。確かに、植民地朝鮮の監獄制度の実態はある程度描かれているが、この時期における朝鮮の監獄労働作業に関する研究はまだ少数である。このうち、李鍾旼の戦時末期における監獄労働作業を取り上げた研究は、検討の価値がある。李鍾旼は韓国の学界で植民地朝鮮の監獄労働作業に関する研究状況が空白地帯になっていると意識し、戦時期において、受刑者の労働力を動員するために、少年受刑者の作業能力を重視し、報国隊の編成及び行刑制度の改正によって、受刑者を戦争に動員したという貴重な事実を提示した[8]。だが、李鍾旼の先駆的研究は、植民地主義という力学が

4) 山中永之佑『帝国日本の統治法：内地と植民地朝鮮・台湾の地方制度を焦点とする』大阪大学出版会、2021年。岡崎まゆみ『植民地朝鮮の裁判所：慣習と同化の交錯・法の「実験」』晃洋書房、2020年。

5) Michael Sprunger, *Grafting Justice: Crime and the Politics of Punishment in Korea, 1875–1938* (PhD diss., University of Hawai'i at Mānoa, ProQuest Dissertations Publishing, 2011). 이종민「감옥 내 수형자 통제를 통해 본 식민지 규율 체계」연세대학교 국학연구원 編『일제의 식민지배와 일상생활』혜안, 2004. 이종민「식민지하 근대 감옥을 통한 통제 메카니즘 연구 : 일본의 형사처벌 체계와의 비교」延世大學校 社會學科博士論文, 1999. 이종민「1910년대 근대감옥의 도입 연구」『정신문화연구』第22巻第2号、1999年、185-205頁。法務部『韓国矯正史』法務部、1987年。

6) 김정아「일제강점기 독립운동가「仮出獄関係書類」에 대한 검토」『한국독립운동사연구』第41号、2012年。

7) 朴慶穆「1930년대 서대문형무소의 일상」『한국근현대사연구』第66号、2013年、65-116頁。朴慶穆「일제강점기 서대문형무소 여수감자 현황과 특징」『한국근현대사연구』第68号、2014年、43-103頁。朴慶穆『서대문형무소：식민지 근대 감옥』일빛、2019年。

8) 이종민「태평양전쟁 말기의 수인 (囚人) 동원 연구 (1943～1945)：형무소 보국

朝鮮監獄作業に影響を与えた側面を偏重していると考えられる。序章で述べたように、植民地における監獄処遇の考察においては、日本内地の関連法制を参照として結びつける必要がある。これにより、植民地主義の力学の作用を明らかにするだけでなく、日本内地と共通する「近代刑罰」といった他の力学の作用も見ることができ、植民地監獄に対する理解をさらに深めることが可能となる。また、李の研究は、日本内地の監獄労働作業法制を十分に検討したとはいえないが、内地法制を参照することにより、植民地朝鮮における監獄労働作業について、植民地主義以外の力学を見出せる可能性がある。本章では、日本内地における監獄と異なり、植民地のみに適用される力学の影響を受けた監獄統制を植民地性が表れたものと見做す。なお、植民地性と近代性とが併存した植民地近代性とは、統治による弾圧対統治に対する抵抗という対立の図式だけでは見えてこない状況を浮き彫りにすることを意図した考え方である[9]。

　一方、山室信一の提示している異法域という概念を援用すると[10]、本章の研究は、植民地あるいは支配地と日本内地との異質性を見出すことにより、異法域の特質を把握することができるものと位置づけることも可能である。このような考えが成立するのであれば、植民地法制の探究は、常に当時の日本内地法制との比較を伴うということになる。さらにいうと、植民地の法制及び運用について、何処まで植民地主義が働いていたのか、もしくは他の力学からの作用があったのかという問題点を究明することになるが、この場合、日本内地で施行されていた法制及び植民地との関係性を視野に入れる必要があると考える。中西啓太は明治期の監獄作業に関する制度及び実態を研究の中心として、経済史的位置付

　　대를 중심으로」『한일민족문제연구』第 33 号、2017 年、67–111 頁。이종민「일제의 囚人 노동력 운영 실태와 통제 전략 : 전시체제를 중심으로」『韓国学報』第 26 巻第 1 期号、2000 年、40–68 頁。

9)　Gi-Wook Shin and Michael Robinson, "Introduction: Rethinking Colonial Korea," in *Colonial Modernity in Korea*, ed. Gi-Wook Shin and Michael Robinson（Cambridge, MA: Harvard University Asia Center, 1999）1–18.

10)　山室信一「国民帝国日本における異法域の統合と格差」『人文学報』第 101 号、2011 年、63–80 頁。

けを考察するとともに、公正性の問題も提起し、監獄作業の研究に新たな視野を開いた[11]。また、同じ植民地としての台湾の監獄作業について、第二章では、監獄の自給自足及び財政負担の軽減も重要視されていたことを指摘した[12]。この観察を中西啓太の研究と合わせてみると、植民地監獄作業を単に植民地の特徴で捉えるだけでなく、階級と刑罰による強制的労働という、植民地と日本内地に跨る要素も視野に入れる必要があると考える。これは、近代法から構築される帝国日本の監獄作業の「近代性」に帰すると考えられる。これらの先行研究の示唆を通じて、本章では、植民地朝鮮の監獄作業に植民地の特徴と刑罰による強制的な労働がいかに織り込まれていたのかを明らかにしていきたい。

　なお、本章の時期区分について、予め言及しておく。朝鮮の近代法整備事業を四期に分けて論じる。まず第一期は 1894 年から 1909 年までとする。形式から見れば、1894 年の甲午改革からの近代法整備事業は、朝鮮王朝が自らの方法で自主的に行っており、その後、日韓協約によって、日本は統監府の形をもって、大韓帝国の主権を侵食していったが、1909 年の「韓国司法及監獄事務委託ニ関スル覚書」によって監獄事務は日本帝国に掌握されたものとして、これを一つの区切りとする。第二期は 1909 年から笞刑制度の廃止までの 1920 年までとする。1909 年の覚書を通じて、大韓帝国の監獄事務が日本政府に委託され、全ての監獄が公式に日本の支配下となった。そして、笞刑制度の施行に伴い、犯罪者への自由刑の適用が抑制され、監獄の増築の必要性が緩和された。第三期は 1921 年から 1931 年の満州事変までとする。監獄の拡張等によって、作業に一定の変化が見られるようになった。第四期は、1932 年から 1945 年の終戦までである。植民地朝鮮における監獄行刑は満州事変をきっかけとして、監獄事務の管理を統一したり、内地の監獄に関する制度にさらに近づけたりしており、第二期の監獄行刑制度とは著しく異

---

11)　中西啓太「明治期における監獄の経済史的位置づけ」佐藤健太郎他編『公正から問う近代日本史』吉田書店、2019 年、287-328 頁。
12)　日本内地における戦前監獄作業で自給自足の標榜については、小澤政治『行刑の近代化：刑事施設と受刑者処遇の変遷』日本評論社、2014 年、231-235 頁。

なっていった。

　本章では、第二節で朝鮮王朝末期から1909年までの間に、監獄労働作業に関する制度及び運用がいかに進んでいったのかを解明する。続いて第三節では、第二期における監獄作業に関する制度、言説及び運用状況を解明する。第四節では、第三期における監獄作業に関する制度、言説及び運用状況について明らかにする。最後に、これらの考察を踏まえ、戦時期における監獄労働作業の特質を探っていく。

二　旧韓末の監獄作業

　朝鮮王朝は中国の明律を継受しており、明律の五刑という刑罰も設けていた。朝鮮王朝における刑法典の母法である大明律での「徒刑」は受刑者が拘禁され、官による監督の下で、塩を煎る、鉄を焼く等の体力を要する過酷な作業に出役させるものであった。他の徒刑の労役内容には、製紙、製瓦、船夫、官の雑役等もある[13]。しかし、壬辰倭乱などの戦争を経て、従来の労役を中心とする徒刑の執行方式は大きく変質した[14]。17世紀以降、その執行方式は大きく変質し、労役がほぼ消滅し、短期間の流刑へと移行した。この結果、徒刑と流刑の区別が曖昧になった。このため、地方に配流された徒刑・流刑罪人の統一管理が求められるようになり、朝鮮王朝は徒流案を作成し、両者を一括して記録する制度を整備したという変遷が見られる[15]。朝鮮王朝における徒刑には、受刑者を労働させるという要素が既に存在していたといってもよい。一方、徒刑を受ける者の実態としては、必ずしも厳しい拘禁や監視、強制的な労働をともなっていたとはいえないようである[16]。この労働作業が受刑者の将来的な社会復

---

13)　金淇春『朝鮮時代刑典：経国大典刑典을 中心으로』、94頁。
14)　中橋政吉『朝鮮旧時の刑政』治刑協会、1936年、302頁。
15)　矢木毅『朝鮮朝刑罰制度の研究』朋友書店、2019年、第2章。심재우「조선시대 徒刑의 집행과 徒配罪人 관리」『한국문화』第104号、2023年、89–112頁。
16)　오갑균『조선시대사법제도연구』박영사、1995年、205–210頁。

帰につながるか否かについては、あまり重視されていなかったと考えられる。

　日本の近代懲役刑制度を概観した金玉均の『治道略論』には、「凡罪人被赭懲役之法，載在古典，而今海外之國，皆行之，日本近又行之，惟朝鮮未能復古聖人政．（中略）此懲役之法，所由來也．宜新定法律，凡犯輕罪者，概驅令作工以自贖，然以必斷自聖裁方期實効[17]」とある。金玉均は懲役法は西欧の制度ではなく、昔の法典に記録された「聖人の政治」だと主張する。そのうえで、海外で懲役法が普及し、日本も最近になって取り入れているため、朝鮮だけが懲役法を実施していないことになると指摘している。金玉均は1895年以前の朝鮮時代にまだ懲役刑が採用されていなかったことから、軽犯罪者を懲役刑に服させ、自ら贖罪させるべきであると提案した。金玉均は懲役刑の特徴の一つが労働作業であると明確に把握していたことがわかる。また、朝鮮の朝士視察団の随行員であった兪吉濬も近代的刑務所制度の紹介文を残している。兪吉濬は1884年に朝鮮初の米国留学生となったが、アメリカの刑務所における懲役と教化の関係性を紹介している[18]。甲午改革以前まで、朝鮮の開化派は様々な経路で近代監獄制度を知り、多様な観点から、この制度を導入すべきと主張している。金玉均、兪吉濬等の開化派の中核人物は甲申政変以後、朝鮮の政治から排除され、これらの提案が実現する可能性はなくなったが、1894年甲午改革によって、懲役刑は実施され、その導入が開始された[19]。

　1894年11月25日、高宗は「監獄規則」を制定した[20]。「監獄規則」は基本的に日本の1889年の「監獄則」及び「監獄則施行規則」の両方を参照してつくられた[21]。この監獄規則の第17条「在監人の食糧及雑費は一食平均を2銭1分3厘として已決囚の力業の従事者と否者とを区

17）　한국학문헌연구소編『金玉均全集』아세아문화사、1979年、14-15頁。
18）　유길준『西遊見聞』交詢社、1895年、「教導所」。
19）　홍문기「1894년「감옥규칙（監獄規則）」성립과 근대 감옥제도의 도입 양상」『한국사연구』第185号、2019年、90頁。
20）　內閣記錄局編『法規類編』1896年、362-365頁。
21）　홍문기「1894년「감옥규칙（監獄規則）」성립과 근대 감옥제도의 도입 양상」97-98、99頁。

別し給與すること」とあり、第21条「已決囚が就役方法及在監人の賞罰に關する規定を別で定むこと」には、監獄作業の規定が設けられている。翌年、「懲役処断例」が公布された[22]。これにともない、警務庁の官制に規定された監獄主管事項に「在監人ノ作業ニ関スル事項」が定められた[23]。

　大韓帝国成立後、1898年1月12日勅令第3号で改正監獄規則が公布された。監獄作業について見ると、「改正監獄規則」では前の監獄規則に比べて、作業基準及び工銭給与等がより詳しく定められている[24]。第13条に「定役に服する囚人の作業は毎囚の體力に應じて課し其の科程の標準は内部大臣の認可を受ける事」とあるのを見ると、作業基準は受刑者の体力に応じて課されたことがわかる。改正監獄規則にともない、施行令としての監獄細則も制定された。監獄細則には作業に対するより詳しい規定は定められていないが、給与、衛生、接見、賞罰等の規定は設けられた。但し、監獄作業の実態としては、水汲みや地面掃き等の単純労働となっていたため、受刑者にとって将来の生業にはなり難かった[25]。

　1905年4月29日、大韓帝国は法律第2号で『刑法大全』を公布した。この法律は法体系としては近代西欧を模倣しているが、内容は伝統刑法である『刑法大全』の第96条によっており、受刑者を監獄に拘禁し、役に服させるという役刑が刑罰として定められた。

　上記の監獄労働作業に関する制度の変遷を踏まえ、監獄労働作業がどのように運用されていたのかについて見ていこう。実態としては、大韓帝国の監獄においては工場及び他の重要な設備は整備されず、掃除夫、炊事夫等の監獄の雑用役に在監者を出役させていた。金九によると、受刑者たちは戒具をかけられた状態で獄外でも労働させられたという[26]。

---

22)「法律 第6号 懲役処断例を 裁可하여」『高宗実録』高宗32年4月29日。

23) 内閣記録局編『法規類編』、73-75頁。

24)『官報』第850号、1898年1月19日。

25)「학당 학원 로병션씨가 신문샤에 편지를 엿기에」『独立新聞』1897年7月20日、2面。

26) 金九著、梶村秀樹訳注『白凡逸志：金九自叙伝』平凡社、1973年、87頁。金九（1876年〜1949年）は、韓国の独立運動家であり、政治家である。

その当時、構外作業は恐らくよく行われていたと考えられるが、受刑者が逃走するケースも少なくなかったようである[27]。公州監獄では、罪囚費が少額であったが、収容者が韓靴を作ることによって得た工銭で不足分を補って維持していた[28]。普段は一日二食であったが、作業に出役する者は一日三食提供されたという事例もあった[29]。だが、監獄側が在監者に工銭を支給したことはなかったようである[30]。また、丸山重俊は警務顧問を担当していたとき、京城監獄を視察しており、懲役囚には外役と内役とがあり、一日に韓貨4銭を払ったと報告している[31]。警務庁が監獄を主管していたため、受刑者を市街の衛生人夫として就役させることもあった。しかし、工銭は支給しなかった[32]。また、受刑者は監獄内で草履を作り、外役の際に草履を市街の商店に売って金に変え、その後、酒幕に入って朝鮮酒を満喫したという例もあった[33]。

1907年、第三次日韓協約により、日本帝国は大韓帝国の監獄運営に対する支配を一層強化するようになった。1908年、監獄官制の施行によって、典獄の下に監獄職員が置かれた。監獄作業の種類もさらに広がっていったが、工場の設備の不十分さから、臨時の仮設施設で代用し、作業は官の支出を抑えるために受負業をもって施行した[34]。京城監獄を例に見ると、京城監獄の工場は丸太の四本柱を立てて鉄条網を張り廻らせた場所を充て、鹿児島県の久木田の受負に関わる藁工を実施して監獄作業とした[35]。これに加えて、監房1坪につき、少ない時で7人、多い場合は12人という監獄内の過剰収容が行われ[36]、適切な監獄作業にふ

27) 例えば、漢城府裁判所検事丁明燮「報告書第三十九號」『司法稟報』。警務使鄭騏澤「報告書 第五十六号」『司法稟報』。漢城府裁判所検事丁明燮、「報告書第三十号」『司法稟報』。

28) 『外務省警察史第3巻』不二出版、1996年、156頁。

29) Isabella Bird 著、朴尚得訳『朝鮮奥地紀行2』平凡社、1993年、346頁。

30) 中橋政吉『朝鮮旧時の刑政』、304-305頁。

31) 『外務省警察史第3巻』不二出版、1996年、102頁。

32) 中橋政吉『朝鮮旧時の刑政』、305頁。

33) 中橋政吉『朝鮮旧時の刑政』、305頁。

34) 中橋政吉『朝鮮旧時の刑政』、307頁。

35) 中橋政吉『朝鮮舊時の刑政』、307頁。

36) 「法部所管政務状況報告案」『倉富勇三郎文書』国立国会図書館所蔵。

さわしくない状態であったと推測できる。

　懲役刑を導入するには、脱獄を防止できる頑丈な拘禁施設と収容者の生存を維持できる程度の衣食住が提供可能な財源が必要である。朝鮮の伝統的な監獄制度では、流刑囚の場合には、囚人の寝食等の生活支援を担当する保授主人が割り当てられた。また、各官庁に収監され、強制労働を科される徒刑囚は処罰が決定される前の食事・衣服は原則として、本人や家族が負担することとなり、官庁が支給する食事と物品については規定されていない。このような財政構造は近代的監獄制度とは異なるものと見受けられる[37]。

　以上の点をまとめると、旧韓末における監獄作業の制度は旧来の制度と異なっていたが、運用面では主に財政難という理由から、監獄労働作業の大部分は監獄自体の運営のための「経理作業」だった。このような監獄労働作業は受刑者の将来の社会復帰にあまり役立たなかったと考えられる。

三　1909年から1920年までの監獄作業

（一）　監獄作業法制

　1907年以降、大韓帝国の監獄の実施及び職員に関する制度は、日本の制度に左右されることになった。1910年の韓国併合によって、勅令第366号で朝鮮総督府監獄官制が公布された。2年後、制令第14号朝鮮監獄令及び府令第34号朝鮮監獄令施行規則が公布された。朝鮮監獄令と朝鮮監獄令施行規則はともに、主として、日本内地で1908年に制定された監獄法を基に定められた。したがって、監獄労働作業に関する制度も日本内地と同様となった。おおむね日本の制度を踏襲する形で定められた。

37）洪文基「1894년「감옥규칙（監獄規則）」성립과 근대 감옥제도의 도입 양상」
102頁。

1908 年の監獄法は、労働で人を辱めるのではなく、むしろ労働の価値を発揮し幸福を増進するものであると理解されている。ゆえに、労役で苦痛を与える奴隷制のような過去の刑罰と区別されたことになる[38]。言い換えれば、監獄作業における在監者の精神及び身体を害する行為を厳禁すべきということを意味した。のみならず、監獄労働作業は教養及び生業という二つの目的を具備したものとなった[39]。前者は、作業の内容と種類を教養の目的に合うように実施すべきというものである。これに加えて、いたずらに健康上有害な強役や空役、受刑者の技能あるいは嗜好等に反する労役を課するならば、その監獄作業は健全な改良主義の目的に適うとはいえない。さらに、強制労役が受刑者の精神上あるいは身体上の健康を毀損することに至るならば、結局は生命刑や身体刑に帰してしまう[40]。他方では、1890 年にロシアで開催された国際監獄会議の決議は、近代的監獄作業について次のように言及した。「(1)　就役受刑者にとって、有利にして、且、最も生産性のある作業が必要なりとせば、各国は、その国の状況に従い、種々なる規定及び監獄制度の必要を満足させるため、作業の確実なる管理の実際的方法は如何なるものかということを調査すべきものである。(2)　作業は監獄生活の主要事項なる故、刑罰執行を監督する統一的国家機関、及びその実施に属せしむ。ゆえに受刑者を私人利益に委ねることを許さない。(3)　一般的な仕方であるが、絶対的な規則を課すことなく、仕事の従属を最も容易に促進する官司業は刑事制度の他の部分と同様に、それで目的を達成する。しかし、官司業の運営に困難がある時に、管理は受負業または民間産業に頼ることができる。ただし、受負業の利用が受刑者の生活に対する契約の支配を構成しないことを条件とする。(4)　監獄作業に伴う利益は、特に官司業では、国家が独占することが望ましい。即ち、国家は可能な限り、監獄作業で製造された製品の生産者と消費者となるものとする[41]」。これ

---

38)　小河滋次郎『監獄法講義』巌松堂、1912 年、236-237 頁。

39)　小河滋次郎『監獄法講義』、240 頁。

40)　小河滋次郎『監獄作業論』監獄協会出版部、1902 年、8-9 頁。

41)　C. D. Randall, *The Fourth International Prison Congress, St. Petersburg, Russia*

を見ると、監獄作業について、官司業は望ましいが、困難な場合には、受負業で運営することもできるとしていることがわかる。また、監獄作業の賦課は各受刑者の刑期、技能、職業、体力、境遇、将来の生計等を総合的に斟酌した上で、なるべく個人に適合した作業に就かしむるるというものであった[42]。もし単なる力役や、技能或いは嗜好に反する業種、空役のような生産的ではない業種を課したならば、監獄作業の目的と全く合致していないと言える[43]。

　このように日本内地の監獄法制を延長する形で構築された体制においては、相違点も存在している。特に、構外作業の条件については相違点が顕著であった。日本内地の監獄法施行規則第66条では、刑期6ヶ月未満の者、また受刑後3ヶ月を経過していない者は、司法大臣の認可を得られなければ、構外作業に就くことができないと定められていた。これに対して、朝鮮監獄令施行規則第66条では、単に刑事被告人は構外作業に就くことができないと規定される。朝鮮監獄においては、全ての受刑者が朝鮮総督府の許可を得ずとも構外作業に出役でき、構外作業の規定も緩かったため、構外作業に就く受刑者の範囲も広かったと理解してよい。法制上から見ると、戦争前から朝鮮では受刑者の構外作業が促進されていたと見ることができる。

（二）初期の低就業率

　病人を除き、監獄で懲役に服する受刑者は基本的に労働作業が強制されるという規定があった。受刑者就業人数の割合は1910年の41％から、1911年の65％、1912年の73％、1913年の75％と推移し、1914年には93％に達した[44]。初期における受刑者の就業割合は低い水準にとどまっていたといえる[45]。その理由は何だったのか。

　　（Washington, DC: Government Printing Office, 1891), 174–75.

42）小河滋次郎『監獄法講義』、242頁。

43）小河滋次郎『監獄法講義』、242–243頁。

44）朝鮮総督府編『最近朝鮮事情要覧大正7年』朝鮮総督府、1918年、580頁。朝鮮総督府『朝鮮施政ノ方針及実績』朝鮮総督府、1915年、157頁。

45）初期に数度の大赦、恩赦、減刑があったにもかかわらず、収容者数は増加の趨勢

まず、前記のように、監獄作業は監獄においてインフラストラクチャー整備が十全になされていたかという点と密接な関係がある。日本統治初期の朝鮮においては、監獄作業の設備はまだ不十分だったため、作業用の空間は極めて狭隘であり、作業の種類及び就業の人数も限られていたことが考えられる[46]。

　もう一つは、当時の過酷な収容環境を原因として受刑者が健康を損ない、就業人数に影響を及ぼしたことが考えられる。当時の新聞では、従来、朝鮮監獄では一坪に7、8名程度が収容されていたという深刻な状況が指摘されている[47]。このような環境で、恐らく在監者の健康状態が悪化し、疾病受刑者が出役もできなくなるといった事態が起きていたのであろう。

（三）監獄作業の内容

　小河滋次郎が指摘しているように、官司業に監獄側が自ら投入する資金及び人員は、受負業、委託業より多く必要であった。また、官司業は会計法及びその付属法規の制約を受け、煩雑な出納計算を整理するために多数の職員を要するというデメリットがある。さらに、器具、機械、原料の購入、製品の販売についても、会計法規に縛られるため、商機に応じてフレキシブルに運営することが難しいという面もあった[48]。資金、人員に困難を抱え、あるいは設備が不十分な状態であれば、委託業あるいは受負業に変更しなければ、監獄作業は継続できない。このように、監獄作業の方針はインフラ整備がどの程度充足しているかに左右された。

　神野忠武事務官は監獄の増築と作業工場の拡充が急務だとして整備を急がせたが、すぐには達成できなかった[49]。表3-1を見ると、朝鮮の

を呈している。朝鮮総督府『朝鮮施政ノ方針及実績』、154-155頁。また大赦、恩赦を受けた者は出獄者となるため、不就業者とはならないと考えられるのではないか。

46）「囚徒作業數」『慶南日報』1911年5月3日、2面。

47）「囚徒作業所」『慶南日報』1911年2月19日、3面。

48）朝鮮総督府法務局監獄課編『治刑階梯』第一編、朝鮮治刑協会、1924年、207頁。

49）「監獄改善急務（神野事務官談）」『毎日申報』、1910年10月21日、2面。

表3-1　朝鮮監獄作業業種の延人員

年	官司業 工銭がある	官司業 工銭がない	受負業	委託業
1915	12.98 %	24.25 %	43.64 %	19.13 %
1920	19.17 %	24.14 %	45.23 %	11.45 %
1925	27.65 %	20.49 %	41.70 %	10.16 %
1930	37.59 %	23.00 %	31.73 %	7.67 %
1935	39.31 %	22.85 %	27.84 %	10.00 %
1940	42.59 %	20.32 %	16.93 %	20.16 %

出典：朝鮮総督府編、各年度『朝鮮総督府統計年報』より筆者作成。

監獄作業は初期の時点では官用の運営があまり伸びておらず、受負業と委託業を合わせた就業延人員が過半数を占めていた。本節で取り上げている1909年から1920年までの間については、工銭なしの経理作業の官司業は収入が生じる官司業より多かったと見ることができる。「経理作業」とは炊事、掃除、看護等監獄の経理のための作業である。つまり、監獄の日常業務に資するための仕事を指す。広義には、監獄庁舎の建築修繕も経理作業に属する。「経理作業」は、受刑者にある程度の改善を施すこともあるが、受刑者が出獄後の生計を保つのに資するという点から見れば、その効果は高いとはいえない。

　監獄側は監獄作業を行うにあたり、構内における他の建物を一時的に工場に充て、作業受負人に監獄敷地の一部を貸付けて工場の建設を許可し、また構外作業等の策を講じた[50]。朝鮮監獄令施行規則では構外作業の条件が緩かったほか、作業に資する設備が不十分だったため、朝鮮においては監獄作業として構外作業が広く活用されていた。その内容は主に農業、土木、石工等である。構外作業として実施した土木工事で、土

---

50)「監獄作業ノ近況」『朝鮮総督府月報』第2巻第3号、1912年、104頁。例えば、京城の監獄の収容者は2,000名であったが、作業に従事していた人数はその僅か10分の3であった。設備の不備から、業務に従事できなかったのである。また、作業の種類は藁細工、木工及び道路、農事の外役があった。「全国囚徒의 現況」『毎日申報』1911年4月29日、2面。

石が崩壊する事故が起こり、負傷者が発生したこともあった[51]。構外作業の実態は、この時期の状況がその後も継続したと考えられる。

寺内正毅総督は典獄会議で、監獄の建築と設備は最優先事項だとの認識を示したが、財政難により直ちに完備させることは不可能であった。しかも、在監者数の増加にともない、監獄の収容能力も逼迫するに至った。このため、財政の許す範囲内で監獄建築の増築を講じるよう訓示した[52]。また、1916年に出された作業選択に関する件という典獄会議の注意では、網工、紙袋貼工、藁工等のような低価格の作業より、他の重労働、監獄作業の本旨に合う業種を選択することが奨励された[53]。当時、藁工は、作業としては半数以上を占めたが、その工銭は最も低く、受刑者の社会復帰には有効ではなかったといえる[54]。その頃、京城監獄の作業業種は大工、左官、屋根葺、煉瓦積、石工、木挽、土方、畳工、他には炊事、掃除、看病、浴湯、消毒、洗濯、補綴、便捨、埋葬、水扱夫等があった。その中には、監獄の経理作業の業種も少なくなかった[55]。

四　1921年から1931年までの監獄作業

犯罪者を監獄に収容せず、笞刑によって身体を罰する従前の方法は、この時期に改められた。これに伴い、自由刑の適用拡大が見込まれ、予算の投入によって監獄が新築・拡大されるという変化が起きた。監獄作業をめぐる環境は一定程度、影響を受けたものといえる。

(一) 監獄作業の内容

監獄は漸次設備されていった。監獄作業を行う受刑者も増加し、久留

---

51)「所長訓達」『治刑彙報』第4巻第10期、1926年、40頁。
52)「総督訓示」『京城日報』1916年6月6日、1面。
53) 朝鮮総督府法務局行刑課編『朝鮮刑務提要』朝鮮治刑協会、1927年、1031頁。
54)「監獄作業ノ概況」『朝鮮総督府月報』第1巻第6号、1911年、104頁。
55) 洪善杓「余는 京城監獄을 觀하얏노라」『반도시론』第1巻第7号、1917年、48頁。
　　例外的に監獄の工事に当たらされることがあり、例えば、監獄火災復旧工事にお

米絣の作業を全朝鮮の監獄で実施することになった。1920 年代半ば、瀧川春雄は朝鮮監獄を巡視し、久留米絣が主要な作業となっていることを確認している。西大門刑務所は、織機 28 台を備え、10 馬力の動力を使用して、全鮮刑務所が必要とした被服地を配給した。久留米絣は朝鮮監獄の受負業の主力として、監獄側は何らの費用も負担せず、年間 30 万円に近い収入を得ていた。しかし、20 年代半ば、不況のために久留米絣の売れ行きは伸び悩み、朝鮮監獄の収入に影響を及ぼした[56]。朝鮮だけではなく、日本内地もこの影響を受けた[57]。日本内地では、久留米絣の作業による賃金の値下げや、久留米絣の作業そのものの廃止という措置に踏み切るケースが見られた[58]。

　朝鮮総督府法務局行刑課長土居寛申は、官司業を監獄作業の主力と位置付けるのは時代の趨勢だという認識を持っていたが、朝鮮では財政上まだその域に達していなかったという[59]。官司業では木工、煉瓦工、石細工等も活況を呈した[60]が、その一方で、1924 年から、刑務所における諸用紙を自給自足するために、抄紙機械とその附属具を購入して操業を始めた[61]。しかし、大量生産のため、品質が保たれておらず、信用を得るのは難しかった[62]。30 年代に入ると、抄紙業の行き詰まりについて、朝鮮総督府は「当初計画過大ニシテ多額ノ人件費ヲ要シ木工ニ於テハ木材ノ乾燥不充分ナルト材料ノ使用経済的ナラサル点ハ刑務所ノ通弊ト言フヘク」と認めた[63]。一方、各刑務所における官備夫の雇用が他の従業

いて、薬工等の受刑者が採石場で石の運搬をさせられたこともあることをここで付言しておく。金珖燮『나의 獄中記』創作과批評社、1976 年、174 頁。

56) 土居寛申「監獄作業に就て」『朝鮮』第 128 号、1926 年、151-152 頁。「作業受負契約締結ニ關スル件」『治刑彙報』第 7 巻第 11 号、1929 年、3 頁。

57)「刑務所請負値下」『刑政』第 39 巻第 8 号、1926 年、77 頁。

58) 井川信一「刑務作業の統制に関する現況に就て」『刑政』第 46 巻第 2 号、1933 年、33 頁。

59) 土居寛申「監獄作業に就て」『朝鮮』第 128 号、1926 年 1 月、152 頁。

60) 朝鮮総督府法務局行刑課編『朝鮮の行刑制度』治刑協会、1938 年、33 頁。

61)「京城刑務所抄紙機械」『治刑彙報』第 2 巻第 9 号、1924 年、図。

62)「所長訓達」『治刑彙報』第 4 巻第 9 号、1926 年、15 頁。

63) 法務部行刑課「刑務所会計実施監査指示かつ注意事項報告綴」『朝鮮総督府記録物』管理番号：CJA0004358、1939 年、115 頁。

人員を上回り、これが刑務所の収入にも響いた[64]。

　また、治安維持法のため、収容者が増加したことから、監獄作業に要する設備が不足するようになり、外役に依存しなければならなくなった。例えば 1928 年、全州刑務所では、収容者が激増したため、作業施設の不足が深刻になった。工場が狭隘であるだけでなく、作業種目も少なかったため、構外作業の就業者を増員した。しかし、構外作業に出掛ける準備をする場所と、朝夕の食事をする場所は設置されず、やむを得ず屋外に席を設けて、構外作業収容者たちに食事をさせる事態に至った。寒い時期には、これは耐え難いことであった[65]。このような状況は 1930 年まで続いたようであった。全州刑務所の構外作業では、当地の原蚕試場が委託した土木工事を引き受けた。これにともない、煉瓦工就業者を増員するとともに、藁工の屋外作業を実施し、外役の受刑者は毎日 200 名ほどに達した[66]。

　朝鮮の監獄と受負業者との連携は監獄の経営に強く影響を与えたと考えられる。森徳次郎はこの点を以下のように的確に表現している。「右手の刑務所で就役費なぞ、欠乏すれば、左手の常務理事の腕を振りまわせて、保護団体としての受負作業なり委託作業なりを刑務所に持ち込む、夫れ丈刑務所の就役費が助か[67]」るというのである。例えば、日本人実業家である富田儀作は朝鮮総督府の法務当局との合意の上、1918 年に平壌監獄鎮南浦支所金山浦出張所を建設し、受刑者を採鉱事業に使役していた。1929 年、富田儀作はこの監獄を総督府に寄付した[68]。このような事例から、受刑者は民間企業の廉価な労働者と見做され、監獄作業を通じた更生復帰の支援や教養の目的から乖離していったと考えられる。もう一つの事例を見ていこう。1927 年、釜山刑務所馬山支所は法務課

64）「刑務所長會議」『治刑彙報』第 2 巻第 10 号、1924 年、91 頁。

65）法務部行刑課「自大正十五年至昭和六年營繕関係書類」『朝鮮総督府記録物』管理番号：CJA0004286、1931 年、689–690 頁。

66）法務部行刑課「自大正十五年至昭和六年營繕関係書類」『朝鮮総督府記録物』管理番号：CJA0004286、1931 年、法務局行刑課作成、911–912 頁。

67）森徳次郎『槿域矯正界蹣跚の三十七年』森徳次郎、1970 年、68 頁。

68）永島広紀編集『富田儀作伝：富田儀作』ゆまに書房、2010 年、319–320 頁。

へ施設の増設を申し出た。当支所の工場は、男性受刑者向けの工場が79 坪（約 260m²）1 棟、女性受刑者向けの工場が 38 坪（約 125m²）1 棟の合計 2 棟だが、これに収容すべき就業者は常に 160 ～ 170 名を下らず、作業場の狭隘さが少なからず作業に支障を来していた。受負業者が提供した民設工場も十分な施設とはいえず、辛うじて就業を続ける状況になっていた。施設増設の申し出は、その背景としてこうした事情に言及していた[69]。しかし、その時点で、受負業者の事業は運営困難な状態に陥り、契約は解除せざるをえず、民設工場は撤去される見通しとなっていた[70]。

　朝鮮における監獄教誨師である立花龍圓によると、朝鮮における犯罪の主因は貧困であった。受刑者の身分帳によれば、裕福または中流の生活を営む家庭に育った者は稀であった。こうしたことから立花は、生活が困窮する場合には、思慮を失することもやむを得ないとしている[71]。一方、受刑者への調査に基づく統計によると、出所後も、監獄に収容される前の仕事に従事し、独立した生計を営むことができる受刑者は全体の 15 分の 1 に過ぎない状態だった[72]。こうしたことから、朝鮮において受刑者を社会復帰させるためには、職業技術を身につけさせることが重要だといえる。

　一方、朝鮮の受刑者の作業に対する感想は、熱心に働いたとするものは約 2 分の 1 だが、残りの大部分は感想がないものや苦しく感じたとするものであった[73]。とりわけ、「将来の生業とす」や「ためになる」を選んだ受刑者は稀であった[74]。総じて、監獄作業は受刑者の社会復帰に役に立ったとは言い難い。また、受刑者が監獄を出たあとには、もう一つの大きな壁があった。刑に服した独立運動家である李圭昌は、これらの工場作業は受刑者に技術を習得させる目的があったようだが、再犯防

69）法務局行刑課「自大正十五年至昭和六年営繕関係書類」、218 頁。
70）法務局行刑課「自大正十五年至昭和六年営繕関係書類」、218 頁。
71）立花龍圓「受刑者の感想より行刑を観る」『治刑』第 17 巻第 7 号、1939 年、27-28 頁。
72）立花龍圓「受刑者の感想より行刑を観る」、28 頁。
73）立花龍圓「受刑者の感想より行刑を観る」、34 頁。
74）立花龍圓「受刑者の感想より行刑を観る」、31 頁。

止の目的にはあまり効果がなく、再犯を引き起こす理由の大半は前科者に対する不信感による社会の拒絶であると指摘した[75]。受刑者が職業技術を身に付けたとしても、社会的な要因を除去しなければ、受刑者の社会復帰につながらないことになると窺える。

（二）自給率

国家財政からみれば、監獄作業の収益性を高め、監獄に関する費用の全部または一部を補填し得ることが重要である。即ち、自給自足主義である。受負業及び構外作業が主導していた朝鮮の監獄作業の実績を見ると、朝鮮監獄作業の自給率は戦時期以前、日本内地ないし台湾を大きく下回り、自給自足には程遠い状態にあった（図3-1）。

なぜ朝鮮の自給自足率が非常に低かったのか？　その主な原因は作業収入の少なさにある可能性が高い。この点については、以下の二人の監獄実務家の記述から確認することができる。土居寛申によれば、朝鮮で毎日1万人以上の受刑者を働かせた場合、作業収入の総額は年間100万円余となり、そこから内地の久留米絣等を除けば僅か70万円に過ぎず、一人当たりでは年間70円ばかりの売上高にすぎなかった状況を指摘し

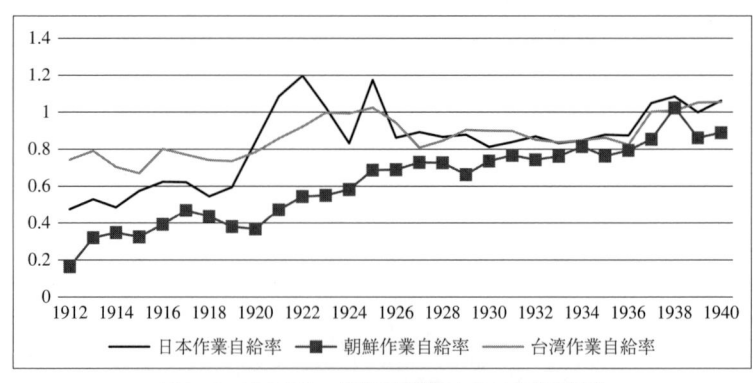

図3-1　日本内地、台湾と朝鮮における作業自給率
出典：台湾総督府編各年『台湾総督府統計書』朝鮮総督府編、各年『朝鮮総督府統計年報』及び司法省行刑局編、各年『大日本帝国司法省行刑統計年報』より筆者作成。

75）李圭昌『運命의 餘燼』、241頁。

た[76]。森徳次郎は 1927 年頃、群山刑務所に勤めていた際に、作業収入が不足し、受刑者への工銭支払いによって赤字を計上したこともあったと述べている[77]。

　朝鮮における刑務所の作業自給率が日本内地を下回っていた理由について、筆者は受刑者に対する投資の多寡と関係があると考える。図 3−2 で示す通り、戦時期前における一人当たりの刑務所費は三つの地域の中で朝鮮が最も少なかった。インフラ整備や人員等の不足が関連していたとみられ、これが自給率にも影響を与えたと推測される。

（三）作業技手の設置の遅延

　監獄作業では基本的に監獄側が作業の指導者あるいは監督者を設置する必要がある。さもなければ、受刑者は作業の仕方が全くわからず、監獄作業の運営ができないのは当然である。

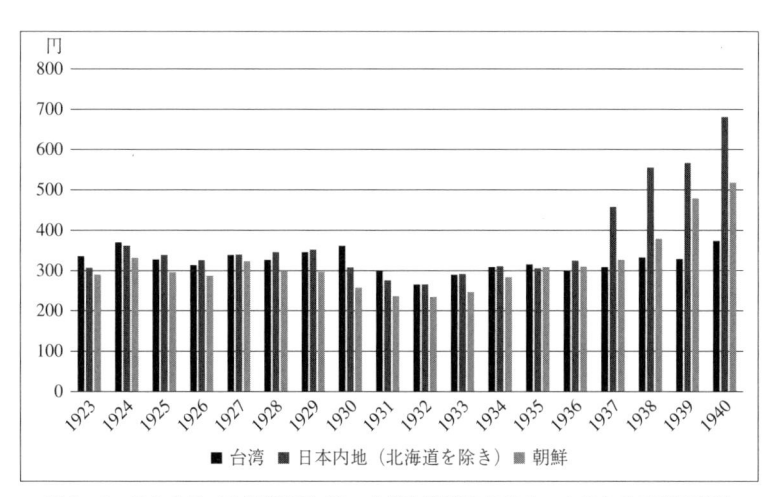

図 3−2　日本内地（北海道を除く）、台湾と朝鮮における一人当たりの刑務所費
出典：会計検査院長官房調査科編、各年『帝国決算統計』より筆者作成。

76）土居寛申「監獄作業に就て」『朝鮮』第 128 号、1926 年、151 頁。当時の 1 円は約現在の約 2000 円であるという。岩瀬彰『「月給 100 円サラリーマン」の時代：戦前日本の〈普通〉の生活』筑摩書房、2017 年、第一章参照。

77）森徳次郎『槿域矯正界蹣跚の三十七年』、79 頁。

1924 年、朝鮮における財政緊縮にともない、斎藤総督は全鮮刑務所長会議で、従来、朝鮮における監獄作業では専ら、受刑者が勤勉に労働する習慣を養うことと、職業訓練をさせることに着眼してきたが、今後は、作業能率を高めて収益の増加に努めるよう訓示した[78]。一方、草場林五郎京城覆審検事長は同年、京城刑務所の巡視に臨み、刑務所作業本来の目的は、受刑者に職業訓練をさせ、勤勉の習慣を養成することであるが、国政の財政状態に鑑み、収入の増加を図ることも望んだ[79]。このような言説によって、新たな動きがもたらされた。朝鮮監獄では、授業手が作業を指導すべきところ、全て、傭人を採用して指導に当たらせたため、作業の指導が甚だ不十分であった[80]。このため、監獄官制の改正を通じて監獄作業を充実させることになり、内地及び台湾では既に実施されていた作業技手の設置が進められた[81]。作業技手は指導経営に相当の技能と経験を持つ職員であり、受刑者に対する作業技術の教育を担当した[82]。作業技手は傭人よりさらに優遇されたため、一定の経費の計上に対する要求が高まったことは否定できない。朝鮮監獄において作業技手の設置が台湾あるいは日本内地より遅れた理由は、もちろん朝鮮総督府の方針とも関わるが、経費の問題も関係があったのではないだろうか。

　作業技手の任に当たったのはどのような人物だったのか。例えば、1938 年、木浦刑務所は永江文一という指物工を作業技手として雇用した[83]。永江は 1913 年より 5 年間にわたって、福岡県久留米市において江頭駒吉のもとで指物を学び、1918 年に、職工として内地で、また、木浦においては指物工として働いていた。1925 年には木浦刑務所でまず臨時作業助手となり、その後作業助手に命じられた[84]。永江は長年木

78）「時代は進むぞ、實生活は何處迄も浸潤、囚人作業も能率主義、刑務所長に与へた総督の訓示」『朝鮮新聞』1924 年 10 月 4 日、3 面。
79）「草場検事長の巡視」『治刑彙報』第 3 巻第 1 期、1925 年、75-76 頁。
80）「改正監獄官制　刑務所에 専門技手」『東亜日報』1924 年 5 月 5 日、1 面。
81）「朝鮮総督府監獄官制中ヲ改正ス」『公文類聚』第四十八編・大正十三年・第 8 巻。
82）「형무소에 전문기수 배치, 수인의 작업지도」『毎日申報』1924 年 5 月 5 日、2 面。
83）法務部行刑課「昭和十三年刑務所人事関係書類」『朝鮮総督府記録物』管理番号：CJA0004124、1938 年、740-741 頁。
84）法務部行刑課「昭和十三年刑務所人事関係書類」『朝鮮総督府記録物』、740-741 頁。

浦刑務所で指物製品の声価を高め、受刑者への指導を通じて、歳入を増加させた。また、簡易な朝鮮語会話もできることから作業技手として雇用された[85]。

作業技手のほか、工場の担当看守は作業製品を検査する役割を担っていた。例えば、京城刑務所では藁工の製品が粗製濫造に流れやすくなり、売り上げが悪化したことが発覚した。刑務所側は、工場にサンプルを置くよう作業係に命じ、担当看守には、単に作業を督励するのみならず、製品の良否の検査も行うよう注意した[86]。日本人である作業技手は、時として皇国臣民としての自意識を強く持ち、被植民者に対する差別感情を露わにすることがあった[87]。

（四）作業時間延長の困難

1912年の朝鮮監獄令施行規則第58条第1項では、日本内地と同じように1、12月の作業時間は7時間、4、5、8月は10時間、2、11月は8時間、6、7月は11時間、3、9、10月は9時間と定められた。監獄作業時間は、朝鮮総督の認可によって伸縮できることとなっているが、原則として、時期によって7時間から11時間となっていた。これは社会通念上、一般民間労働者より短いと認識されたため、作業時間の延長が喫緊の課題となった。一方、日本内地における平均の監獄作業時間は、従前の9時間5分が12時間半に延長されることになった[88]。このような作業時間の改正は朝鮮監獄でも行われたのだろうか。

作業時間を延長した場合、電灯や暖房の設備、経費、職員の勤務、戒護に直接影響するところが多い[89]。作業時間を延長するかどうかという

85）法務部行刑課「昭和十三年刑務所人事関係書類」『朝鮮総督府記録物』、740-741頁。

86）「所長訓達」『治刑彙報』第7巻第11号、1929年、5頁。

87）李圭昌『運命의餘燼』寶蓮閣、1992年、265頁。

88）山岡萬之助「在監者の職業教育と能率増進を計る為 作業時間延長の新訓令」『監獄協会雑誌』第34巻第11号、1921年11月、42-43頁。日本内地における監獄法施行規則第58条第1項の元規定は、1、12月の作業時間は7時間、4、5、8月は10時間、2、11月は8時間、6、7月は11時間、3、9、10月は9時間と定められていた。修正された第58条第1項では、1、2、8、12月の作業時間は12時間、3、7、9、11月の作業時間は12時間半、4、5、6、10月は13時間とする変更があった。

問題は、監獄のインフラストラクチャーが充分かどうかにかかわっていた。日本内地では、刑務所の改築によって監房や工場を完備することができたため、昼夜にわたって監獄作業を行えることになった[90]。これに対して、朝鮮の監獄では、インフラがまだ不十分だったため、内地のように急遽作業時間を延長することは困難であった。結果的に、平均9時間の作業時間にとどまり、法制上に作業の延長を規定することは難航していた[91]。休憩時間については、内地では午前と午後の休憩時間は元来15分間だったが、後に25分間に延長された。これに対して、朝鮮では昼食後に休憩時間を与える以外、休憩時間がなかったため、受刑者は往々にしてトイレやそれ以外の用事を口実として、休憩の機会を得るということがあった。朝鮮総督府は、このような状況の再発防止策を講じるべきだと認識していた[92]。しかし、休憩時間に差異が存在した根本的な理由は恐らく、前述の監獄のインフラの不十分さが影響していたのではないだろうか。朝鮮では監獄作業時間の延長が困難だったため、休憩時間を圧縮して実質的に作業時間を延長しようとしていたと考えられるからである[93]。

　しかし、実際には規定を無視して、認可を得ずに作業を延長したケースがあったようである[94]。例えば、元山刑務所に収監されていた2名の

---

89) 監獄法施行規則第58条第2項から、日本内地でも監獄のインフラの十分さ等も作業時間の延長に影響を与えたことが推測されるが、監獄のインフラは作業時間延長のための調整対応だったともいえる。「作業時間の延長に伴ふ夜間工場作業の状況—作業能率増進して成績良好」『監獄協会雑誌』第34巻第12号、1921年、44-47頁。

90) 朝鮮総督府法務局監獄課編『治刑階梯』第一編、朝鮮治刑協会、1924年、192頁。

91)「作業主任打合会」『治刑彙報』第3巻第4期、1925年、86頁。朝鮮総督府法務局監獄課編『治刑階梯』第一編、朝鮮治刑協会、1924年、193頁。

92) 朝鮮総督府法務局監獄課編『治刑階梯』、201頁。

93) 一部の設備の改善や経費の補填、朝鮮人看守の俸給優遇によって作業時間の延長は可能だと提起する声もあったが、朝鮮人による言論機関の一つである東亜日報は、労働時間の短縮が一般の労働者に適用されるのに反して、受刑者の労働作業時間を延長するのは倒行逆施だと批判している。「罪囚의作業時間延長説」『東亜日報』、1927年3月9日、1面、参照。朝鮮監獄令施行規則の改正・施行により、監獄作業時間は1938年から公的に1時間延長された。

94) 朝鮮監獄令施行規則第58条は1939年に、1、12月の作業時間は8時間、4、5、

朝鮮人受刑者は作業時間を厳守し、みだりにこれを延長することのないよう請願を行っている[95]。この請願に対して、巡閲官の朝鮮総督府事務官大原龍三が提出した注意事項の中には、作業時間の伸縮は朝鮮監獄令施行規則第58条により、朝鮮総督の認可を要する事項なることをもって正規の手続きを履まれたし、と記されている[96]。

(五) 民業への圧迫

　監獄作業は経済的な生産という側面を持っていたため、民間業者との間に競合関係を生じることもあるが、民業圧迫は回避すべきという監獄行刑の言説がある。しかし、民業圧迫の状況は存在していた。例えば、徳島刑務所は1924年、刑務所作業製品の販売を行ったが、同種の商品を取り扱う商店等が反対運動を行ったという[97]。朝鮮においても、監獄作業が民業を圧迫した例が存在した。

　1925年、日本内地の印刷業者は監獄及び官営印刷業の撤廃運動を組織的に行っていた。日本内地の行刑局もこの撤廃運動の趣旨を理解していたが、印刷業は撤廃せず、一般民間企業からの受注を避ける方針を打ち出した[98]。

　日本内地で起きた印刷業圧迫に対する危機感は朝鮮の印刷業者にも影響を及ぼした。朝鮮の印刷業者は全鮮商業会議所の力を借りて、鮮内監獄及び官営印刷作業を制限するよう総督府に提議した。これに加えて、朝鮮の印刷業者は官営撤廃の目的を達成するために、年間の生産高、印刷物の種類、従業員数、賃金、作業時間、機械数及び活字の種類、民業圧迫の顕著な事実等監獄印刷の状況を調査した[99]。

　8月は11時間、2、11月は9時間、6、7月は12時間、3、9、10月は10時間と改正された。『官報』第3607号、1939年1月16日、318頁。

95)　法務局行刑課「昭和八年五月施行監獄巡閲復命書咸興元山」『朝鮮総督府記録物』管理番号：CJA0004290、1938年、57-58頁。

96)　法務局行刑課「昭和八年五月施行監獄巡閲復命書咸興元山」『朝鮮総督府記録物』、74頁。

97)　徳島刑務所『徳島刑務所史：主として構外作業の軌跡について』徳島刑務所、1994年、3頁。

98)「印刷工施行ニ関スル通牒」『刑政』第39巻第5号、1926年5月、90頁。

これに対して、朝鮮では、監獄作業においては民業圧迫との批判を受けないようにするため、次のような運営方針を打ち出した。「受負作業沈衰ノ結果ハ官司業ノ振興ニ依リテ之ヲ補ハサル可ラス然モ財政緊縮ノ折柄官司業ノ財源亦甚貧弱ナルニ依リ各位作業企畫ノ際特ニ財源ヲ考慮シテ實施セラレタシ又近時民業壓迫ノ聲高ク官業ニ對スル運動露骨トナリ来リ其ノ主張スルトコロ必スシモ首肯シ難シト雖作業企畫ノ際此ノ點ニモ注意シ尚製品價格ニ付テモ市價ヲ参酌シ成ルヘク非難ヲ避クルコトニ留意アリタレ[100]」。朝鮮総督府は行刑局と同じ対応策を採り、印刷業は廃止しないものの、民業を圧迫しないように運営し続けた。

　また、朝鮮総督府は官営事業として直営していた煉瓦と土管類の製造を 1913 年度から監獄に移し[101]、煉瓦は監獄作業の官司業として継続した。1920 年からは、煉瓦は生産過剰に転じ、価格は暴落した[102]。しかも、20 年代は、財政緊縮の皺寄せで工事が減少しており、煉瓦業者にとっては災難が重なったといわざるをえない[103]。もし煉瓦の需要を喚起できれば、煉瓦業者の窮境を救うことも可能だったであろう。しかし、官の建築物に必要な煉瓦は刑務所で生産された煉瓦を使うため、民間煉瓦業者の苦境は改善されず、民業圧迫の状況が起きていた。

　これらの業種以外にも、民業圧迫は起きた。例えば、1926 年、ある牛乳商は、海州刑務所の所長に刑務所で生産された牛乳を市中で販売することは、牛乳商の売り上げに影響を与えることになると相談し、刑務所の牛乳を指定価格で販売するか、市中販売をやめるよう提案した。しかし、刑務所は、牛乳の販売によって歳入を増やせるため、指定価格ではなく、特定価格で販売し続けた[104]。刑務所製品の進出が、民間業者

99)「官營印刷撤廢ㅌ 同盟會奮起」『時代日報』、1925 年 8 月 11 日、3 面。
100) 朝鮮總督府法務局行刑課編『朝鮮刑務提要』、1027 頁。
101)「朝鮮総督府監獄官制中ヲ改正ス」『公文類聚』第三十七編・大正二年・第四巻。
102)「煉瓦價格下落」『東亜日報』1920 年 7 月 17 日、2 面。
103)「緊縮影響ㅇ로 煉瓦生産半減、當業者ᄂᆫ 非常한 苦心」『東亜日報』1929 年 8 月 30 日、6 面。
104)「刑務所牛乳販賣에 個人經營打擊 해주디방에서」『中外日報』1928 年 1 月 18 日。法務部行刑課「人事其他情報書類綴」『朝鮮総督府記録物』管理番号：CJA0004253、1929 年、867-868 頁。

を極めて困難な状況に追い込んだため、全鮮商工会議所理事会は1933年、刑務所が積極的に作業を拡張しないよう当局に建議することを決議した[105]。しかし、前掲の1938年の新聞記事によれば、民業への圧迫はそう簡単に止まらなかったことがわかる。

五　満洲事変以降の監獄作業

（一）監獄作業の統制化

　1931年の満州事変を分岐点として、行刑局長は、日本内地の監獄作業を軍部当局の需要に添って実施するよう作業統制策を講じた。京城に駐留している軍部の注文は、行刑局が直接引き受け、行刑局から各刑務所へ分配する方針が確立された。その結果、受負業は減少し、尚且つ作業の実績は増加した[106]。官用主義はさらに徹底できるようになった。勤労観の刷新も進んだ。従前の勤労観は「働かざるものは食うべからず」であったが、これは功利主義的観念が残っていると理解され[107]、個人主義から出発した思想であると批判された。この勤労観が刷新され、天皇に対して一切を捧げることが国民の本分であるという国家観の上に勤労観が築かれた[108]。つまり、時局の深刻化によって、労働力の需要が高まり、損益を度外視した帝国への奉公が促されるようになると、勤労作業に関する言説にも変化が垣間見られるようになった。

　岩村通世司法大臣は、戦時下の刑務作業の理念について、個人の独立自営の能力を養成することから戦争目的の完遂に向ける全体的作業機構

105）「刑務所製品の進出は困る作業不擴張の懇請　朝鮮商議へ提議す」『京城日報』1933年12月22日、9面。

106）井川信一「刑務作業の統制に関する現況に就て」『刑政』第46巻第2号、1933年、33頁。

107）伊東恵「日本的勤労観：刑務作業収の理念として」『治刑』第21巻第2号、1943年2月、10-11頁。

108）伊東恵「日本的勤労観：刑務作業収の理念として」、11-13頁。

に移行すべきと述べている[109]。また、小磯総督は「刑務作業の運営は従来所与の設備資材、在所者の技能及収入予算等を顧慮して適宜按配せられ、而して結果より見れば在所者は国家施設に寄生するマイナス符号の存在ですらある場合が多かったのであります。然るに今や諸官の熟知せらるる如く時局は連続決戦の緊迫せる事態の中にあり、国民の全能力を戦略物資の一大増産に向って結集するに至りました以上、刑務作業の運営も固より此の埒外に立つを得ないことは申すまでもありませぬ。依って此の場合は宜しく観念を切替えて旧事旧慣に拘泥する所なく可及的速かに戦略物資生産乃至は国防関係施設事業に作業の方向を決定し以て決勝的生産戦力の増強に鋭意貢献を期せられたいのであります[110]」と述べている。

　換言すれば、監獄作業は受刑者の社会復帰を助ける本来の目的から外れていったと見做すことができる。監獄作業の趣旨は歪曲され、生業の目的に合うか否かは問わず、帝国への奉公のためと解釈されるようになったのである。

　朝鮮にもこの影響は及び、数は少ないものの、作業に関する政策が打ち出された。まず、これまでも、懸案となった監獄作業規程[111]について典獄の会議で議論されたが、結局、適切な時期に至るまで暫く議論しないことになった。製造の命令及びそれに関わる手続き、作業品の取扱い、作業の収支等は従来の取扱例に従うべきだと決定された[112]。しかし、この風潮に応じるために、1933年、朝鮮の刑務作業章程が制定された。これに次いで1934年には、日本内地で既に施行されていた受刑者職業訓練概則も制定・施行された。例えば、西大門刑務所は、所内の女性収容者から職業訓練生を選抜し、家庭生活また女子の品格を養う点に着眼して、洋裁縫工に関する訓練を施した[113]。

109)「所長会同における訓示・注意・指示」『刑政』第55巻第7号、1942年、2頁。
110)「総督訓示要旨」『治刑』第21巻第7号、1943年、5頁。
111) 監獄作業規程は監獄作業の種類・手続等をさらに詳細に規定するものである。日本内地と台湾はそれぞれ1902年と1903年に制定・施行した。
112) 朝鮮総督府法務局行刑課編『朝鮮刑務提要』、1026頁。
113) 法務局行刑課「昭和十三年、十四年作業ニ関スル書類」『朝鮮総督府記録物』管

　1935 年、監獄作業の改善と職業訓練を現状に合致させることを目的に、監獄官制を改正し、朝鮮における監獄に作業技師を設置した[114]。これらの動きを見ると、朝鮮における刑務作業の制度は、より日本内地に近づいたのみならず、それまでは刑務作業がそれぞれの刑務所の方針に依って行われていたのに代わり、刑務作業章程の制定を通じて朝鮮総督府による統制の色合いが濃くなっていったと考えられる。

　このような変革は、恐らく、朝鮮総督宇垣一成の政策と密接な関係があると思われる。1933 年、宇垣一成は刑務所長へ次のように訓示した。「受刑者ノ身體ヲ保全シ、之ヲ道義的ニ教化シ、更ニ職業的訓練ヲ為スト共ニ紀律的慣習ヲ養フハ行刑ノ要訣ニシテ其ノ何レニ對シテモ軽重ノ差ヲ設ケズ常ニ穏健中正ノ方策ニ則リ改善ノ實ヲ挙ゲザルベカラズト雖モ特ニ所属経費ノ増大ヲ要スベキ現状ニ鑑ミ尚益作業収入ノ増加ヲ圖ル已ムヲ得ザルモノアリ今春道知事會議ノ際刑務作業ノ官用化ニ關シテ指示シタル趣旨モ亦此ニ外ナラザル各位ハ一層作業ノ改善ニ意ヲ用ヒ能率ヲ増進セシメ製造品ノ向上ヲ竝ニ販賣ノ合理的統制ヲ圖リ以テ刑務作業官用主義ノ徹底ヲ期スル要ス[115]」。この訓示からは、財政資源が限られた状況下で刑務所作業をどのような目的で改革しようとしていたのかが窺える。実際、宇垣総督は、作業収入の増加を図り、作業製品の販売ルートを満州国向けにも構築することを念頭に、作業の職業訓練及び勤労精神の強化策をたびたび講じていた[116]。

　このような変化を受けて、刑務所における官司業の従業人数と作業収入も増えるに至った。また、独房で収容されている受刑者は元来、他の受刑者と区別するため、工場に出役させない方針だったが、戦時期の産業生産強化の ため、工場に出役させることになった[117]。

　理番号：CJA0004328、1938 年、655–662 頁。

114)「朝鮮総督府監獄官制中ヲ改正ス・(作業技師設置)」『公文類聚』第五十九編・昭和十年・第九巻。

115)「刑務所長訓示」『朝鮮総督府官報』第 2018 号、1933 年、282 頁。

116)「改過의 實을 擧토록 受刑者指導가 緊要 宇垣總督의 訓示」『毎日申報』1934 年 9 月 27 日、第 1 面。

117) 李圭昌『運命의 餘燼』、264–265 頁。

（二）作業の内容

戦時下の作業内容は軍需の重点化と構外作業の拡大が特徴である。

まず、地理的関係のため、朝鮮における刑務作業は台湾より先に軍需産業と密接な関係を結ぶこととなった。台湾の刑務所では、日露戦争期を除いて 1934 年まで軍需用品の製造は皆無であった。しかし、朝鮮では満州事変以降、監獄作業と軍需品の繋がりが強まってきた。30 年代において、軍服の縫製や、官需に応じる必要性から、夜間作業や作業時間の延長が行われたことを示す記録もしばしば見られた[118]。1943 年、法務局長が「作業時間伸長ニ関スル件」を通牒した。その内容は「當分ノ内在監者ノ作業時間ハ特ニ必要ト認ムル場合一日二時間以内ノ伸長ニ限リ適宜貴官ニ於テ措置相成差支無之ニ付此段通牒ス[119]」というものである。時局の進展にともない、既決囚のみならず、今まで作業の義務を負わなかった未決囚までもが動員され、軍服を作る仕事に配置された[120]。史料によると、未決囚は単に動員されるのみならず、未決囚から進んで就役を願い出ることもあった。「時局下人的資源ノ乏シキ折柄ニ付法的ニ就業ノ強制ナキ刑事被告人等ノ収容者ト雖モ拘禁ノ目的ニ反セサル限リ寧ロ之レヲ慫慂シ房内作業ヲ研究就業セシムルハ得策ナリトス。当所ニ於ケル 4 月 20 日現在収容総人員ハ 1187 名ニシテ刑事被告人等ノ不就業者 539 名就業人員 648 名ナリ斯ノ如ク著シク就業者ノ減少セル爲作業操業上多大ノ支障アリ。然ルトコロ之等未決ノ刑事被告人等ノ克ク時局ヲ認識シ無爲徒食スルハ忍ヒストノ理由ニ依リ自ラ進ンテ請願作業就業方申立ツルモノ続出シ現在其ノ數 200 名ニ達シ莫大小「絎方」作業及東京経理部委託防具「指方」作業ニ就業中ニシテ其ノ成績優秀ナリ[121]」

118）法務局行刑課「昭和十一年作業関係書類」『朝鮮総督府記録物』管理番号：CJA0004301、1936 年、49-53 頁。

119）「作業時間伸長ニ関スル件」『治刑』第 21 巻第 7 号、1943 年、32 頁。

120）安利淑『たといそうでなくても』待晨社、410 頁。

121）法務局行刑課「刑務作業事務打合会書類」『朝鮮総督府記録物』、管理番号：CJA0004369, 1940 年、193 頁。

　軍需品の製造により、帳簿上、刑務所の作業収入は確かに増加したが、材料や就業費を継続的に確保しないと、受注が継続できなくなるおそれがあった。実際、予算不足によって、作業に必要な資器材の確保あるいは受注に困難を生じたため、朝鮮の刑務所は相次いで予算増額を要求している[122]。一方、生産した軍需品の品質が不十分という状況もあった[123]。一方、看守等の応召に伴い、作業場の見張りを担当する人員には不足も生じた。その結果、作業の監督に影響が及び、受刑者の出役に不便を来した[124]と考えられる。

　また、構外作業を拡大させる動きも進んだ。言説的には構外作業は累進処遇及び中間的刑務所と関連がある一方、強役と教化的条件の弱化と認識されている[125]。日本内地でも、受刑者に構外作業を行わせた事例がある[126]。朝鮮の受刑者も鮮内における緊急工事、港湾工事、農地の開発、無煙炭の採取等に出役させていた[127]。例えば、1933 年、木浦刑務所の外役場所は石山採石場、石山仕上場、トロッコ運搬場、石運搬、耕耘地、松山伐採、杉材運搬等であった[128]。これらの場所を見ると、外役作業には採石と仕上げ、耕耘、木材の伐採が含まれていたことがわかる。当時、朝鮮総督府法務局長だった笠井健太郎は巡閲官として、「石工就業囚ニシテ負傷セルモノ相当多シ負傷ヲ惹起シ易キ石工作業ニ付テハ其ノ事故防止上格段ノ注意ヲ拂ハレ度尚之等ノ傷害ハ身体各部ノ特徴又ハ指紋ノ変化等ヲ招来スベキモノアルベキニ付其ノ変更アリタル

122）法務局行刑課「昭和十二年十三年予算関係書類」『朝鮮総督府記録物』管理番号：CJA0004371、1940 年、286-287 頁。法務局行刑課「昭和十二年予算関係書類」『朝鮮総督府記録物』管理番号：CJA0004373、1940 年、530 頁。

123）法務部行刑課「昭和十三年刑務所人事關係書類」『朝鮮総督府記録物』管理番号：CJA0004124、1938 年、30-34 頁。

124）法務局行刑課「昭和八年監獄巡閲」『朝鮮総督府記録物』管理番号：CJA0004456、1933 年、34 頁。

125）坂藤宇太郎「所謂構外作業の示唆する一般行刑方向（下）」『治刑』第 19 巻第 10 号、1941 年、6-13 頁。西村法昭「構外作業の體驗を語る」『治刑』第 20 巻第 12 号、1942 年、38-39 頁。

126）藤井啓「多賀城部隊」『治刑』第 21 巻第 8 号、1943 年、36 頁。

127）藤間忠顕「回顧と展望」『治刑』第 21 巻第 12 号、1943 年、9-10 頁。

128）法務局行刑課「昭和八年監獄巡閲」、18 頁。

場合ハ当該事項取扱上萬遺憾ナキヲ期セラレタシ」として、木浦刑務所に注意を促した[129]。負傷に伴って指紋が損傷し、個人の識別に支障を生じると懸念されていたことが窺えるほか、受刑者が石工作業でけがをしやすかった点も憂慮されていた。各国の間で拘禁者処遇について協議する国際刑務委員会には、既に「一般労働者の生命及び健康を保護する目的を以って作られたる規程は刑務所内においても同様にこれを恪守すべし」という認識があったが[130]、石工等の作業における受刑者の健康の保護は不十分だったのではないかと考えられる。

　ここで、一つ補足したい。従来、台湾における監獄作業は室内作業を主流としていたが[131]、労働力不足と作業運営上の困難性があったため、外役も拡大された。南方へ向かう途中に台湾に立ち寄った朝鮮検察官の目には「台湾に於ける行刑は、作業上に於ても軍需作業への轉換は朝鮮程には至つて居らず、構外作業も亦朝鮮に於ける程活溌化して居ない。又在所者皇民錬成上に於ても、國語の普及状況と謂ひ、朝鮮に一日の長あるを發見した。只朝鮮に於ては、最近特に病死者の増加を見、之が對策に種々腐心して居るのであるが、台湾に於ては、この點に関する状況は極めて良好である」と映った[132]。

　これに加えて、受刑者を南方派遣報国隊に組織し、戦地へ送ったこともある。南方派遣報国隊について、釜山刑務所看守長の諸岡龜吉は次のような理解を示していた。「南方派遣報国隊は労働力の不足に對し強大なる労働力の提供に依り戦力増強と云ふ重大なる任務に就くので、一般

129）法務局行刑課「「昭和八年監獄巡閲」、40 頁。

130）木村亀二「拘禁者処遇に関する国際刑務委員会の草案」『刑政』第 42 巻第 12 号、1929 年、21 頁。

131）「屋外作業で増産へ 圉圉の人の自覚昂揚」『台湾日日新報』1943 年 7 月 22 日、2 版。「台南支部」『台湾刑務月報』第 7 巻第 6 号、1941 年、88 頁。「台南刑務所巡閲ノ件」（1943 年 01 月 01 日）、「昭和十八年巡閲ニ關スル書類綴」『台湾総督府檔案』国史館台湾文献館、典蔵号：00011151006、230–231 頁。「台南市営住宅整地工事請負ノ件」（1941 年 01 月 01 日）、「昭和十六年例規」『台湾総督府档案』国史館台湾文献館、典蔵号：00011172043、384–385 頁。「台北刑務所巡閲ノ件」（1943 年 01 月 01 日）、「昭和十八年巡閲ニ關スル書類綴」『台湾総督府档案』国史館台湾文献館、典蔵号：00011151002、16 頁。

132）藤間忠顕「台湾及海南島視察記（一）」『治刑』第 22 巻第 7 号、1944 年、18-19 頁。

の刑務作業に就くのとは自からその精神を異にしてゐると云つてよい。隊員の責務は實に重且大である[133]」。受刑者の選定条件は、一、残刑期一年六月以上三年未満の者、二、年齢20歳以上40歳未満の者、三、身体強壮にして外役土木工作業に適する者、四、煽動性激情性及び凶悪性のない者、五、思想及びこれに準ずる罪質に非ざる者、六、なるべく出役を希望する者と定められた[134]。このように受刑者は戦時下で不足した労働力を補充する駒とされたのである。

（三）作業の困難さ

1940年、京城刑務所で開かれた刑務作業打合会議で、同年度の作業実行計画が検討された。この計画を見ると、戦時期の作業運営の困難さが窺える。

計画は冒頭で「昭和15年度ニ於ケル作業ノ実行ハ略々前年度ヲ目標トシ約70万円ノ収入ヲ挙クベキ予定ノ下ニ実行計画中ナルモ最近各種資料ノ生産制限並ニ配給統制ノ強化ニ伴ヒ之等資料ノ入手困難ヲ来シ又一面物資価ノ漸騰ニ伴ツテ作業資金ノ増加ヲ予想セラルルニ付可及的委託作業及受負作業ヲ拡充シ資金ノ節約ヲ図リ以テ予定ノ計画ヲ遂行スベキ見込ナリ」と述べている[135]。戦時期の生産に関する制限及び配給等の統制措置によって、刑務作業に要する資器材が入手困難になった。また、物価の上昇にともない、作業に要するコストも増加が予見され、コストを抑えるために委託作業や受負作業を強化する必要があるとの見方が示されている。

資材の入手が困難な状況は、刑務作業の官用主義の貫徹にも影響を及ぼした。大田刑務所が小鹿島更生園からガーゼ製造の依頼を受けたが、綿糸の購入が困難であることから、小鹿島更生園への納品が不可能となった。これによって小鹿島更生園は法務局の官用方針に違反せざるをえなくなり、他の業者と契約することになった[136]。別の例としては、

133) 諸岡龜吉「南方派遣報國隊の錬成」『治刑』第21巻第8号、1943年、29頁。
134) 藤間忠顕「回顧と展望」、7-8頁。
135) 法務局行刑課「刑務作業事務打合会議書類」、131頁。

関東軍が藁縄等の提供を朝鮮総督府に依頼したものの、原料の藁は、統制によって価格が上昇し、不採算性や製造の困難性が見込まれたケースがあった[137]。戦時期において、官司業と官用主義は監獄作業を主導していたが、戦争下の物価高騰や資器材の入手が困難な状況等は官司業と官用主義の貫徹に影響を与えた。

（四）作業工銭の低さ

1908 年以前の旧監獄則では、作業の賃金は、国庫と作業就業者に分属し、就業者に属する賃金は給与工銭と称する。給与工銭は就業者の権利であったが、1908 年監獄法によって、作業の賃金は国庫に帰属することになったため、就業者は賃金の請求権を失うことになった。監獄法の改正にとももない、恩恵的に給付する作業賞与金が設けられた[138]。作業賞与金の額は、一般の備工銭に基づいて就業者の成績を評価したうえで、さらに行状、犯数及び科程了否を斟酌して算出された。作業賞与金算出の基本となるべき賃金は、業種によって、著しい差があるため、例え行状不良の累犯者であっても、賃金の高い業種に就けば、高い賞与金の給付を得られるような状況が存在し[139]、自由刑の目的に背反することになった。このため、1922 年の日本内地の監獄法施行規則の一部改正を通じて、作業賞与金の算出は賃金と切り離し、司法大臣において定める作業賞与金計算月額により、本人の行状、性向、作業の種類、成績、科程了否を斟酌し、相当の等級を指定して、その定額をもって当てることとなった。これによって過去の弊を絶ち、行状不良の受刑者が多額の作業賞与金を給付されることはなくなった[140]。これに対して、朝鮮監

---

136) 法務局行刑課「昭和十五年四月刑務作業事務打合会議書類」『朝鮮総督府記録物』管理番号：CJA0004369、1940 年、985 頁。

137) 法務局行刑課「昭和十三年十四年刑務作業ニ関スル書類」『朝鮮総督府記録物』管理番号：CJA0004327、1938 年、372、391 頁。

138) 朝鮮総督府法務局監獄課編『治刑階梯』、226-227 頁。

139) 朝鮮総督府法務局監獄課編『治刑階梯』、227-228 頁。

140) 朝鮮総督府法務局監獄課編『治刑階梯』、228-229 頁。K・T 生「工銭主義から賞与主義へ」『刑政』第 37 巻第 4 号、1924 年、56-58 頁。

表3-2　朝鮮と日本の受刑者一人一日平均作業賞与金

年度	朝鮮（単位：銭）	日本（単位：銭）
1910	12	23
1915	13	21
1920	39	59
1925	36	65
1930	33	65
1935	33	58
1940	40	81

出典：朝鮮総督府編、各年度『朝鮮総督府統計年報』。司法省行刑局編、各年度『司法省行刑統計年報』より筆者作成。

獄令施行規則は相応の改正は行われず、行状不良の受刑者が作業賞与金の給付において優遇される弊害が生じうる状態が続いた[141]。

　朝鮮監獄の一人一日平均作業賞与金は、上記の表3-2に示すように、日本の約5割だということがわかる。戦前における朝鮮の物価水準は日本の約8割だったことを考えると[142]、朝鮮の作業賞与金は内地のそれを下回っていたと推定される。少ない作業賞与金は出獄者にとって、社会復帰の達成を制約したと予想できる。これは、植民地性が一定程度表れたものと考えられる。

　また、実際に受刑者が受け取る作業工銭は、朝鮮社会の一般的な工銭と比べると、どうだったのか。朝鮮総督府の文書には、一日一人平均の工銭は社会一般の工銭に比べて、はるかに低位であるから、相当の値上げの必要があると記されている[143]。これらの資料からは、一部の刑務所側は作業工銭の水準を刑務所所在地域の作業工銭水準と同程度にするという考え方を持っていたことが読み取れる。これは刑務作業が普通労

141）内山隆治「作業工銭に就て」『治刑』第18巻第8号、1940年、52-53頁。

142）袁堂軍、深尾京司「1930年代における日本・朝鮮・台湾間の購買力平価：実質消費水準の国際比較」『経済研究』第53巻第4号、2002年、332頁。

143）法務局行刑課「昭和十四年度作業収入額調」『朝鮮総督府記録物』管理番号：CJA0004342、1938年、646頁。

働と同一視されなければならないという考え方と一致するものである[144]。しかしながら、他の刑務所が同じ考え方を持っていたとは限らない。例えば、平壌刑務所は刑務所内で行われる作業と刑務所の所在地域で行われる労働とを同じ価値があるものとは見做していなかったと見受けられる。刑務所によって作業工銭に対する見解が異なっていたことは、言説面の多様性を示すが、刑務作業の運用において、作業工銭の操作を行う際、刑務労働と地域における一般労働との間に境界線を引いていた点では同じであった。

まとめ

以上の考察を通じて得た知見を以下のように整理する。

まず、朝鮮における監獄作業は、旧韓末に近代監獄制度が整備されたことにともなって始まった。しかし、財政難と設備の不足等によって、運営に困難を来した。

第二に、1907年以降、大韓帝国の監獄事務は日本帝国に支配されることになったが、設備の不足や財政難という要因は未解決のままだったため、不就業人員の多さや作業運営に対する支障等の問題も生じた。朝鮮における監獄作業は台湾に比べると、受負業や構外作業に、より依存していた。先行研究では、戦時期の朝鮮における構外作業に注目しているが、本章では、法制面で朝鮮における外役の条件は日本内地より緩和されていたほか、満州事変前の1930年代以前において、構外作業は既に運用されていたという事実を指摘した。構外作業は戦争のみが原因で生じたのではなく、監獄工場設備の不足を補う重要な代替策として監獄作業運用方法の一種であったと理解することができるのである。戦時期における構外作業は、中間刑務所という処遇方法の一つと意味づけることができ、これにより、戦時期における植民地受刑者の動員は植民地性

---

144) 正木亮『行刑上の諸問題』有斐閣、1929年、117頁。

の表れと位置付けることができるほか、日本内地の共通性にもつながっており、両義性を帯びていたと考えられる[145]。

　第三に、自給自足は監獄経済にとって、重要な目標であるが、朝鮮の監獄作業の自給率は日本内地及び台湾より低かった。その原因は計上された刑務所費の少なさと関係していたと考えられる。この点については、中橋政吉が独立運動家の李昇薫に監獄運営の根本的問題は予算であると語ったことにも表れている[146]。また、なぜ刑務所費が少なかったのか、とりわけ、同じ植民地の台湾で朝鮮に比べて、なぜ刑務所費が高かったのかという疑問については、日本内地、台湾、朝鮮という三つの地域の財政史と経済史に踏み込まなければ、合理的な説明は困難と考えられる。今後の課題としたい。

　四番目に、満州事変以後、朝鮮における監獄作業の政策は軍需産業に傾斜し、また、刑務統制が強化された。これは、戦時下の刑務行刑における誤用につながる「種」をまいたものといえる。

　全体からみれば、アフリカの植民地監獄作業の研究との類似点は、植民地朝鮮の受刑者作業は確かに植民地統治のインフラの構築に役に立ったと考えられるが、そもそも植民地監獄もインフラの一環であり、もし植民地監獄に対する帝国からの資源投入が不十分ならば、監獄の自給自足という目標の達成が限定的になるのみならず、受刑者の社会復帰につながる効果も限定的になる。朝鮮における監獄作業の経営は監獄自体の自給自足を最優先の目標としており、受刑者のためになるかどうかという点はあまり配慮されていなかったという点も見出された。この点は日本内地と共通の「近代性」と理解してもよいであろう。一方、作業賞与金の低さや日本人の作業技手による蔑視等にみられる植民地性について

145）先行研究は日本内地に明治期における外役は構内作業をすべきという認識があったが、監獄運営の収支に対する考慮から構外作業を依存せざるを得なかったと鋭く指摘している。これによって、構外作業による監獄運営の政治経済面の配慮は内外地問わず共通の考え方を示していると見受けられる。児玉圭司「近代日本の刑事施設における構外作業の理論と実態」『矯正研究』第4号、2021年、106-107頁。

146）李昇薫「감옥에 대한 나의 주문」朴大熙編『日帝下獄中回顧録』정음사、1977年、28頁。

も明らかにした。自分の国ではない帝国の戦争に巻き込まれたことも、植民地性の表れといえるだろう。

第四章

日本帝国の看守に関する考察

一　問題意識

　日本は 1895 年に台湾を領有し、植民地支配を始めた。これを機に、近代西洋を範とする法制が日本を経由して台湾に導入されていった。その後日本は、1905 年に朝鮮半島に統監府を設置し、一連の条約を通じて、韓国の近代化を進めるという名目で大韓帝国の主権を侵食していき、最終的に併合するに至った。その結果、台湾と朝鮮が植民地として統治されることになり、近代日本法の統制下に置かれていった。そのなかで重要なもののひとつが監獄法制及び措置に関する植民地法の整備である。

　監獄は収容者の自由を制限する行政機構である。収容者を監視し、規律を確保する必要上、収容者への強制力を行使できる監視役を看守に担当させる。したがって、監獄紀律を統制する看守は監獄行刑のなかで欠くべからざる構成要素であると言ってもよいだろう。一方、近代的監獄行刑は文明化や人道化という理念を高く揚げて、近代法によって暴力を用いた刑罰は制限されることとなる。紀律を統制する看守も、暴力の行使は無制限ではない。例えば、近代的監獄制度は看守の資格、訓練、行動について規制しており、もし看守が無断で収容者に暴力を振るえば、懲戒を受けたり、訴えられたりすることもあった。監獄紀律を統制するアクターである看守は常に最前線で収容者と接することから、看守の管理法の検証を通じて、監獄内での暴力の運用が正当かどうかを見極めることができる。社会学者である Bauman の言うように、監獄という施設においては、収容者のみならず、看守の行動も監視されている[1]。故に、看守制度の変遷の分析から、行刑及び受刑者と職員との関係について、踏み込んだ考察が可能だろう。

　植民地統治の装置である監獄はしばしば暴力装置と見なされており、収容者の処遇がどこまで文明化され人道化されていたのかは、看守制度とその運用実態の考察から明らかになろう。本章では、日本帝国はどの

---

[1]　Zygmunt Bauman, *Freedom* (Minneapolis: University of Minnesota Press, 1988), 9.

ように植民地朝鮮及び台湾の看守を規制したのか、監獄看守制度はどのように専門化していったのか、またどのような変遷をたどったのか、いかなる制限がもたらされたのか、またこれに応じて、台湾、朝鮮の両植民地の在監者と看守との関係はいかなるものとなったのかなどの問題を取り上げる。この考察によって、日本帝国の植民地における社会統制の一面が把握できると考える。

この課題については、日本における監獄法令制度の変遷を論じた研究においてすでに言及がなされているが[2]、看守による戒護に関する先行研究は限られている。また、それらの研究は主に日本内地に着目しており、植民地の状況については検討されていない。植民地台湾の監獄看守については、山田美香の先駆的研究が存在する。山田によれば、植民地台湾における監獄看守は、軍・警察の勤務経験者が大きな割合を占めていたという[3]。また、植民地台湾の監獄に関しては既に一定の研究蓄積があるが[4]、看守戒護に関連する論著は少なく、植民地朝鮮における監獄に関する研究は、監獄制度、西大門刑務所、戦時期の監獄作業、看守の任用などの課題に集中している。これらの研究は看守戒護に触れてい

2) 姫嶋瑞穂『明治監獄法成立史の研究：欧州監獄制度の導入と条約改正をめぐって』成文堂、2011年。小野義秀『監獄刑務所運営120年の歴史：明治・大正・昭和の行刑』矯正協会、2009年。

3) 山田美香「日本植民地時期台湾における刑務所看守・教誨師」『人間文化研究』第9号、2008年、83-95頁。

4) 蔡宛蓉「日治時期台湾監獄制度之研究1895-1945」国立師範大学台湾史研究所修士論文、2010年。林政佑『日治時期台湾監獄制度与実践』国史館、2014年。

5) 임상민「조선총독부 임용시험과 수험서 연구：간수채용시험을 중심으로」『일본근대학연구』제85호、2024년、107-122頁。임상민「일제강점기〈옥중소설〉과 조선인 간수 연구：나카니시 이노스케『붉은 흙에 싹트는 것』을 중심으로」『일본문화학보』제100호、2024년、279-295頁。朴慶穆『서대문형무소：식민지 근대 감옥』일빛、2019년。朴慶穆「1930년대 서대문형무소의 일상」『한국근현대사연구』제66호、2013년、65-116頁。朴慶穆「일제강점기 서대문형무소 여수감자 현황과 특징」『한국근현대사연구』제68期、2014년、43-103頁。이종민「태평양전쟁 말기의 수인囚人 동원 연구1943~1945：형무소 보국대를 중심으로」『한일민족문제연구』제33호、2017년、67-111頁。이종민「1910년대 근대감옥의 도입 연구」『정신문화연구』제22권 제2호、1999년、185-205頁。Jin Woong Kang, "The Prison and Power in Colonial Korea," Asian Studies Review 40, no. 3 (2016):

るが[5]、看守戒護の全体像は解明されているとはいえない。例えば、看守はどのような訓練を受けるのかなどの課題は手つかずのまま残されているといえるであろう。したがって、植民地台湾及び朝鮮における監獄看守に関しては、多くの検討の余地が存在する。

二　近代日本における監獄看守の専門職化

　本節では、明治期の日本で監獄看守制度がいかに編成され、専門化されていったかを検討する。

　新律綱領が1870年に公布され、徒刑制度が規定されると、各府藩県は徒場を整備していった。徒場の職制は石川県人足寄場に依拠しつつも[6]、なお江戸時代の制度を多くの点で引き継いでいた。制度は地域ごとに多様で、統一されておらず、看守の職は専門職とはされなかった[7]。

　1872年、太政官布告として「監獄則・監獄図式」が頒布された。この「監獄則・監獄図式」では、「守卒」などの名称で、戒護を担う職が規定されている。しかし、財政難のため、全面的に実施されることはなかった。各府県の監獄事務は、この職制を参照しつつ、個別に実施された[8]。その後、警察官を監獄官吏に充当していることから、制度上、監獄はまだ警察官制から独立していなかったことがわかる[9]。1876年になると、各種の監獄は内務省所管となり、監獄を部局として独立させる機運が醸成される。そして1879年には、監獄事務の統一化を図るために、内務省は監獄局を設置し、各監獄の名称を監獄署とした[10]。

　この時期、監獄の看守はどのような能力を備えるべきだと考えられていたかについては、アメリカの宣教師 John Cutting Berry が内務卿大久

　　413-26.

6)　辻敬助「司獄官制度因革略二」『刑政』第52巻第4号、1939年、53頁。

7)　辻敬助「司獄官制度因革略二」、54頁。

8)　辻敬助「司獄官制度因革略三」『刑政』第52巻第5号、1939年、60頁。

9)　辻敬助「司獄官制度因革略三」、65–67頁。

10)　刑務協会編『近世行刑史稿下』矯正協会、1974年、168–171頁。

保利通及び外務卿寺島家則に提出した獄舎報告書からも窺われる。Berry は「獄吏」の持つべき資質について、各府県に質問した。その際、兵庫県は脱獄を防ぐ能力が最も重要であるとし、大阪府は強靭な身体を有し、武術に通じていることが重要であるとした[11]。Berry はこれら二通りの返答を受けて、もし受刑者の改善更正を監獄の第一目的と位置付けるならば、体が強く、武術が堪能なことは重要ではないとした。しかし、当時、他国でも同様の状況がみられ、こうした状況は日本に限られたことではないとも述べている[12]。獄吏が備えるべき能力について説明したこれら二通りの返答は、監視役としての看守というイメージと不可分だと考えてよいだろう。敷衍すると、獄吏に求められる最も重要な資質は、監視や監獄秩序の維持が一番重要であったといってもよいであろう。

　1881 年に旧刑法が公布されると、監獄改革も急務となった。内務省は長らく統一されていなかった名称を司獄官とし、俸給を統一した[13]。また同年、新たな監獄則が制定・施行され、第 8 条では「司獄官吏在監人ヲ管束スルハ一ニ平和ヲ秉リ罰例ニ照ラシテ犯則者ヲ決責スルノ外恣ニ責罰スルヲ得ス」と規定され、また第 2 章「監署」では、監房巡視、物品検査などの職務も規定されている。しかし、これらの職務は典獄及び看守についても設定されているため、職務の分掌はまだはっきりしていなかったと考えられる。これに加えて、内務省は書記看守長以下分掌例も通達したが、看守に関する規定は以下の 3 つの条文のみであった。それは、「晝夜交番シテ受持場ヲ巡警シ及ヒ監門ヲ守リ監外ニ押發ノ囚徒ヲ戒護シ病囚ノ醫治ニ立會ヒ日々監中ノ器具ヲ點檢ス」、「服役ノ囚徒作業ニ關せセサル他事ヲ交談シ或ハ路人ニ聲語シ或ハ漫リニ部外ノ工場ニ入リ或ハ押丁等ヲシテ囚徒ト相狎ル、ノ状ナカラシムルヲ要ス若シ犯ス者アルトキハ看守長ニ具状スヘシ」、「文字ヲ書スル能ハサル囚徒ノ為メニ願訴ノ書面ヲ代書ス」である。

11) 大久保利武『日本に於けるベリー翁』東京保護会、1929 年、221 頁。
12) 大久保利武『日本に於けるベリー翁』、221-222 頁。
13) 刑務協会編『近世行刑史稿下』、172 頁。

　1880年代後半には、内務省警保局長にあった清浦奎吾が条約改正を円滑に進めるために、監獄改革を積極的に行った。清浦は、監獄則の改正を1889年に行ったのみならず、監獄官教育機関の設置にも着手した[14]。また、大日本帝国憲法の施行と並行して、日本政府の官僚機構は順次確立されたが、その中で、監獄官吏に関する職制及び待遇もさらに明確化された。とりわけ、看守及び監獄傭人分掌例の改正を通じて、看守の職務内容及び分掌などが明記された[15]。

　1878年のストックホルム国際監獄会議において、監獄職員の訓練に関する議題が取り上げられた。本会議では、看守に対する訓練と人格の両方を重視すべきとする立場と、人格および実務経験をより重視すべきとする立場の間で激しい議論が交わされた。その結果、「獄吏が正式に任務に就く前に、理論的および実践的な訓練を受けることが重要である」との決議が採択された。また、「優れた獄吏を確保するための主要な条件は、適任者を引きつけ、適切な労働環境を保障し、一定の職業的安定性を提供することである」との意見も示された[16]。1890年にロシアのサンクトペテルブルグで開催された国際監獄会議では、司獄官の補充のために、高級司獄官養成においては、監獄の歴史及び理論、模範監獄における事務の実地練習、下級司獄官志望者に対する準備教育としては、看守学校を設置し、監獄の実務を教育するという決議がなされた[17]。ここにおいて、監獄官吏の養成は国際的に注目されるに至った。

　さらに、ドイツの官僚であった Hans Kurt von Seebach が来日し、監獄官練習所で講義を行うとともに監獄学の知識を伝えたことは、看守戒護の点からも重要な転換点となった。監獄改革に関する彼の理念には、二つのポイントがあった。一つは「個別主義」で、行刑の目的を達成するためには、受刑者の個別処遇が必要だとするものである。特に、個々の

---

14) 刑務協会編『近世行刑史稿下』、227頁。

15) 『官報』第1796号、1889年6月26日、280-282頁。

16) Thorsten Sellin, "Historical Glimpses of Training for Prison Service," *American Institute of Criminal Law & Criminology* 25, no. 5 (1934-1935): 598.

17) 正木亮『国際監獄会議』法務省、1966年、47頁。

受刑者を把握することを目的とした記録簿の作成が、看守をはじめ監獄職員の重要業務に位置づけられた[18]。もう一つは規律主義で、受刑者を監獄規律に従わせることである[19]。規律は受刑者が遵守するのみならず、監獄官吏も規律を遵守すべきものとされると見られる。Seebach は軍職の経験を持つ者にとって監獄官吏の職務は適切な選択であると考えた。これは、軍職に求められる能力が監獄業務に必要とされる資質と一致しているためであり、特に命令への服従、規律の遵守といった特性は、監獄官吏にとって欠かすことのできない要素であると Seebach は主張している[20]。小河滋次郎は Seebach の思想を継承するとともに、さらにこれを敷衍した。監獄看守は、第一線で受刑者と接触するからには、戒護だけでなく教化の役割をも果たすべきであるとし、監獄看守の言行は受刑者の模範となるようにすべきであると主張した[21]。加えて、個別処遇の実践を強化するためには、看守による報告書及び記録簿への詳細な記録が不可欠であると小河は考えた[22]。さらに、小河は『看守必携獄務提要』を執筆し、看守による戒護の目的及び注意すべき事項を提示した[23]。この著作は、上層への報告義務や非常事態への対応など、看守の実務を具体的に伝えている点で貴重なものである。

　その後、看守教習規則標準が制定された[24]。これは新人看守への教習を目的としたもので、「看守及び監獄傭人分掌例」、「監獄則施行細則」、「監獄官吏に関わる刑法条文」、「監獄に関する諸法規の大要」、「戒護実務心得」、「在監者処遇心得」、「在監者行状勘査心得」、「諸検査の心得」、「非常変災時の心得」、「役業に関する心得」、「伝染病予防及び患者取扱方心得」、「記牒申報の心得」、「服装及び帯剣の心得」、「礼式及び姿勢の

18) 矯正協会編『クルト・フォン・ゼーバッハ：近代監獄制度の指導者』矯正協会、1985 年、129 頁。
19) 矯正協会編『クルト・フォン・ゼーバッハ：近代監獄制度の指導者』、xi 頁。
20) 矯正協会編『クルト・フォン・ゼーバッハ：近代監獄制度の指導者』、47、354 頁。
21) 小河滋次郎『日本監獄法講義』磯村兌貞、1890 年、352 頁。
22) 小河滋次郎『日本監獄法講義』、355–356 頁。
23) 小河滋次郎『看守必携獄務提要』磯村兌貞、1892 年。
24) 刑務協会編『近世行刑史稿下』、232–234 頁。

心得」、「官吏服務紀律の大要」、「看守懲罰令救助及び警察賞与規則の大要」、「実習」により構成されている。教習期間は 2 カ月とされた。

さらに、内務省は条約改正の実現に向けて看守の資質向上を目指し、看守教習規則標準を廃止するとともに、これに代わるものとして「看守教習規則」を定めた。看守教習規則には、新たに教習所の設置が盛り込まれたほか、教官の配置、典獄の教習監督義務、試験方法に関する事項を加えられ、看守教育の一層の充実を図るものであった[25]。

1891 年には、看守の士気を上げるために、その官等を判任官へと引き上げた[26]。また、それまでは看守の採用に関する統一基準がないという問題があった。明治初期においては、看守の採用は各府県長官が適宜これを行い、その後、各府県が自ら制定した巡査採用規則に基づいて採用するケースが増えた。こうした状況に鑑みて、内務省は看守採用規則を制定し、看守採用の基準を全国的に統一した[27]。刑法、刑事訴訟法、裁判所構成法、監獄則、監獄則施行細則などに通じる者、普通往復文及び申告書が作成できる者、加減乗除ができる者、楷書または行書が書ける者が採用されることになった[28]。

1899 年には、日本内地では、警察官と監獄官の養成機構として警察監獄学校が設置されている。教授科目には、監獄学、獄制沿革史、免囚保護及び不良少年、感化法、犯罪・刑罰論、検束法、教育・教誨法、作業経理・会計法、監獄建築法、衛生などがある。日露戦争期の財政緊縮政策のため、この学校は 1904 年に廃止されたが[29]、このような監獄官養成学校の設置は当時としては先駆的な試みだったといえる。これは、1905 年に開催された第 7 回国際監獄会議の際に他国の代表者からも模範事例として称賛された[30]。

以上の一連の改革のなかで、内務省は近代監獄の看守の職務に関する

25）『官報』第 4609 号、1898 年 11 月 9 日、81 頁。

26）刑務協会編『近世行刑史稿下』、241–242 頁。

27）刑務協会編『近世行刑史稿下』、249 頁。

28）刑務協会編『近世行刑史稿下』、306 頁。

29）刑務協会編『近世行刑史稿下』、309 頁。

30）小河生「西航雑記（第 3 信）」『監獄協会雑誌』第 18 巻第 11 号、1905 年、45 頁。

法令や戒護知識の刷新を進めたが、戒護の最前線に立つ看守たちのあり方も並行して変革されたのだろうか。1895 年 7 月の『大日本監獄協会雑誌』に掲載された、ある監獄官吏による以下の主張は示唆的である。いわく、「文明的」な監獄改革には、ただ表面的に監獄建築の改良、帳簿制度の実施、服制の改正などを行うだけでなく、「監獄精神」の改良が極めて重要であり、特に適切な監獄看守を採用し、「不良」の看守や看守長を淘汰すべきであるとする[31]。制度改革は進められたものの、看守のあり方については旧態依然とした状況が存在したことが窺える。同時期の新聞報道でも、看守に対する賄賂[32]、収容者に対する暴行・殺害[33]、看守の窃盗[34] などの記事を見出すことができる。また、看守や看守長が裁量を超えてルールを定め、在監者の権利を不当に制限したこともあった。大輝丸事件の首謀者である江連力一郎の獄中日記によると、看守長[35] が在監者の発信を不当に差し止めたことによって、在監者を苦しめたことなどが記されている[36]。

三 植民地台湾の看守について

(一) 看守職務規定

1896 年、台湾総督府は巡査看守懲罰例を公布した。巡査・看守が職

31) 自惰樂童子「真正なる監獄改良」『大日本監獄協会雑誌』第 8 巻第 7 号、1895 年、49 頁。
32)「看守収賄事件」『東京朝日新聞』1891 年 11 月 20 日、1 面。「看守長等の不正 大阪堀川監獄の失態 罪人と結託収賄」『東京朝日新聞』1909 年 4 月 17 日、5 面。「町田看守の犯罪動機は二つ 買収されたか歓心を買ふためか 谷田監獄局長談」『東京朝日新聞』1921 年 1 月 26 日、5 面。
33)「看守の暴行と典獄の始末書」『東京朝日新聞』1898 年 5 月 19 日、3 面。「獄中からの投書 看守に殴られたと」『東京朝日新聞』1925 年 1 月 30 日、7 面。「看守囚人を蹴殺す 浦和監獄内の騒ぎ」『東京朝日新聞』1906 年 11 月 15 日、6 面。
34)「看守の盗み」『東京朝日新聞』1905 年 11 月 28 日、6 面。
35) 原典では「看○長」とあるが、「看守長」とみられる。
36) 江連力一郎『獄中日記』郁文書院、1932 年、60–61 頁。

務規則に反したり、怠慢や過失があったりした場合、軽い場合は叱責、重い場合は減俸あるいは免職されるとした[37]。また、台湾総督府は訓令第114号により、戒護の功績による賞与についても定めた。脱獄を制止した者、非番時に脱獄者の捕獲に貢献した者、監獄内における火事などの災害や伝染病への対応に重要な役割を果たした者、自らの危険を顧みず在監者の生命の救助に貢献した者などに賞与を与えるとした[38]。

　これに加え、同年、台湾総督府は「台湾総督府看守及監獄医分掌例」を公布した[39]。この分掌例のうち、27ヶ条は看守の職務内容を規定している。その内容と形式は、前記の改正「看守及び監獄傭人分掌例」（1889年内務省訓令）を参照している[40]。したがって、植民地台湾における監獄看守の職務は内地の看守とほぼ同様であったと考えられる。在監者の行状について、看守あるいは女監取締が看守長に十日ごとに報告することを義務づけ、報告の内容には、監獄の規則が遵守されているか否か、教誨教育事項、作業事項、衛生事項などを含めることとし[41]、賞罰はこの報告に基づいて与えられた。

　1900年、内務省は巡査点検規則を通達した。さらにその翌年には、看守点検法が通達された。看守点検法は詳細な規定を通じて、看守の監獄規律維持を目指すものであった[42]。同時期の台湾にはこの看守点検法のような法令はまだ存在していなかったが、1906年の司獄官会議の決議で類似した法令の制定について必要性が認められた。1907年、台湾

37）「台湾総督府巡査看守懲罰例」1896年08月28日、「第15号附録」『台湾総督府官報』、国史館台湾文献館、典蔵号：0071000003a003。後に、減俸の金額を上げるため、改正した。「台湾総督府巡査看守懲罰例中改正」1899年5月31日、「第529号」『台湾総督府官報』国史館台湾文献館、典蔵号：0071010529a003、参照。

38）「台湾総督府看守押丁賞与ノ件」1896年9月13日、「第7号」『台湾総督府府官報』国史館台湾文献館、典蔵号：0071000007a003。

39）「台湾総督府看守及監獄医分掌例」1896年10月3日、「第15号」『台湾総督府府官報』国史館台湾文献館、典蔵号：0071000015a001。

40）「看守及監獄傭人ノ分掌例ヲ改ム」『公文類聚』第十三編・明治二十二年・第二巻・官職一・職制章程。

41）「在監人行状勘査及賞罰規程」1898年11月17日、「第407号」『台湾総督府官報』国史館台湾文献館、典蔵号：0071010407a002。

42）「看守点検法発布に就て」『監獄協会雑誌』第14巻第3号、1901年、122頁。

総督府は内地の看守点検法、巡査点検規程、警察操典を参照し、看守点検規程を制定している[43]。この規程を通して、人員、服務、姿勢、礼式、銃、給与品などを詳細に定め、看守による監獄規律統制の一層の強化を図った。さらに 1911 年に、台湾総督府は監獄に教師などの職を設置するために、全ての監獄職員の職務規定を統合する形で「奏任及び判任待遇監獄職員職務規程」を定めて公布した。同規程は全 112 条で構成され、看守及び女監取締に関する職務を定めた第 6 章がその半分近くを占めている[44]。これは、戒護業務の煩雑さと重要性を示したものといえる。

(二) 看守の採用と訓練

1897 年、台湾総督府は看守が獄務要領を身につけられるように、台湾総督府看守教習規則を公布した[45]。この規則の第 3 条によれば、授業科目は「看守及び監獄傭人分掌例」、「監獄則及び施行細則」、「戒護実務心得」、「在監者処遇実務心得」、「在監者行状勘査実務心得」、「諸検査実務心得」、「非常変災対応の実務心得」、「作業従事の実務心得」、「伝染病予防及び患者取扱の実務心得」、「記録実務心得」、「監獄で日常的に用いる台湾語」、「服務及び帯剣の心得」、「礼式及び姿勢」、「官吏服務紀律大要」、「看守懲罰令給助例及び警察賞与規則大要」、「戒具使用及び槍の使用等の実習」である。台湾語を除けば、授業の内容は内地と同様であった。

翌年、台湾総督府は看守採用規則を公布し、看守の採用基準を定めた。

---

43)「訓令二十五号看守點檢規程制定等ノ件」1907 年 10 月 23 日、「明治四十一年永久保存第十七巻」『台湾総督府档案』国史館台湾文献館、典蔵号：00001376025。1924 年に、巡査点検規程及び警察操典の改正に応じて、看守点検規程も改正された、「刑務所看守点検規程改正ノ件訓令第十五号」1925 年 2 月 1 日、「大正十三年十五年保存第三十八巻」『台湾総督府档案』国史館台湾文献館、典蔵号：00007248023、305 頁、参照。

44)「奏任及判任待遇監獄職員職務規程」1911 年 8 月 16 日、「台湾総督府府報第 3303 号」『台湾総督府官報』国史館台湾文献館、典蔵号：0071013303a002。

45)「台湾総督府看守教習規則」1897 年 4 月 2 日、「明治三十年甲種永久保存第四巻」『台湾総督府檔案』国史館台湾文献館、典蔵号：00000124008。「台湾総督府巡査看守教習所官制ヲ定ム」『公文類聚』第二十一編・明治三十年・第十一巻・官職五・官制五・官制五拓殖務省〜衆議院事務局。

看守になるには、原則として看守試験に合格する必要があるが、但し、司獄官警察官、看守巡査精勤証書、陸海軍下士あるいは他の適任証書などの資格に該当する者は、体格検査のみ受ければよく、技芸試験を免除された[46]。これらの資格は、内地の類似法規の変化や統治上の需要に応じて変更された[47]。

　日本帝国が官吏に求めた資質とは、勤務に忠実で、休まず、労苦を厭わず、廉恥を知り、清廉であることであった。警察と監獄官については、さらに武士道の精神と相応の体格を求めた[48]。一方、台湾統治初期において、日本帝国は多数の台湾人の抵抗に直面し、監獄官には台湾本島の状況に適応できる能力も求めた。したがって、台湾の監獄官の訓練では、兵式操練射撃のみならず、台湾の言語や民俗の講習も行われた[49]。

　1897 年、台湾総督府は巡査看守教習所官制を公布し、その第 4 条に基づき、「巡査看守教習所規則」が策定された。その第 1 条で、教授すべき科目として警察法規、監獄法規、刑法大要、刑事訴訟法及び裁判所構成法大要、礼式操練戒具使用法、台湾語が定められている。但し、科目の増減について調整できるとも記載されている[50]。巡査教習所は設置されていたが規模が小さく、全島の看守と警察の訓練を行うことは難しかった。そのため、この教習所は廃止・改正され、警察官及び司獄官練習所が設置された[51]。警察官及び司獄官練習所は巡査教習所に比べて規模が拡張され、監獄幹部を養成する甲科が設置され練習生の定員数も増加した。看守になるためには通常、乙科を選択する。乙科練習生になる

---

46)「看守採用規則制定ノ件」1896 年 7 月 21 日、「明治二十九年甲種永久保存第四巻之一」『台湾総督府檔案』、国史館台湾文献館、典蔵号：00000058025。

47)「巡査看守採用規則改正訓令一四五号」1898 年 06 月 24 日、「明治三十一年甲種永久保存第四巻」、『台湾総督府档案』国史館台湾文献館、典蔵号：00000242015。

48) 台湾総督府警察官及司獄官練習所『台湾総督府警察官及司獄官練習所沿革誌』台湾総督府警察官及司獄官練習所、1909 年、1 頁。

49) 台湾総督府警察官及司獄官練習所『台湾総督府警察官及司獄官練習所沿革誌』、1 頁。

50)「巡査看守教習所規則」1897 年 9 月 27 日、「明治三十年甲種永久保存第四巻」『台湾総督府档案』国史館台湾文献館、典蔵号：00000124035。

51)「台湾総督府警察官及司獄官練習所官制」1898 年 6 月 30 日、「第 327 号」『台湾総督府府官報』国史館台湾文献館、典蔵号：0071010317a012。

ための筆記試験科目は、日本の地理・歴史、四則演算、楷書、漢字仮名交じり文の講読、普通の往復文、刑法・刑事訴訟法の解釈であった[52]。警察官及び司獄官練習所の設置にともない、台湾監獄の看守は原則的にこの練習生の中から選ばれることになった[53]。しかし、警察官及び司獄官練習所だけでは看守の必要人員を確保できない可能性があり、各監獄は便宜的に特別採用看守制度も設けた。この制度により、教習を施すことなく必要人員を確保することができた[54]。同様の制度は北海道集治監にも存在していた。北海道集治監では普通看守採用制度にのみ依拠していては、戒護に必要となる人員を充足できず、特別任用看守制度が採用されていた[55]。しかし、こうした制度は、看守の専門性の欠如の温床ともなった。

　また、教授科目の中に台湾語が含まれていることは、戒護において台湾人在監者とのコミュニケーションを重視していたことを示している。台湾総督府が台湾語の通訳ができる看守に一定の手当を支給したことも、同様の観点から理解できる[56]。また、看守が看守長に昇進するには、実務の成績以外に、刑法・刑事訴訟法、台湾総督府法院条例、監獄に関する法規、会計法規、算数及び台湾語の筆記試験に合格する必要があった[57]。もっとも、統治初期の業務の繁雑さ、教育の担い手や教科書など

52)「台湾総督府警察官及司獄官練習所練習生採用試験規則」1898 年 7 月 13 日、「第327 号」『台湾総督府府官報』国史館台湾文献館、典蔵号：0071010327a003。

53)「台湾総督府巡査看守採用規則」1900 年 5 月 3 日、「第 742 号」『台湾総督府府官報』、国史館台湾文献館、典蔵号：0071010742a006。

54)「巡査看守特別採用規程訓令第九六号」1900 年 11 月 30 日、「明治三十四年永久保存追加第三巻」『台湾総督府檔案』国史館台湾文献館、典蔵号：00000663014。

55)「北海道の看守特別採用」『大日本監獄協会雑誌』第 8 巻第 12 号、1895 年、9 頁。

56)「台湾総督府判任文官及巡査看守ニシテ土語通訳ヲ兼掌スル者ニ特別手当支給ノ件」1898 年 4 月 15 日、「第 279 号」『台湾総督府府官報』国史館台湾文献館、典蔵号：0071010279a008。

57)「台湾総督府巡査看守考試規程」1898 年 11 月 15 日、「第 405 号」『台湾総督府府官報』国史館台湾文献館、典蔵号：0071010405a002。本規程は内務省巡査考試規程を参考にしたものである。台湾総督府内部議論の段階で元々「土語」は削除されたが、『府報』には「土語」が依然として残った。「巡査看守考試規程訓令三〇二号」1898 年 11 月 15 日、「明治三十一年甲種永久保存第四巻」『台湾総督府檔案』国史館台湾文献館、典蔵号：00000242027、参照。

の不足から、台湾語教育が十分に行われていたとは考えにくく[58]、看守と在監者の言葉の壁は克服し難かったと考えられる。

　新人の看守を養成するとともに、現役の監獄看守による戒護の実務を統一・向上させるため、台湾総督府は「監獄看守教習規程」を制定した[59]。監獄看守は在職中に教習を受けられ、教授科目は服務上の心得、監獄に関する法令、実務処理及び職務執行方法、台湾語、武術、施縄術などであった。1924 年にこの規程は「看守及び女監取締教習規程」に改正された。改正理由は、受刑者の作業時間が延長されるにしたがって、看守の教習時間が影響を受け、規程の調整が必要となったからであった。しかし、一部の実務家は、教習課程の曖昧さが監獄看守に対する教育の不統一の原因となり、ひいては監獄看守の水準に影響しているとみていた[60]。

（三）　看守の待遇

　1896 年、台湾総督府巡査看守俸給令が公布された。この俸給令によって月俸の規定は日本内地と同様に三つの等級に分けられ、それぞれ八円・九円・十円とされた。台湾勤務の看守の待遇を改善するため、俸給令の他に「台湾総督府巡査及看守手当規則」も設けられた。1898 年、内務省が「巡査看守俸給令」を改正し、看守の月俸に関する等級及び金額を引き上げると、台湾総督府もこの新規定を台湾で勤務する看守に適用した[61]。しかし、それでも待遇は魅力的ではなかったため、監獄看守の募集は難航した。応募者数は少なく、採用定員は満たせなかった[62]。

58）「獄務諮問会議紀録」1903 年 2 月 9 日、「明治三十六年永久保存第六巻」『台湾総督府档案』国史館台湾文献館、典蔵号：00000807001、41-43 頁。

59）「監獄看守教習規程」1906 年 9 月 18 日、「明治三十九年永久保存第三十七巻」『台湾総督府档案』国史館台湾文献館、典蔵号：00001193030。

60）緑柳生「刑務官と教養」『台湾刑務月報』第 7 巻第 8 号、1941 年、36 頁。

61）「明治三十年勅令第百四十九号巡査看守俸給令ヲ台湾総督府巡査看守ニ適用ノ件」1898 年 6 月 30 日、「第 317 号」『台湾総督府府官報』国史館台湾文献館、典蔵号：0071010317a020、97 頁。

62）別天生「看守の増俸」『大日本監獄協会雑誌』第 10 巻第 6 号、1897 年、25-26 頁。「巡査看守募集難」『台湾日日新報』1901 年 1 月 11 日、2 面。

1906 年、内地では監獄看守の応募者数があまりに少なかったため、看守の待遇を他の監獄職員の待遇とともに再度規定する必要が生じた。俸給の引き上げを望む声については、奏任及び判任待遇監獄職員給与令を公布・施行して対応した[63]。台湾における監獄看守の俸給にもこの給与令は適用されたが、物価と外地手当を考慮し、教習中の看守の俸給は内地の規定とは別に定められた[64]。総じて台湾看守の俸給は内地と連動していたといえる。但し、その俸給の額は充分に応募者を惹きつけられるものではなかった。応募者はやはり在郷軍人が多数を占め、特に下士官出身者が大半であった。紀律を重視する点で軍隊と監獄は親和性が高かった。また、下士官の採用には、退役後の職を確保することが軍紀の維持につながりえたという背景があった。しかし、看守の俸給では、多くの看守及びその家族は経済的に余裕のある生活を送れず、俸給の増加を望む声は絶えることがなかった[65]。

（四）看守の民族別構成

各年の台湾総督府統計書などには、看守について本島人と内地人の区別はみられない。一方、『台湾刑務職員録』に掲載されている看守の出身及び姓名を見ると、台湾における看守は主に内地人だったことがわかる[66]。本島人の通訳が看守長になった事例もあったが、極めて珍しかった[67]。しかし、戦時期に入ると、多くの内地人看守が徴兵されたため、その穴を埋めるかたちで本島人の看守が採用され、本島人の比率が上昇

63）「奏任及判任待遇監獄職員給与令ヲ定ム」『公文類聚』第三十編・明治三十九年・第六巻。

64）「台湾総督府巡査看守ノ給与ニ関スル件」1907 年 5 月 28 日、「第 2199 号」『台湾総督府府官報』国史館台湾文献館、典蔵号：0071012199a014、93 頁。「台湾総督府巡査看守給与方」『公文類聚』・第三十一編・明治四十年・第六巻。

65）三山隠士「看守其他職員の増俸を要望す」『監獄協会雑誌』第 24 巻第 7 号、1911年、7-9 頁。

66）大槻三郎『台湾刑務職員録　昭和十年十二月一日現在』台湾刑務協会、1936 年。牟田万次郎『昭十一年十二月三十一日現在台湾刑務職員録』台湾刑務協会、1937 年。牟田万次郎『昭和十三年十二月一日現在台湾刑務職員録』台湾刑務協会、1939 年。本田乙松『昭和 16 年台湾刑務職員録』台湾刑務協会、1942 年。

67）「林氏任看守長」『台湾日日新報』1929 年 3 月 29 日、4 面。

した[68]。このような推移は岡本真希子が論じた植民地台湾の官僚の構成の推移と軌を一にするものである[69]。

四　植民地朝鮮における監獄看守に関する制度

（一）旧韓末から併合初期の監獄看守制度の整備

　朝鮮王朝の末期の時点で、近代監獄制度はすでにある程度受容されていた。1894 年の監獄規則により監獄は内部大臣が管轄し、警務庁の長官である警務使が管理を行うことになった。このような制度設計は1880 年代の日本改正監獄則に類似している。また、監獄規則の第 4 条では「監守長」という職の名称を用いている。「監守長」は後に「看守長」に改称された。「監守長」の職務内容は昼夜を問わず、監房を随時巡視すること、物品を検査すること、脱獄を防ぐことである[70]。1895 年の警務庁官制は看守長及び看守という職にも言及しているが[71]、詳細な規定は設けられていない。

　1897 年に大韓帝国が成立すると、勅令第 3 号により監獄規則が公布された。この監獄規則の条文は 1894 年の監獄規則よりさらに詳細になり「監守長」が「看守長」と改称された[72]。また、内部令をもって監獄細則が公布された[73]。監獄細則は通則、給与、衛生、接見、賞与及び賞罰などの事項からなり、6 章 27 条文で構成された。しかし、戒護に関する条文は欠落していた。

68）「看守採用試験合格」『台湾刑務月報』第 8 巻第 5 号、1942 年、77 頁。「看守拝命」『台湾刑務月報』第 8 巻第 4 号、1942 年、90 頁。

69）岡本真希子『植民地官僚の政治史：朝鮮・台湾総督府と帝国日本』三元社、2008 年、54 頁。

70）内閣記録局編『法規類編』1896 年、362–365 頁。

71）『고종실록』1895 年 4 月 29 日。

72）『관보』第 850 号、1898 年 1 月 19 日。

73）『관보』第 852 号、1898 年 1 月 21 日。

大韓帝国の監獄は財政難のため、旧式官舎を監獄に充てていた。看守の訓練不足及び人員不足から[74]、在監者の脱獄も珍しくなかった[75]。のちに大韓民国初代大統領となる李承晩は1899年に入獄した際、脱獄を図って兇器で看守に傷害を与えた（脱獄は未遂に終わった）[76]。また、出役中の受刑者が逃亡した際は、看守は明律によって笞刑に処された[77]。看守は在監者の安否について一定程度の責任を負わされ、看守の注意不足により在監者が負傷した際、看守が明律に設けられていた不応為条のもとで笞刑に処せられたという事例も存在する[78]。また、警務顧問である丸山重俊は1905年、韓国の鍾路監獄署長だった警務官の金英善の不正を在韓国公使へ報告した。金英善は私腹を肥やすために、入獄者またはその家族からの贈賄の多寡によって入獄者の待遇の寛厳を決めた[79]。例えば、資産家の入獄者に対して、最初は最も汚く、狭い監房に収容し、贈賄の程度に応じて、漸次待遇を良くしていった[80]。統監府警視である龜山理平太は視察報告で、当時監獄看守の処置が十分ではなく、囚人は自由を制限されておらず、自由刑の目的は達していないと記している[81]。旧韓国の監獄看守はまだ専門職化していなかったと見られる。

　1907年、大韓帝国は勅令第52号により監獄官制を公布した。これを通じて、朝鮮全土の監獄を主管する権限を内部大臣から法部大臣に移管した。この改革は日本内地で監獄事務が内務省から司法省に移管されたことと軌を一にするものである。監獄官制の内容も内地で1903年に公布された監獄官制と類似していたが、控訴院検事長に管轄下の監獄を監督する権限を与えている条文は、内地、台湾ともには同様の規定はなく、

74）「報告書第十七号」『司法稟報乙』1899年7月7日。
75）「報告第五十号」『司法稟報乙』1899年4月9日。「報告書第十号」『司法稟報乙』1899年3月31日。「報告書第五号」『司法稟報乙』1899年4月22日。「報告書第八号」『司法稟報乙』1899年2月7日。
76）「報告書第四号」『司法稟報乙』1899年1月31日。
77）「報告書第九十一号」『司法稟報』1898年7月29日。
78）「通牒第九十六号」『法部來文』1898年10月3日。
79）『外務省警察史第3巻』不二出版、1996年、131頁。
80）『外務省警察史第3巻』、131頁。
81）『外務省警察史第2巻』不二出版、1996年、350頁。

この点には留意しておきたい。さらに、丁未条約によって9ヶ所に監獄を設立するとともに、典獄には内地人が当たり、看守長以下半数以上の職員を内地人が占めることになった[82]。1908年、大韓帝国法部令第4号をもって「看守及び女監取締職務規程」を公布された。この規程により、看守の職務がさらに明確化され[83]、植民地朝鮮の監獄看守に関する法令は相当の整備をみるにいたった。

　1914年、総督府は朝鮮総督府看守及び女監取締勤務規程を公布した。この規程の対象は内地で1910年に公布された看守及び女監取締職務規程とほぼ同様で、内地と異なる点は、看守に関する内外勤の内容・勤務時間の規定のみであった[84]。同年、内訓により、監獄医教誨師教師薬剤師看守及び女監取締職務規程が公布された。この規程によって、看守の職務内容はさらに明確に定められた。例えば、監門を守衛すること、在監者に対する毎日一回以上の点検、毎日の戒具の点検、そして、在監者の脱獄時の逮捕手段について上司へ報告する義務などである。この規程で定められた職務の内容は、前述の内地で1910年に公布された看守及び女監取締職務規程に近いものであった。1914年のこの二つの規程はいずれも看守の勤務に対するものだが、なぜ同種の規程が併存したのか、また、統廃合はなされなかったのかについて説明できる資料は、現時点ではまだ見出せていない。

　朝鮮に比べ、台湾の看守点検規程は統治開始後の早い段階で施行されたが、朝鮮総督府は統治初期には施行せず、後に看守の紀律強化を図るため、1935年になってようやく制定・施行された[85]。

（二）看守の採用と訓練

　1908年、法部大臣は看守採用規則を公布し、看守の採用について学

82）「日韓協約ニ関スル文書送付ノ件古谷 韓国統監秘書官 → 小西 外務大臣秘書官 附属書2、3.」『日本外交文書』第40巻第1冊、1907年7月24日。

83）『관보』第4074号、1908年5月15日。

84）朝鮮総督府編『朝鮮法令輯覧大正13年版』帝国地方行政学会、174頁。

85）『朝鮮総督府官報』第2491号、1935年5月6日、61頁。

科試験と体格試験の双方に合格することを要件と定めた。但し、文官以上の資格がある者、判任文官の職歴がある者、陸軍で下士以上の経歴を有する者、看守精勤証書を有する者、看守職を離れて三年未満の者、特別技能を持つ者については、学科試験が免除された。学科試験の内容は、刑事法、あるいは監獄法規大要、日本と韓国の歴史・地理、作文、算数である[86]。台湾の場合はこれらの科目以外に言語に関する試験が課されたが、朝鮮にはなかった。1918年になると、看守採用規則は改正され、朝鮮人応募者に日本語能力を、日本人応募者には簡易な朝鮮語能力が求められるようになった[87]。統治初期においては、監獄設備に加えて、勤務する人員も不足していたため、新人の看守が十分な教習を受けることはなく、直ちに戒護の業務に従事した[88]。

1918年、朝鮮総督府は看守教習規程を公布し、新たに採用された看守は教習の受講が義務付けられ、約3ヶ月にわたって、学科教育及び実務訓練を受けるものとされた。但し、新たに採用された看守が監獄事務に従事した経験がある場合、あるいは学科について十分な素養を有すると判断された場合は、教習時間の短縮、一部ないし全ての科目の免除が可能とされた。しかし、この規程の第3条では、特別な事情がある場合には、新たに採用された看守を直ちに業務に就かせることができるともされていた。看守教習所は西大門監獄に設置された。教習科目は、監獄学、朝鮮監獄令及び監獄令施行規則、朝鮮刑事令、会計法規、紀律に関する事項、行政諸法規、個人識別法、朝鮮語、朝鮮人看守の場合は日本語、武術、戒具及び銃器使用方法、火災などへの対応であった[89]。

京城監獄典獄の任にあった中橋政吉によれば、看守教習所は、当初主に内地人看守を対象として教習を実施し、現任の看守の中から一部の者を選抜して特別訓練を行っていたが、朝鮮人看守に対する教習は従来と同様の方式が維持され、1929年以降、朝鮮人看守にも教習が実施され

---

86)『관보』第4106号、1908年6月22日。

87)『朝鮮総督府官報』第1725号、1918年5月9日、115頁。

88)「朝鮮統治狀況八」『京城日報』1919年1月27日、1面。

89)『朝鮮総督府官報』第1725号、1918年5月9日、118頁。

るようになった[90]。他の史料を参照すると、看守特別訓練には朝鮮人が参加していた可能性も考えられる。朝鮮人看守であった権○○は、1916年以来、江南道春川郡薪南面書記を務め、判任官資格を有していたことで、1923年には西大門刑務所の看守に命じられた。そして、1927年には刑務官練習所において、看守特別訓練を受けている[91]。

　1925年、看守教習所は刑務官練習所に改称された[92]。しかし、西大門刑務所は一般の事務の分量が膨大だったため、刑務官練習所の運営に支障を来し、その機能は十分に発揮できなくなった。その結果、朝鮮全体の刑務官に対する訓練を担いきれなくなった。しかも、交通費の支出は各刑務所側にとって、大きな負担となり、敢えて費用を捻出して訓練を受けさせることは容易ではなかった。そのため、平壌刑務所のように自ら看守訓練所を設置した事例もあった[93]。

　30年代半ば以後、朝鮮総督府は監獄事務に対する管理を一層強化するために、刑務官練習所を独立させ、朝鮮総督府の直属とした[94]。そして、内地と朝鮮の警察官講習所官制を参考にして、1937年には刑務官練習所官制を制定した。この官制のもとで、刑務官練習所は第一部と第二部に分けられた。第一部は監督職の刑務官向けで、訓練期間は1年、それに対して第二部は新人看守向けで訓練期間は4ヶ月であった。第二部の科目は訓育、行政法、行刑法規、刑事法、会計法、個人識別法、朝鮮語及び日本語、法学通論、衛生大意、実務、点検礼式及び操練、武道などで構成された[95]。

90）朝鮮総督府法務局行刑課編『朝鮮の行刑制度』治刑協会、1938年、25頁。

91）朝鮮総督府法務局「昭和八年昭和九年刑務所職員ノ進退書類綴」『朝鮮総督府記録物』管理番号：CJA0004078、1930年、660-661頁。また、この資料は限定利用とされている上、個人情報保護の観点から、個人を示す際には原則として姓のみを記載している。

92）『朝鮮総督府官報』第3786号、1925年4月1日、1頁。

93）「平壌刑務所看守講習所、新たに設置」『朝鮮新聞』1929年12月12日、4面。

94）「朝鮮総督府刑務官練習所官制ヲ定ム」『公文類聚』第六十一編・昭和十二年。

95）朝鮮総督府編『朝鮮法令輯覧.昭和15年版上巻』朝鮮行政学会、117-118頁。

（三）看守の待遇

1908年、法部第5号で判任待遇監獄職員給与令が公布され、奏任及び判任官待遇の統監府監獄職員の俸給は、内地の奏任及判任待遇監獄職員給与令を準用するものとされた[96]。韓国併合後、制度上は朝鮮人も内地人と同じように朝鮮監獄の看守になれるようになったが、待遇の面では差があった。朝鮮人看守の俸給に関する事項は「朝鮮人朝鮮総督府看守給与」（のちの「朝鮮人タル看守及女監取締給与規程」）により規定され、月俸は7-16円であった[97]。一方、奏任及判任待遇監獄職員給与令が適用された内地人看守は、12-20円であり、待遇の差は歴然として存在していた。

1919年3月末、3・1独立運動により、監獄内の収容者数は激増した。1919年10月、朝鮮人看守は、奏任及判任待遇監獄職員給与令の規定を準用する形に改められた[98]。これは恐らく朝鮮人看守の業務に対する意欲を高めることを目的としていたものであろう。また、朝鮮監獄における看守の俸給が日本内地の監獄看守より高かったことを窺わせる資料も確認できる。当時、朝鮮受験研究会が発行した『朝鮮総督府巡査看守受験準備書』では、その刊行の辞で、就職難の時代にあって、学歴が高くなくても巡査・看守には就職しやすいこと、そして朝鮮の巡査・看守の待遇は内地より良いことから、内地の人々に朝鮮で看守として働くよう呼びかけていた[99]。

表面上、俸給に関して内地人看守と朝鮮人看守を差別する規定はなくなったが、実際に差別的な状況が消えたとはいえない。一例をあげると、昭和初期において朝鮮の刑務所は人員が不足していたが、財政緊縮の折柄、一時的に内地人看守の増員ができず、朝鮮人看守の採用拡大が検討された。しかしながら、朝鮮総督府では朝鮮人職員の業務効率は内地人

96）『官報』1908年5月25日。

97）『朝鮮総督府官報』第209号、1911年5月11日、91頁。

98）『朝鮮総督府官報』号外、1919年10月18日、1頁。

99）朝鮮受験研究会『朝鮮総督府巡査看守準備書』東京堂書店、1923年、1-2頁。

に劣るという偏見が広く共有されており、朝鮮人看守採用拡大に対する懸念が総督府内の官僚により提起された[100]。このような差別的観念が存在していたことに鑑みれば、朝鮮人看守への公平な待遇が実現していたとは考えにくい。また、朝鮮人看守の昇進が内地人看守よりも遅れる事例を、朝鮮人収容者が指摘している[101]。これに加えて、工場の担当看守については、これは該当する工場の全人員を管理する役割を担うものであったが、基本的に内地人看守に担当させたことからもわかるように、内地人の朝鮮人看守に対する不信感は存在していたようである[102]。

（四）看守の民族別構成

　表4–1を見ると、朝鮮人看守・看守長の人数は増加傾向にあることがわかるが、1920年代半ばに一度、人数が減少したこともあった。また、朝鮮人看守は約4割を占めていたが、朝鮮人看守長の割合は極めて少なかったことがわかる。台湾の監獄看守では台湾人が排除されたのに対して、なぜ朝鮮監獄では朝鮮人看守が一定の割合を占めることができたのか。その主な理由は、両植民地の植民化の経緯が異なることにあるだろう。下関条約によって清国から割譲され、元来主権国家の形をもっていなかった台湾に対して、朝鮮の場合は韓国併合の際に大韓帝国が自ら設置していた看守が引き継がれたためと考えられる。

（五）看守の負担率

　収容者に日夜接している最前線の看守一人当たりの収容者数（負担率）は、収容者の処遇に関わるだけでなく、看守の労働環境の優劣を示す指標とも見ることができる。負担率の軽減は、収容者にとっては処遇環境の改善を意味し、看守には労働環境の向上を意味する。何より、収容者

100）朝鮮総督府行刑課「刑務所人事関係書類」『朝鮮総督府記録物』管理番号：CJA
　　0004060、1930年、976頁。

101）朝鮮総督府行刑課「大正十五年昭和2年受刑者請願書」『朝鮮総督府記録物』管
　　理番号：CJA0004393、1926年、242-243頁。

102）李圭昌『運命의 餘燼』寶蓮閣、1992年、236頁。

表 4 - 1　朝鮮監獄における看守長と看守の民族別人数（単位：名）

年	内地人看守長	朝鮮人看守長	看守長合計	内地人看守	朝鮮人看守	看守合計
1910	45	5	50	377	257	634
1911	59	4	63	498	310	808
1912	65	8	73	582	381	963
1913	73	8	81	635	422	1057
1914	72	9	81	651	436	1087
1915	75	9	84	661	447	1108
1916	75	10	85	652	444	1096
1917	75	10	85	656	427	1083
1918	77	10	87	693	497	1190
1919	83	9	92	880	537	1417
1920	116	9	125	1069	662	1731
1921	109	14	123	1093	728	1821
1922	107	14	121	1068	760	1828
1923	103	10	113	1059	707	1766
1924	91	12	103	942	656	1598
1925	91	12	103	944	668	1612
1926	91	13	104	933	673	1606
1927	90	13	103	943	685	1628
1928	92	8	100	966	692	1658
1929	86	11	97	1019	696	1715
1930	90	10	100	1078	734	1812
1931	86	9	95	1065	807	1872
1932	96	11	107	1040	816	1856
1933	96	8	104	1110	846	1956
1934	95	8	103	1153	879	2032
1935	97	14	111	1159	879	2038
1936	102	10	112	1158	911	2069
1937	113	6	119	1076	1030	2106
1938	117	6	123	1091	1090	2181
1939	118	5	123	1032	1095	2127
1940	115	5	120	1091	1045	2136
1941	120	5	125	1029	1123	2152
1942	121	4	125	1098	1080	2178

出典：『朝鮮総督府統計書』各年より筆者作成。

に対する非人道的かつ非文明的行動の低減が期待できるだろう。言い換えると、負担率が大きい場合、看守と収容者との衝突が増加する可能性が高まると考えられる。

朝鮮総督府の統治初期において、新型監獄の設備を備えた監獄は、京城・平壌・釜山・永登浦・清津のみであった。他の監獄は旧式の建築が充てられ、監獄の設備が不十分だったことから、監房では一坪（3.3 ㎡）に15〜16名が過ごすといった過酷な状態も存在したという[103]。朝鮮総督府行刑課の土居寛申は西大門刑務所を最初に見たとき、こう述べた。「如何にせよ十坪目に見ても、内地の中以上のものでない。しかも、在監者は被告、女囚、少年囚、未決囚合計二千八百余。雑居房は文字通りの鮨詰。一坪平均13名と聞いた時には、少から ず驚いた。監舎のお粗末もさることながら、在監者中麻袋を着ている者が可なりいる。着衣不足のためだという（中略）その頃朝鮮の施政方針に大いに神経を失らして なった諸外国人には到底見せられるものではない[104]」。監獄の設備の不足は、この一事をもって、明白であろう[105]。その後、笞刑廃止及び監獄の大規模な拡張を経て、監獄は改善されるようになり、さらに新型監獄も設置されていった。収容の過密状況は改善され、監房一坪あたりの人数は平均2.9人になった[106]。

朝鮮総督府は統治初期の収容者数増加に伴い、監獄官制の改正を通じて看守長の定員数も増やした[107]。監獄官制の修正に当たって付された説明では、台湾と内地の看守長の負担率に言及している。それによると、内地の看守長の負担率は一人当たり 117 名、台湾の場合は一人当たり 91 名、朝鮮の場合は一人当たり 147 名であった。朝鮮における看守長

103）友邦協会『朝鮮における司法制度近代化の足跡』友邦協会、1966 年、128 頁。
104）土居寛申「朝鮮行刑余滴」『刑政』第 66 巻第 7 号、1955 年、54 頁。
105）朝鮮総督府『朝鮮総督府施政年報 明治 43 年』クレス出版、1991 年、102 頁。
106）友邦協会『朝鮮における司法制度近代化の足跡』第 35 編・明治 44 年。『朝鮮総督府監獄官制中ヲ改正ス』『公文類聚』第 36 編・明治 45 年〜大正元年。『朝鮮総督府監獄官制中ヲ改正ス』『公文類聚』第 37 編・大正 2 年。『朝鮮総督府監獄官制中ヲ改正ス』『公文類聚』第四十二編・大正七年。
107）

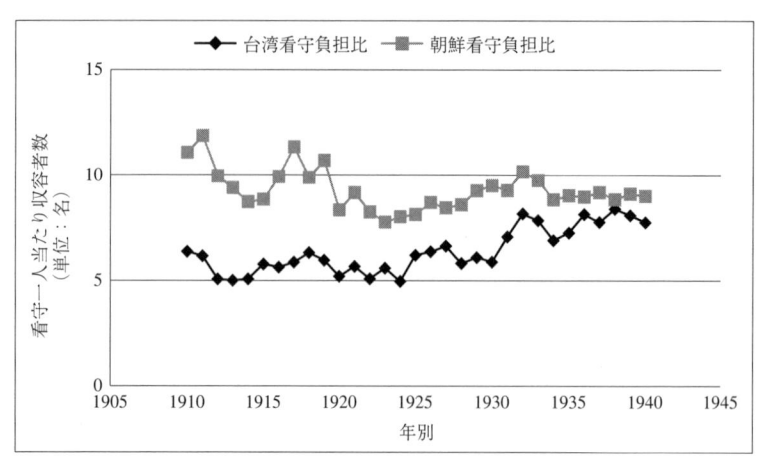

図 4-1　植民地台湾及び朝鮮における看守の負担率

出典：各年度『台湾総督府統計書』・『朝鮮総督府統計書』より筆者作成。

の負担率は、台湾・内地と比較すると、格段に高かったといえる[108]。1924 年には行政整理のため、監獄官制での定員数が減らされた[109]。しかし、朝鮮では、1920 年代後半から朝鮮で共産主義などの思想を有する者による治安関係の法規違反が増加するにしたがって、在監者数が増加した。こうした動向を受けて、総督府は看守長定員数の 2 名増員を要求した。その改正に当たって付された説明でも、看守長の負担率は、台湾 99 名、内地 84.6 名、朝鮮 133.5 名と記され、朝鮮は依然として高負担率であった[110]。緊縮財政下にあった 1930 年に朝鮮総督府は再度、収容者数増加に応じて看守長定員数の増加を求めた。その際には、負担率は、台湾 93.9 名、内地 80.7 名、朝鮮 151.3 名となっていた[111]。朝鮮の負担率は依然として極端に高かった。『昭和八年五月監獄巡閲復命書』でも、内地看守より朝鮮看守の高い負担率が指摘されている[112]。負担率を図示すると、朝鮮看守の負担の重さは一目瞭然である（図 4-1）。

108）「朝鮮総督府監獄官制中ヲ改正ス」『公文類聚』第四十二編・大正七年。
109）「朝鮮総督府監獄官制中ヲ改正ス」『公文類聚』第四十八編・大正十三年。
110）「朝鮮総督府監獄官制中ヲ改正ス」『公文類聚』第五十二編・昭和三年・第六巻。
111）「朝鮮総督府監獄官制中ヲ改正ス」『公文類聚』第五十四編・昭和五年

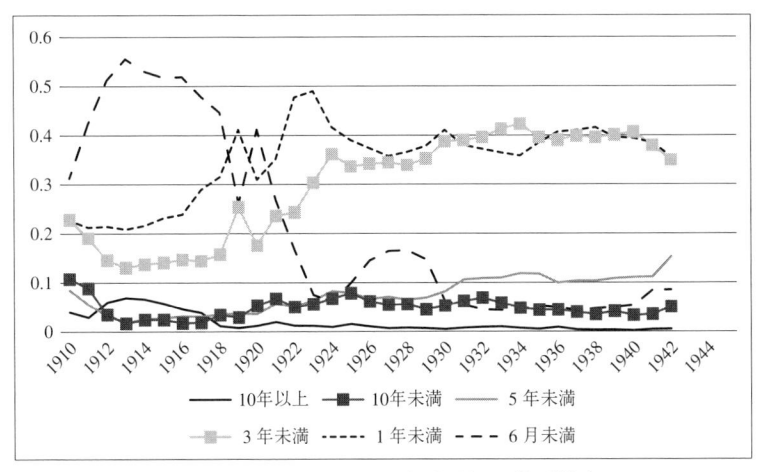

図4-2 朝鮮監獄における新受刑者の刑期別統計

出典：各年度『朝鮮総督府統計書』より筆者作成。

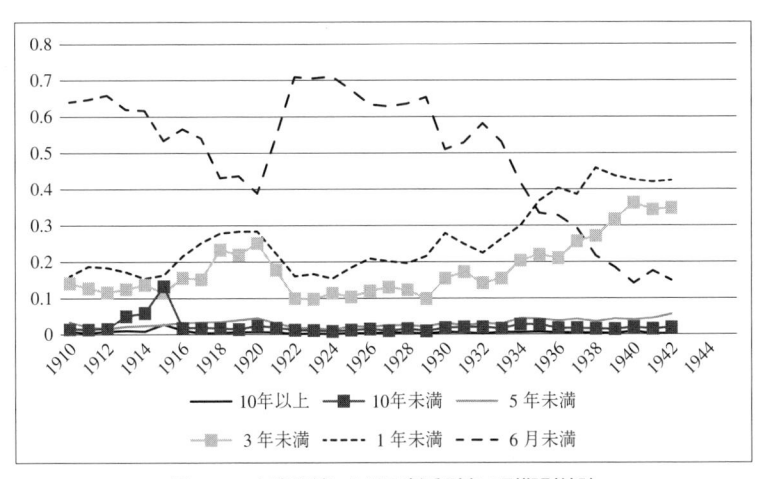

図4-3 台湾監獄における新受刑者の刑期別統計

出典：各年度『台湾総督府統計書』より筆者作成。

　なぜ朝鮮の看守負担率は高かったのだろうか。上記の図4-2及び図4-3は、朝鮮・台湾における有期懲役の新入受刑者の刑期を比較した

112）朝鮮総督府行刑課「昭和八年五月監獄巡閲復命書」『朝鮮総督府記録物』管理番号：CJA0004290、1933年、17頁。

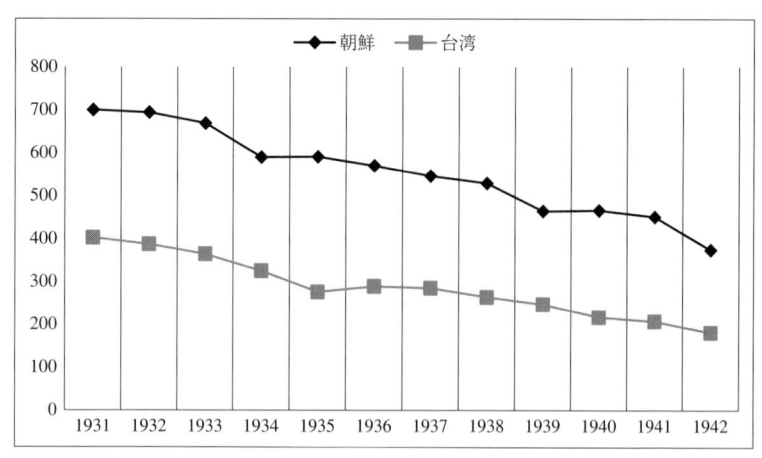

図 4 − 4　朝鮮と台湾における地方法院の判事一人あたりの民刑事訴訟件数
出典：『台湾司法一覧』1943 年度、『朝鮮司法一覧』1943 年度。筆者作成。

ものである。台湾では 6 ヶ月未満の短い刑期の新入受刑者の割合が朝鮮よりも高い割合を占める。朝鮮の場合、当初は 6 ヶ月未満の短い刑期の新入受刑者も多かったが、1920 年代には減少し、6 ヶ月以上〜 1 年未満と、1 年以上〜 3 年未満が主要な刑期となった。このような変化の比較から、朝鮮の有期懲役の刑期が台湾より長かったと推察できる。こうした事態は、1920 年代以後の特別刑法や法の適用のあり方と関連するのであろうが、解明には史料のさらなる渉猟と検討を要する[113]。

　また、監獄に収容されている未決者は、裁判を経て既決あるいは出獄となる。したがって、判事一人の裁判件数が多ければ、裁判のスピードが遅くなり、未決者が増加しうる。現時点では、両植民地における判事一人当たりの刑事訴訟件数を示した資料はないため、判事一人当たりの民刑事訴訟件数の統計を参照してみると、朝鮮の判事一人当たりの民刑事訴訟件数は台湾より多いことが確認できる（図4-4）。判事の不足で裁判が遅れ、未決者の在監期間が延びた結果、負担率が高まったのでは

113）台湾総督府法院検察官の上内恒三郎が短期厳遇主義を提唱していたことが、台湾の量刑実務に何らかの影響を与えたのではないかと推測する。上内恒三郎「台湾人の刑罰感應性と刑量裁定との關係承前」『台法月報』第 13 巻第 5 号、1919 年、9–10 頁。

ないかと思われる。

五　看守と受刑者の関係

(一) 同民族別の場合

　上述の通り、朝鮮では、看守のうちの一定の割合を朝鮮人が占めていた。ここでは、朝鮮人収容者に対する朝鮮人看守の態度に着目する。朝鮮人収容者が朝鮮人看守に対してどのような印象を有していたのかという点については、いくつかのタイプが挙げられる。ある収容者によると、朝鮮人看守は内地人看守だけでなく、内地人の収容者からも軽蔑されていたという[114]。

　また、独立運動家の李昇薫は、京城監獄やその他の監獄において、時に「日本人の看守よりも朝鮮人の看守の方が厳しい」という憤慨する声を聞くことがあるが、看守の受刑者に対する態度は、民族の差より個人の性格で決まる傾向があるとしている[115]。そのうえで、李昇薫は、京城監獄で政治犯を取り締まる朝鮮人看守の中に、日本人看守よりも厳しい者がいるのは確かであると語っている[116]。

　さらに、1922年の大邱監獄において、呉亨善という受刑者は朝鮮人看守は内地人看守と同じように残酷であると語った。そして、この話が朝鮮人看守の白科分の耳に入り、白は理由もなく呉亨善を懲罰したという。白の行為は53名の受刑者の怒りを買い、抗議の断食が決行された[117]。他にも、1928年、ある朝鮮共産党員が西大門刑務所に収容され

---

114) 朝鮮総督府行刑課「大正十五年昭和2年受刑者請願書」『朝鮮総督府記録物』1926年、管理番号：CJA0004393、245-246頁。類似の見解については、임상민「일제강점기〈옥중소설〉과 조선인 간수 연구 : 나카니시 이노스케『붉은 흙에 싹트는 것』을 중심으로」『日本文化学報』第100号、2024年、279-295頁。
115) 李昇薫「監獄에 対한 予의 注文 (四) 矯正할 囚人의 待遇」『東亜日報』1922年7月19日、3面。
116) 李昇薫「監獄에 対한 予의 注文 (四) 矯正할 囚人의 待遇」。

た際、就寝時に他の受刑者と会話したとして朝鮮人看守と口論になった。このため、この朝鮮共産党員は四日間の減食処分となり、他の受刑者と共同で不服を申し立て、断食を行ったという[118]。他方で、朝鮮人看守が朝鮮人収容者に対して一定の配慮を示した事例もみられる。例えば、独立運動家である安昌浩が西大門刑務所から大田刑務所に移監された際、朝鮮人看守は丁寧に対応したという。また、安昌浩が西大門刑務所に拘禁された際、朝鮮人看守は面会の機会を積極的に提供している[119]。

　女性の看守についてはあまり言及されていないが、戦時下、平壌刑務所で懲役刑に服したキリスト教信者の安利淑は、看守による受刑者への暴行を目撃しただけでなく、日本人看守から、女性の看守長が受刑者に非常に厳しいだけでなく、他の看守たちに対しても非常に厳格であるという話を聞いている[120]。また、安利淑にとって、一部の朝鮮人女性看守たちは姉妹のようであり、密かに互いに世話し合う関係であったという[121]。一部の看守は安利淑に対して友好的であったものの、全体的な雰囲気から彼女は形式的には刑務所の規則を遵守せざるを得なかった。この状況から、規律が強調された刑務所全体の雰囲気が窺える。

　以上の事例から、朝鮮人看守が必ずしも内地人看守以上に朝鮮人在監者を厚遇したわけではなかったことがわかる。先行研究では、朝鮮人看守による暴力は、日本の植民地政策に応じたものであると位置づけられている[122]。この論点について、さらに補足したい。朝鮮人看守が人種差別の暴力を内面化し、同じ民族の朝鮮人収容者にそれを行使した側面は否定できないものの、刑罰によって受刑者の社会的地位が引き下げられていたことも、暴力行使の重要な要因であったと考えられる。この点

117)「大邱監獄內의 絶食」『東亞日報』1922 年 8 月 24 日、3 面。
118)「西大門監獄에 収容된 共産党被告断食」『東亜日報』1928 年 10 月 24 日、2 面。
119) 이명화「도산 안창호의 서대문형무소 투옥과 수감생활」『한국독립운동사연구』第 46 号、2013 年、186-187 頁。
120) 安利淑「이 오욕의 시대를」朴大熙編『日帝下獄中回顧録 4』정음사、1977 年、284-292 頁。
121) 安利淑「이 오욕의 시대를」、293-294 頁。
122) 朴慶穆『서대문형무소：식민지 근대 감옥』、104-106 頁。

に関する朝鮮人看守の考え方を示す資料は見あたらないが、朝鮮社会における朝鮮人受刑者に対する考え方を示すケースを挙げておきたい。

　独立運動に参加し、日本支配を批判する雑誌を発刊したことを理由に、清津監獄で懲役刑に処せられた全仁学に関する事例を見てみよう。彼は服役中に他の受刑者とともに脱獄した。しかし、一緒に脱獄した崔致宏は、市中の他の朝鮮人によって捕えられた。その際に崔は、同じ民族であるはずの朝鮮の人びとが自分を捕まえたことに憤ったが、人びとが態度を変えることはなかったという。全仁学は公判中に、囚徒も人間であるのに、人間に自由がなかったら、生きてはいるものの死と同様であるとの感慨を述べている[123]。この事例から、朝鮮人社会において刑罰が社会的排除の機制として働いていたことが窺える。

（二）戒具の使用

　1908年の監獄法では、在監者による逃走・暴行・自殺のおそれがある場合や構外にいる場合には戒具を使用できると定められ、戒具の使用は限定的であった。また、監獄管理が恣意的に行われることを防ぐために、戒具の使用は原則として典獄の許可を得る必要があった。しかしながら、戒具は六ヶ月あるいは一年間にわたって使用できると規定されたことで、戒具の使用と懲罰の境界線は曖昧になるおそれがあった[124]。

　台湾の監獄令及び施行規則において、戒具に関して定められた規定には一つ注目すべき点がある。内地における戒具は窄衣、手錠、聯鎖、鈦及び捕縄の5種類だったのに対して、台湾では上記に足鎖を加えた6種類が規定された[125]。これは、台湾では統治初期に頻繁に脱獄事件があったことに起因するものと推定される[126]。こうした規定の差異も、台湾監獄において戒護が果たした役割の大きさを示唆している。その後、朝

123）宋相燾『騎驢随筆』国史編纂委員会、1955年、322頁。
124）姫嶋瑞穂『明治監獄法成立史の研究：欧州監獄制度の導入と条約改正をめぐって』、273-274頁。
125）眞木喬「台湾監獄視察談」『監獄協会雑誌』第23巻第1号、1910年1月、30頁。
126）眞木喬「台湾監獄視察談」、32頁。

201

鮮監獄令施行規則でも同じ規定が設けられた。これは植民地間の制度の移転といえるだろう。

　1928年、内地では、従来戒具として利用された鈇と窄衣がその残酷さを理由に廃止され、かわりに鎮静衣と防声具が加えられた。しかし、この戒具改革の風潮が台湾・朝鮮に及ぶまでには10年以上を要した。朝鮮総督府は、戦時期に入った1938年、戒具の規定をようやく内地と同様にした[127]。台湾総督府が同様の措置を取るのは1944年のことである[128]。戦時期に同化主義が一層高まる一方で、内地と両総督府の間、また、両総督府でも歩調に差があった。

　戒具の悪用の実態をみていこう。犯則があった朴世栄は、三カ月にわたり暗室房で手錠をつながれたままにされるという懲罰が課された[129]。暗室房に拘禁され、逃走、暴動などの恐れがなくなっているため、更に手錠をかけることは妥当でないであろう。

　暴力の制限という文明化に呼応する形で、近代的監獄法令は、収容者に対する戒具の利用について、戒具の種類や利用手続きを規定していった。両植民地と内地の法条文を対比してみると、近代的監獄法令の規定が植民地における戒具の利用に付与した合法的外観の裏面で、植民地の収容者が法的暴力にさらされていったことがわかる[130]。刑罰に関する近代的法律は元来、統治者や国家の暴力の使用に合法性及び正当性を与えるものである。もし民衆や被治者がこの刑罰に関する法律の制定あるいは監視に関与できなければ、法の暴力は合法的な形で暴走する可能性がある。

127)『朝鮮総督府官報』第3581号、1938年12月24日。
128)『台湾総督府報』第552号、1944年2月5日。
129) 李圭昌『運命의 餘燼』、256-257頁。
130) 合法的外観の近代法と暴力との関係をめぐる議論については、駒込武『世界史のなかの台湾植民地支配：台南長老教中学校からの視座』を参照。

（三）　看守の暴力

　以上論じてきたように近代監獄の法令は、恣意的な暴力の行使を防ぐ役割を担うものとされていたが、実際には看守による暴力の行使は珍しいことではなかったと考えられる。朝鮮では、光州刑務所の内地人看守が受刑者を殴打し、免職になった事例がある[131]。また、看守が鞭で受刑者を打ったという事例もある[132]。新聞には、監獄看守が収容者を虐待したという記事も掲載されている[133]。さらに、内地人看守から虐待を受けた朝鮮人受刑者が、出獄後にその内地人看守に報復しようとした事例もある[134]。

　台湾では、看守が受刑者を平手打ちしたり木の板で殴ったりするようなことが頻繁にあったと、社会運動家の張秀哲の回想に記されている[135]。また台湾民報の記事によると、佐藤という看守が、邱という受刑者が集中して作業していないことを理由に裁縫工場で柔道技の背負い投げをし、死に至らしめたという。しかし、佐藤看守はこの事件で譴責されなかったため、台湾人収容者のみならず、内地人収容者までもが、断食して抗議したとされる[136]。

（四）　差別待遇

　二つの植民地監獄の看守が異なる民族の収容者をどのように扱ったかを調べると、差別的な待遇があったことがわかる。台湾の場合、例えば一日二回の自費での弁当の差し入れや入浴の順番において、通常は内地人収容者が優先されたり専用の待遇を受けたりしていた。一方、本島人

131）「囚人を殺した看守予審に」『朝鮮新聞』1924 年 10 月 16 日、3 面。

132）「十八回も破獄を企て果ては看守殺害と思い切つた極悪人」『朝鮮新聞』1926 年 3 月 18 日、2 面。

133）「日本人看守가 佩劒으로 罪囚亂打」『시대일보』1924 年 12 月 17 日 1 面。

134）「虐待한看守게 出獄後에殺害計画失敗코또監獄으로」『東亜日報』1938 年 10 月 28 日、2 面。

135）張秀哲『「勿忘台湾」落花夢』衛城出版、2013 年、126 頁。

136）「看守が囚人を殺す」『台湾民報』1927 年 12 月 11 日、11 面。

収容者や貧しい内地人収容者にとってはそのような待遇を受けることはあまりなかった[137]。朝鮮の場合も、内地人収容者の中には、労働のノルマをこなせなかったとしても特に問題視されないが、朝鮮人収容者の場合は体罰を受けることがあったという[138]。

六　戦時期の変化

(一) 看守による啓発への期待

　戦時体制下に入り前線・銃後にかかわらず、日本帝国の民衆は戦争に動員されることになった。特に、日本人として勤労奉仕に当たる人的資源はより貴重なものとなり、刑務所の収容者までもが動員されるに至った。刑務所収容者の労働力もより重視されるようになり、日本帝国は刑務所収容者の統合を一層強化した。刑務所側は収容者に日本人としての自覚を喚起させ、在所時に帝国の生産拡大策に従わせ、出所後も引き続き帝国に奉仕するよう求めた。

　このような国策的な需要が高まるとともに、看守をはじめ刑務官の役割もより重要なものになった。戦時期以前から重視されていた刑務官の品格はこの時期にも繰り返し強調された。刑務官は教育者としての役割も求められ、その行動は収容者にとって極めて啓発的なものとされた。このため、刑務官はこうした自覚を備えるよう要請された[139]。植民地の刑務官には特に、国語教育・皇民錬成の役割が期待された[140]。したがって、植民地刑務所の看守に対する教育では、行政法、法学通論、刑法、刑事訴訟法、行刑法以外に、皇民化に必須な知識、例えば日本史な

---

137) 江賜金「私の獄中便（三）」『台湾新民報』1931 年 10 月 31 日、14 面。

138) 中西伊之助『死刑囚の人生観』越山堂、1924 年、190 頁。

139) 「第三十五回刑務官練習所卒業式」『刑政』第 56 巻第 11 号、1943 年、27 頁。「総督訓示」『治刑』第 22 巻第 7 期、1944 年、2-3 頁。

140) 緑柳生「刑務官と教養」『台湾刑務月報』第 7 巻第 8 号、1941 年、34 頁。

ども強化しなければならないと語る刑務官もいたという[141]。その上、台湾の場合は日本帝国の南進政策の一端を担わされており、刑務官の南方研究に関する知識の強化を希望する声もあった[142]。但し、看守の多くが応召されていき、残された看守の業務量も増えたため、そのような言説に基づく期待が実現した例は少なかったとみられる。

　朝鮮においては、総督小磯国昭は刑務所長会議で刑務官の錬成を次のように強調した。

　　受刑者は謂はば心の病気弱者たることを自認せる以上、その病源に対して適切有効たる投薬を行ひ手術を加ふる名国手の救ひに縋らんとする心情も亦一般の病者と同様に切なるものがある筈であります。此の彼等の願望、希求を捉へて其の病根を断ちその心性を健全化するもの、之れ刑務官の深き自己修練によって体得せる大人格の作用でなければなりません（中略）諸官は行刑上教化を徹底する前提として先づ部下を提撕して自己修練を志すに当り、深く我が国体の本義に則る行刑の精神を的確に把握し、刑務所は受刑者再生の錬成道場であり、刑務官は此の道場の道彦たり助彦たる役割を全うすべき所以を自覚し、人格の玉成に精進し以て其の職責を果されんことを切望致す次第であります[143]。

　小磯総督の刑務錬成の理念に応じて、朝鮮総督府は幹部練成会や喇叭講習会をもって、国体の本義の究明及び戦時の社会的経済的状況の解説を通じて、刑務官としての教養を高めようとした。そして、法務局長通牒「刑務錬成概要」に基づき、受刑者の日常生活の起居動作万般の合図を軍隊的な喇叭によって行う必要が生じ、喇叭指導者の養成が喫緊の課題となった。このため、全鮮刑務所から将来、喇叭指導者となる者を選抜し、軍の指導の下で喇叭講習会に参加させることになり、全鮮刑務所

141）緑柳生「刑務官と教養」、37頁。
142）緑柳生「台湾行刑雑感」『台湾刑務月報』第8巻第8号、1942年、22頁。
143）「総督訓示要旨」『治刑』第21巻第7号、1943年、3-4頁。

で軍隊化が進められていくことになった[144]。

（二）看守の人員不足

　この時期、囚人自治制という戒護に関する新たな言説が流行していた。囚人自治制とは、受刑者にできるだけ多くの自由と信頼を与え、互いに責任を負わせ、監獄内における教化を原則として、監獄の運営を受刑者自身に委ね、監獄職員はこれを支援するというもので、アメリカの監獄改革家である Thomas Mott Osborne が提唱していた[145]。続いて、1918年は、当時の監獄局長の谷田三郎が囚人自治制を紹介し、過去の規律至上かつ官権主義による矯正方法と異なる方策であると論じた[146]。その後、正木亮が囚人自治制を継続的に取り上げた[147]。囚人自治制は日本の監獄法制度に影響を与え、行刑累進処遇の施行にともない、第二級以上の受刑者にある程度の自治を与えることになった[148]。朝鮮では1938年から累進処遇規則が施行されることになり、第二級以上の受刑者にも自治がある程度適用されるに至った。しかし、台湾では、累進処遇制度が施行されず、自治制とは縁遠かったと考えられる。

　日本精神を高揚させる戦時期には、正木亮によると、戒護が監獄の平和と秩序を維持する手段となり、従来の戒護は銃剣の威圧あるいは懲罰によって収容者を鎮静させるという表面的な技術にとどまっていたという[149]。しかも、この表面的な技術は逆に収容者たちの反目を惹起しやすかったため、監獄暴動が起きたという[150]。このため、正木は次のように論じた。犯罪者を真に平和な人間にするには、囚人自治制という発想を借りつつ、累進制及び個性調査を強調するとともに、収容者が参与

144）藤間忠顕「回顧と展望」『治刑』第 21 巻第 12 号、1943 年、7–89 頁。

145）Thomas Mott Osborne, Society and Prisons（New Haven: Yale University Press, 1916）.

146）谷田三郎「米国の囚人自治制」『監獄協会雑誌』第 31 巻第 9 号、1918 年、1–13 頁。
　　谷田三郎「米国の囚人自治制」『監獄協会雑誌』第 31 巻第 10 号、1918 年、1–23 頁。

147）正木亮『監獄法概論』有斐閣、1934 年、99–101 頁。

148）正木亮『監獄法概論』、101 頁。

149）正木亮「新体制と行刑の再認識二」『刑政』第 54 巻第 2 号、1941 年、6 頁。

150）正木亮「新体制と行刑の再認識二」、6–7 頁。

する協同戒護と団体主義の現れの一つである隣組制度も望まれる、と[151]。このようにして、囚人自治制の理念は受刑者の錬成の本質として変容していった。錬成の本質とすることは、外部的強制的他律的なものではなく、内部的自発的自律的なものとすることを意味する。したがって、受刑者が受動的な立場に置かれず、自主的精神で更生することを錬成の第一義としている[152]。しかしながら、日本の国家が家族主義の共同社会を基礎としているのとは対照的に、囚人自主の考え方は個人主義に立脚するものだった[153]。

　囚人自治制によって、受刑者は自己管理を行うことで、もはや単に監視される対象ではなくなるため、収容者と看守との距離は縮まった。囚人自治制は恐らく、開戦後に監獄で生じていた人員不足と密接に関連していたのであろう。

　戦時下、内地人看守は大部分が応召したため、看守の人員不足が生じた[154]。また、軍需増大にともない、収容者の作業時間を延長するとともに、構外作業も拡大した。同時に、看守の戒護の負担も大幅に増加した。監獄側は個々の戒護担当者の負担を軽減するために、戒護のための人員及び関連予算を増やした[155]。しかし、看守の増員には限界があったため、主に「雇」を増やすことで、看守の不足を補完した。「雇」は看守の訓練を受けていないため、戒護の専門性を有する者とはいえない。

　看守の人員不足を受けて、台湾・朝鮮における刑務所は必要人員を確保するための制度を整備した。まず、台湾と朝鮮の監獄令施行規則がそれぞれ改正された。それまでの規定では、行刑成績のよい受刑者を選び、刑務所の消防作業に従事させることができた。1944年にこの規定は改正され、行刑成績良好で逃亡のおそれがない者には、防空、消防や他の

---

151)　正木亮「新体制と行刑の再認識二」、8-14頁。
152)　佐々木敏雄「錬成偶感」『治刑』第21巻第8号、1943年、33頁。
153)　佐々木敏雄「錬成偶感」、34頁。
154)　李圭昌『運命의 餘燼』、292頁。
155)　長谷部正壽「昭和十九年度刑務所予算に就て」『刑政』第57巻第3号、1944年、27頁。

仕事に従事させることができるとされた[156]。この規定の改正を通じて、挺身報国を担わせるという名目のもとで、行刑成績が良好な受刑者を警戒や教化、作業指導の補助者にできるようになった。朝鮮では、この改正を通じて、「警備員」という制度が生まれた。つまり、「囚人自治」という名目のもとで、戒護を担う人員の不足を受刑者で補ったのであった[157]。内地でもこれに類似する「特警隊」という制度が設けられている[158]。言うまでもなく、専門的な知識や技能を持たない受刑者が戒護の役割を担ったことにより、戒護の質の低下は避けられなかった。

台湾では、各刑務所が特別採用看守制度を利用して、人員の補充を行った。このような状況では、看守が備えるべき知識の教習を十分に受けられないことが多く[159]、戒護看守にはただ拘禁するのみの手段が残り、行刑の真義は顧みられなくなったといえる[160]。人手不足のため、刑務所は看守を練習所に行かせず、看守は訓練を受けないまま業務に従事するようになった[161]。戦時下の刑務所において、看守は人員不足に伴う過密な業務に追われ、行刑における意義は戒護人員の需要に追われ低減し、素養は後退することとなった。

戦争によって刑務所職員の人手不足が深刻化し、人的資源はより重要なものになった。このような状況において、刑務所収容者までもが動員されるようになった。受刑者が看守の役割を果たすことさえあり、収容者と看守の距離は縮まった。帝国が収容者を包摂するに至ったともいえる。しかし、帝国への包摂は、収容者は看守と同様に戦争の残酷さに遭遇しなければならないということを意味した。

---

156) 『朝鮮総督府官報』第 5099 号、1944 年 2 月 18 日、27 頁。『台湾総督府官報』第 552 号、1944 年 2 月 5 日、27 頁。

157) 鵜殿司「警備員の処遇に就て」『治刑』第 22 巻第 8 期、1944 年 12 月、4–5 頁。坂藤宇太郎「現下行刑処遇上の重點と監獄令施行規則の改正」『治刑』第 22 巻第 5 期、1944 年、2–3 頁。李圭昌『運命의 餘燼』、292 頁。金珖燮『나의 獄中記』創作과批評社、1976 年、91 頁。

158) 小野義秀『監獄刑務所運営 120 年の歴史：明治・大正・昭和の行刑』、219–220 頁。

159) 緑柳生「刑務官と教養」、35 頁。

160) 緑柳生「台湾行刑と教養機関」『台湾刑務月報』第 6 巻第 10 号、1940 年、6 頁。

161) 「看守教習生赴任」『台湾刑務月報』第 8 巻第 6 号、1942 年、75–76 頁。

まとめ

　本章では日本帝国の植民地朝鮮及び台湾の看守に関する制度、言説並びに運用実態を取り上げつつ、帝国の社会統制のアクターとしての看守にいかなる専門化の変遷があり、植民地社会をどのように統制したのかという問題を解明できたと考える。ここまでの検討を通じて、以下の点が明らかになった。

　まず、看守という職は一連の制度整備及び関連する知識の受容を経て、確かに一定の専門職化を遂げ、職務の内容・責任も明確化された。植民地朝鮮及び台湾における看守に関する制度は基本的に内地に従う形で整備が進んでいたが、詳細に分析すると、看守点検規程は朝鮮より台湾のほうで早く施行され、また、主に司獄官練習所で看守の訓練を行っていた。また、両植民地における看守の民族構成は、朝鮮では朝鮮人の看守が四割程度を占めていたが、台湾では本島人の看守は極めて少数であった。この点は、両地が日本の植民地となる以前の状況の差異に起因すると考えられる。また、台湾及び朝鮮における戒具の種類は内地と差異があった。その分析の結果、植民地監獄の紀律がより重視され、また、植民地間で制度の移転が行われていたこともわかった。このようにして、帝国内における一つの植民地の制度が他の植民地へと拡散し、帝国のネットワークを形成する過程を明らかにした。

　看守戒護に関する知識の発展については、収容者に対する監視が最も重視されていた。だが、1910年代後半に、囚人自治制にともない、新たな考え方がアメリカから帝国日本へ導入された。30年代になると、日本内地と朝鮮で累進処遇制度が実施され、限定的ながら帝国日本において制度化された点にも留意すべきであろう。そして、戦時期においては、囚人自治制と相俟って、受刑者が刑務所の人員不足を埋める形で看守を務めるという実態が生じた。

　運用実態面については、看守による暴力が両植民地で絶えなかったことが確認できた。同じ民族である朝鮮人看守と朝鮮人収容者の間でも暴

力が振るわれていたことから、植民地における差別のみならず、刑罰執行の権力を持つ者と受刑者との社会的距離や排除という要因も看過できないものと考えられる。そして、戦時期以後、人員・予算の不足などにより、看守訓練の不徹底という問題が生じた。

第五章

植民地朝鮮及び台湾における
釈放者保護について

一　問題意識

　本章は、前章までの主に監獄内における処遇の考察と異なり、国家や社会によってなされる出獄後の受刑者に対する支援や管理の態様に焦点を当てる。序章で述べたように、植民地における「強制のネットワーク」の考察は、監獄だけに限定されるものではなく、他の代替的な措置も含めて検討されるべきである。そこで本章では、監獄を離れた釈放者の管理を通じて、植民地における強制のネットワークを考察することを目指す。本章では、帝国が釈放者をどのように認識し取り扱ったかについて、台湾、日本内地、朝鮮の状況を明らかにすることを目的として、これらの三者の差異に着目して分析を行った。その際、台湾の状況は日本内地・朝鮮と比べて、どのような特異性を有していたのかを重視するよう心掛けた。

　用語に関しては主に「釈放者保護」という用語を使用するが、「免囚保護」、「更生保護」、「司法保護」といった用語を使用する場合がある。ただし、これらの用語はその概念が対象とする範囲に違いがある点に注意が必要である。例えば、史料から確認できるように、昭和期以降、「司法保護」という用語の使用頻度が増加しているが、「司法保護」は少年の保護を指す場合なども含まれ、釈放者保護と異なるところがある。

　戦前の釈放者保護に関する日本の先行研究は、すでに多くの蓄積がある[1]。林尚之は司法保護制度の形成における思想的文脈を検討している

---

1) 江連崇『明治日本における「更正」思想：監獄改良・出獄人保護・教誨をめぐって』専修大学社会学博士論文、2017 年。江連崇「明治期における更生保護思想：『大日本監獄協会雑誌』からみる更生保護の意義と役割」『名寄市立大学社会福祉学科研究紀要』第 3 号、2014 年、47-55 頁。江連崇「施設内処遇と社会内処遇を通してみる更生保護思想史」『共生と修復』第 3 号、2013 年、53-56 頁。石田侑矢「問題解決型刑事司法の課題と展望：歴史的・訴訟法的観点からの一考察 (1)」『九大法学』第 113 号、2016 年、63-122 頁。日本更生保護協会 100 年史編集委員会『日本更生保護協会 100 年史』日本更生保護協会 2014 年。更生保護 50 年史編集委員会『更生保護 50 年史：地域社会と共に歩む更生保護』全国保護司連盟、2000 年。さらに、安形静男が雑誌『犯罪与非行』に発表した更生保護史に関する一連の論

が、釈放者保護は、教育刑という思想を背景として、国家と社会が協力して人間を改造するという考え方に基づいており、国体論と結びつくことによって、帝国が求める臣民を育成する役割を果たした[2]と論じる。こうした先行研究の多くは日本内地に焦点を当てており、植民地である朝鮮や台湾における釈放者保護の状況を含めた包括的な視点での議論は比較的少ないと言わざるを得ない。こうしたなかで、太田達也は、韓国の更生保護に関する研究の中で、植民地時期の更生保護の状況にも言及しており、その内容には重要な示唆が含まれている[3]。

　韓国においても、日本統治期の司法保護に関する多くの研究が進められており、思想犯に対する保護観察や釈放者の戦争協力への動員といった側面が取り上げられている[4]。しかし、朝鮮の状況に焦点が当たってはいるものの、日本内地における動向についての議論は比較的限定的であると考えられる。また、同じく日本の植民地であった台湾においては、どのような司法保護が行われていたのかという疑問も生じる。

　日本統治期の台湾における更生保護については、いくつかの先行研究が存在するものの[5]、全体として法制の変遷及び実際の運用に関しては未解明な部分が多く残されている。例えば、この時期における台湾の更

文も参考にすべき点が多い。
2) 林尚之「昭和初期の思想司法の展開と帰結：思想犯保護観察法、司法保護事業法の思想的基盤から」『人文学の正午』第 3 号、2012 年、100-101 頁。
3) 太田達也「韓国における更生保護事業の特色と刑事政策的意義（一）」『法学研究：法律・政治・社会』第 77 巻第 6 号、2004 年、1-34 頁。
4) 한상욱「일제강점기 조선총독부 행형기관의 보호사업 전개와 양상」『법무보호연구』第 10 巻第 1 号、2024 年、43-82 頁。한상욱「전시총동원체제기 朝鮮司法保護委員制度의 성립과 항만정신대 파견」『한국독립운동사연구』第 86 号、2024 年、161-209 頁。한상욱「전시동원체제기 조선총독부의 사법보호정책：朝鮮司法保護協会의 조직과 활동을 중심으로」『숭실사학』第 42 号、2019 年、319-354 頁。최선웅「일제시기 사법보호사업의 전개와 식민지적 성격：사상범 사법보호단체를 중심으로」『동방학지』第 186 号、2019 年、281-304 頁。김동근「일제강점기 법무보호사업의 연혁에 관한 연구」『법무보호연구』第 3 巻第 1 号、2017 年、1-33 頁。
5) 呉芙蓉「我国更生理念変遷：従矯治復帰到風險管理」国立台湾大学法学大学院修士論文、2009 年。黄宗旻「台湾更生保護制度之研究」国立台湾大学法学大学院修士論文、2004 年。台湾更生保護会『台湾更生保護会史実紀要』台湾更生保護会、1995 年。

生保護について、一部の研究は、その支援が主に民間によって提供されていたと指摘している[6]が、別の先行研究は、公的な部門による一定程度の関与を指摘している。即ち、日本統治期の台湾における釈放者保護事業において重要な役割を果たした三成協会は、その人員構成において監獄職員が一定の割合を占めており[7]、台湾の釈放者保護事業が「民間による主導」だったかについては、再検討の余地があるというのである。

　釈放者保護事業は単なる刑事政策にとどまらず、社会事業とも密接に関連している。大友昌子は、日本帝国統治下における日本内地、朝鮮、及び台湾の社会事業を考察する中で、これらの地域における近代性の発展とその限界に注目した。大友は朝鮮と台湾の社会事業の展開が、日本内地とは異なる様相を見せており、特に植民地支配の枠組みの中で抑圧された近代性が浮かび上がると指摘しているのみならず、さらに、台湾の社会事業の基盤が朝鮮と比較して相対的に充実していた点にも言及している[8]。大友の論点は、本章における重要な考察の基盤を提供している。

　本章では、釈放者保護を別房留置時期、官民協働時期、国家統制化時期の３つの時期に区分し、各時期における台湾と朝鮮の状況について詳細に検討する。

6）鄭添成「台湾司法保護的未来創新：日本更生保護制度的「示」『刑事政策与犯罪研究論文集』第 24 号、2021 年、43 頁。

7）王淑蕙「日治時期台湾司法保護事業之発展：以台湾三成協会為中心」国立台湾師範大学歴史学大学院修士論文、2013 年。周震歐「我国更生保護事業之展望」『刑事政策与犯罪研究論文集』第 1 号、1999 年、299–300 頁。

8）大友昌子『帝国日本の植民地社会事業政策研究：台湾・朝鮮』ミネルヴァ書房、2007 年。

二　別房留置時期（1872 – 1907 年）

（一）別房留置制度

　1872 年、大政官布告第 378 号により監獄則が頒布された。監獄則第 10 条によると、監獄則並図式時期において、出獄者が、脱籍無産者であれば、懲治監に収容し、他の受刑者と区別しながら、技術習得の機会を提供するとされた。本人の意思にかかわらず、一律懲治監に収容された。実際には、懲治監は出獄者だけでなく、他の不良少年なども収容しており、複合的な性格の施設であった[9]。その後、予算の関係で監獄則の施行も中止された。1881 年には日本全国で 33 ヶ所に懲治監があったが、懲治監を設置していない府県もあり、財政上の制約が関係していることが窺える[10]。

　1881 年から 1889 年にかけて、改正監獄則第 30 条により、懲治監は刑余別房留置制度へと転換され、行き先がない出獄者の収容に使用された。小原重哉は、欧米諸国の更生保護措置視察後、出獄者に保護措置を提供する必要があるとして、別房留置制度の意義を指摘した。しかし、小原は、地方教育所が設置されるのであれば、これを別房留置制度に代えることができると考えており[11]、小原が更生保護を社会事業的な方法で扱おうとしていたことが窺える[12]。実際には、一部の監獄では、別房留置者を「人足部屋」として運営し、別房留置者を人夫として働かせるケースも見られた[13]。

　刑余別房留置は第二の監獄に過ぎないとの反対意見もあった。加えて、

---

9)　安形静男「更生保護史考 2 出願懲治制度の展開」『犯罪と非行』第 97 号、1993 年、126 頁。

10)　安形静男「更生保護史考 2 出願懲治制度の展開」、129 頁。

11)　小原重哉『監獄則註釈』矯正協会、1974 年、108-109 頁。

12)　安形静男「更生保護史考 3 別房留置制度の廃止」『犯罪と非行』第 98 号、1993 年、137 頁。

13)　原胤昭『出獄人保護』天福堂、1913 年、516 頁。

別房留置制度には相当の予算が必要であり、監獄予算を措置する府県にとっては大きな負担であった。そのため、府県からの反対を受け、1889年の監獄則の改正時に刑余別房留置制度は廃止された[14]。しかしながら、旧刑法付則第32条及び第47条に基づき、刑期満了者や仮釈放者であっても、引き取り手がいない場合には、別房に収容することが可能であった。実質的には1908年に新刑法が施行されるまでの間、別房留置制度は存続した。別房留置される釈放者の処遇は受刑者と大きな差異はなかったといわれる[15]。

　台湾は1895年に日本の植民地となり、その後、旧刑法が依用されたため、「別房留置」の規定も持ち込まれた。台湾総督府は、別房留置者の処遇に関して、刑法附則の規定以外に関連規定が存在しないことから、日本内地の監獄や台湾本島の監獄における慣例に基づいて行われており、公平性を欠く可能性があると認識していた。そこで、1904年に訓令として別房留置者処遇規則を公布した[16]。この規則では、別房留置者の工場は受刑者の工場と区別するものと定められている。また、衣服や寝具は原則として自弁とし、例外的に貸与するものとし、貸与される衣服の色は浅葱色であった[17]。服役する別房留置者の工銭は、支給額から衣食費を控除した額を支払うと規定されている。

（二）民間による釈放者保護の動き

　別房留置が依然として存在する一方で、民間側で出獄者保護事業を実施する動きがみられるようになった。例えば、1888年に設立された静岡県出獄人保護会社は、その重要な先駆けであった。しかし、地域社会

---

14)　『内務大臣請議監獄則改正案ノ件』雑01298100、国立公文書館。日本更生保護協会100年史編集委員会編『日本更生保護協会100年史』日本更生保護協会、2014年、65頁。吉野栄二『更生保護会運営に関する実証的研究』法務研修所、1957年、26頁。

15)　「別房留置人待遇」『監獄学会雑誌』第4巻第3号、1893年、29頁。

16)　「別房留置人処遇規則ニ関スル訓令発布ノ件」（1904-09-21）、「明治三十七年台湾総督府公文類纂永久保存第五十三巻警察監獄」『台湾総督府档案. 総督府公文類纂』国史館台湾文献館、典蔵号：00000980009。

17)　日本内地も類似の慣例があったようである。杉野喜祐「免囚保護の草分けと保護会誕生の模様」『保護時報』第18巻第1号、1934年、48頁。

の人々の中には、出獄者保護事業に理解を示さない者もおり、逆になぜ泥棒を保護する必要があるのかと官員に問いただすこともあった[18]。このような状況は、民間による出獄者保護事業への参入を困難にしていた。

　明治20年代、静岡や愛媛などの地域では、釈放者保護会が成立していたが、全国的にはその数は少なかった[19]。小河滋次郎は1892年、日本の官民双方において出獄者保護事業に対する関心が不足しており、設備も依然として不十分であると指摘し、出獄者保護事業は純然たる社会事業であるが故に、国家が直接関与する責任はないものの、監獄当局がその仲介役を果たし、出獄者保護事業の発展を促進すべきだと語っている[20]。小河にとって、釈放者の保護は釈放者の家族が全面的に協力すべきであることはもちろんであるが、監獄職員が熱心に釈放者保護事業に協力することも重要であった。このような体制が整ってこそ、釈放者を良好な環境の中で自立させ、再犯を防ぐことが促進されるというのである[21]。小河滋次郎の言説は、後述する司法保護の国営化の考え方とは異なるものであった。

　1897年、英照皇太后が崩御された際に恩赦が行われ、およそ1万5千人の受刑者が出獄した。この大量の出獄者に対処するため、当時の内務大臣は典獄会議において釈放者保護会の重要性を強調し、その結果として6、7カ所の保護会が設立されることになった[22]。しかし、やはり釈放者保護会は一般に普及した組織とはいえず、1898年の時点においては、滋賀県のように依然として出獄者保護会の組織が存在しない地域もあり、代わって、地方の寺院住職や監獄教誨師の斡旋によって支援が行われていた。出獄者保護に対する一般の人々の認識は依然として不十

---

18) 杉野喜祐「免囚保護の草分けと保護會誕生の模様」『保護時報』第18巻第1号、1934年、50頁。

19) 谷田三郎『免囚保護事業に就て』輔成会、1916年、41-42頁。

20) 小河滋次郎「出獄人保護事業に就て」『警察監獄学会雑誌』第3巻第10号、1892年、6-7頁。

21) 小河滋次郎『獄務攬要』東京書院、1906年、165頁。

22) 谷田三郎『免囚保護事業に就て』、42頁。

分であった[23]。

　1903 年、監獄事務が内務省から司法省へと移管され、明治 30 年代には日本内地において、37、8 カ所で保護会が設立されていた[24]。しかし、このような状況下においても、十分な規模のある保護場はごくわずかであった。その多くは運営体制が脆弱で管理者が不在なこともあり、あるいは監獄の教誨師や看守が本来の職務の傍らで保護活動を行っており、組織として十分な管理体制を確立するには至っていなかった。その結果、十分な支援を提供するには限界があり、保護活動の成果は乏しかったようである[25]。

（三）植民地台湾における釈放者保護事業の成立

　台湾における釈放者保護事業の成立を見ていこう。1898 年、台北には白羽窮民教養所が設立され、出獄者の保護が実施されていた。1899 年には、台北で感化保護院が設立され、出獄者の保護業務も行われていた。しかし、これらの取り組みは、長くは続かなかった[26]。

　1905 年、日本が台湾を統治してから十年が経過し、全島の教誨師が一堂に会する機会があった。彼らは台湾における出獄者保護事業の不十分さについて検討し、その問題点を指摘した。彼らによれば、本願寺本山には慈善基金として 500 万円の資金があったものの、本願寺の内規では、補助を受けるには 5 万円の自己資金が必要だとされていたことが障壁となり、本願寺が台湾の出獄者保護事業を支援するには至っていなかった[27]。

　台湾の司法保護は、1905 年に台南監獄で組織された「累功舎」から始まった。累功舎は主に教誨師の藤井恵照によって創立された。その経緯は次のようなものであった。藤井は台南監獄で、官文書偽造行使罪を犯した内地人の受刑者西村氏に出会った。その受刑者は若くして一時的

23）白井勇松「私と司法保護事業」『保護時報』第 18 巻第 9 号、1934 年、28 頁。

24）谷田三郎『免囚保護事業に就て』、42 頁。

25）谷田三郎『免囚保護事業に就て』、42 頁。

26）山本榮三「本島に於ける行刑と司法保護事業の沿革」『台湾司法保護』第 103 号、1943 年、23 頁。

27）「保護免囚事業」『台湾日日新報』1905 年 11 月 19 日、5 面。

な過ちにより牢獄に囚われる身となったが、その後、模範囚として仮釈放の詮議の対象として認められることとなった。しかし、西村には身元引受人がいなかったため、仮釈放できるかどうかという疑義が生じた。藤井は西村を収容保護するという形で、仮釈放した。この事案を機に、藤井は釈放者の支援を目的に累功舎を台南の塩埕庄に設立するに至った[28]。累功舎の設立に関しては、藤井だけではなく、当時台南監獄典獄であった高屋常三郎も多くの支援を行っていた[29]。

その後、台北監獄に「一新舎」、台中監獄に「再生舎」が設立され、司法保護が実施された。1907 年には、台南の累功舎で 12 名、台中の再生舎で 8 名、台北の一新舎で 21 名が収容されていた[30]。

台中再生舎には 6 部屋があり、それぞれ 6 畳敷で、各部屋に 4 名を収容できた。当時は 10 名の出獄者を収容しており、内地人が 4 名、本島人（台湾人）が 6 名であった。舎生の労働は主に農業、飼育、及び木工であり、労働による賃金は 1 日 20 銭から 30 銭であった。月々の生活費は約 30 円 70 ～ 80 銭であったが、厳しい節約と貯蓄を行った結果、1 年間で 200 円を貯めた者もいたとされる。再生舎は毎年台湾総督府から 700 円の補助を受けていたが、運営費を賄うには不十分であり、前述の労働作業によって補填する必要があった[31]。

あくまで、日本内地人教誨師としての視点であるが、当時、藤井恵照は、台湾における釈放者保護事業の推進が比較的順調であった理由として、いくつかの点を挙げている。それによれば、第一に、藤井は本島人の文化水準が低く、釈放者に対して冷淡な態度を取ることが少なかったと考えている。第二に、受刑者は監獄内で日本語を学び、洋裁や指物工などの作業技術を習得することができたため、出獄後に雇用されやすかった[32]。第三に、監獄で得た作業賞与金は、30 銭から 40 銭程度で

28) 山下存行「日本刑事政策史上の人々（その 13）藤井恵照」『罪と罰』第 5 巻第 2 号、1968 年、40 頁。

29) 山下存行「日本刑事政策史上の人々（その 13）藤井恵照」、40 頁。『昭和十四年 台湾の司法保護事業』財団法人台湾三成協会、1939 年、9-10 頁。

30) 「本島免囚保護事業」『台湾日日新報』1907 年 9 月 13 日、2 面。

31) 「台中再生舎近状」『台湾日日新報』1909 年 2 月 20 日、2 面。

あったものの、本島人にとっては非常に有益であり、結婚資金としても活用できるほどであった[33]。

　これはあくまで日本内地人教誨師の視点ではあるが、本書の前半で取り上げた台湾監獄における林投帽作業技術と対照的に、受刑者が出獄後に職を得られるようにする取り組みが行われ、当時の台湾社会が釈放者を一定程度受け入れな態度を示しているといえる。ただし、これが台湾の釈放者保護事業が非常に盛んであったことを意味するわけではない[34]。

（四）警察の監視

　旧刑法では、主刑終了後に警察が受刑者を監視することを附加刑として規定していた。この制度により、釈放者が出獄した後も警察による監視の対象となる可能性があった。当初、この監視制度は釈放者の更生を促進する意図があると考えられていた[35]。ただ、むしろ民間による保護団体の設立を後押し、警察がその後ろ盾として支援するほうが効果的であるという意見が広がり、新刑法では監視制度が廃止されるに至った[36]。

　旧刑法における釈放者監視制度が台湾へ実施されたことは、利点よりも弊害が多いと見なされ、釈放者が真に悔悟し、正業に就こうとすることを阻害するものとして、多くの批判を招いた。そもそも、自由な移動が制限され、警察官による度重なる臨検を受けるため、人々が釈放者を避けようとすることは当然であったといわれる。その結果、釈放者の引受や雇用を躊躇する状況が生まれ、出獄者は自暴自棄に陥りやすくなった。このような問題から、監視制度には修正あるいは廃止の必要性があ

---

32)　当時の出獄者調査からも、このような効果が指摘されている。「出獄人身上調査」『台湾日日新報』1909年4月8日、2面。

33)　山下存行「日本刑事政策史上の人々（その13）藤井恵照」、41頁。

34)　本書の第2章で分析されている林投帽に関する部分は、当初の植民者の意図とその意図を超えた状況について論じており、林投帽製造技術の習得が社会復帰に役立つという点を否定するものではない。

35)　阿部利政『巡査須知警察要義』和合堂、1893年、216-217頁。

36)　三重県保護会『百周年記念誌』三重県保護会、1994年、104-105頁。

るとの声が多く上がっていた[37]。

三　官民協働の時期（1908 - 1939 年）

（一）国からの支援金

　国家と釈放者保護との関係をめぐる議論がどのような変遷をたどって
きたのか、国際監獄会議の決議を踏まえてその経過を確認してみよう。
1878 年の第 2 回国際監獄会議において、国家が私設団体としての保護
協会を支援すべきか否かについて議論が行われ、支援すべきであるとの
肯定的な決議がなされた。1885 年の第 3 回国際監獄会議では、釈放者
のために収容所を設置すべきかについて議論が行われ、釈放者の保護収
容は避けるべきとの見解が示された。1890 年の第 4 回国際監獄会議では、
国家、地方、または民間団体が協力して、釈放者の保護を促進すること
を目的に労役場や庇護所の設置を支援できるとの決議がなされた[38]。
1930 年の国際監獄会議では、官憲による保護制度の完全な組織を有し
ない国家においては、民間保護団体に対し適切な補助金を交付すること
が求められる。これにより、民間保護団体は有給の職員を増員すること
が可能となる。また、国家はこれらの事業を監督するために官吏を増員
する必要がある。さらに、保護事業のために官吏を雇用する国家におい
ては、事業が持続的に運営されるよう、組織化を図ることが不可欠であ
るとの決議がなされた[39]。1935 年の第 11 回国際監獄会議では、釈放者
に提供するための「ホーム（home）」の設置が必要であるとの決議がな
された[40]。このように、初期の釈放者に対する消極的な監視から、積極
的に収容と支援を提供する方向へと変化していることが見て取れる[41]。

37）「監視之有弊害」『台湾日日新報』1905 年 10 月 24 日、3 面。
38）平野利『司法保護事業に就て』司法省調査課、1933 年、53–56 頁。
39）平野利『司法保護事業に就て』、64 頁。
40）正木亮『国際監獄会議』法務省、1966 年、159–160 頁。

　1907 年以前、日本政府は民間側が出獄者保護事業を主導するよう奨
励していたものの、その多くは理念上の支持にとどまり、具体的な奨励
策を講じるわけではなかった[42]。1907 年の予算において、政府は免囚
保護奨励として 1 万円を計上し、議会の協賛を得たうえで、司法省訓令
に基づいて免囚保護事業奨励費取扱手続を定めた。これは全国にある既
存の保護団体から一部を選定し、奨励費の分配や経営支援を行うもので
あり、また、保護団体の成立を促進するものであった[43]。1908 年から、
司法省は毎年、釈放者保護事業に対する保護奨励費を計上し、各地の釈
放者保護事業の発展を促進した。さらに、地方長官も免囚保護規程を制
定・公布し、免囚保護事業の円滑な発展に寄与した[44]。その後、明治天
皇の崩御に伴う恩赦があり、日本内地の保護会設置はさらに進んだ。こ
の時期には、すべての府県に保護会が設置されており、釈放者の保護体
制が全国的に確立されつつあった。ただし、一部の保護会は規模が小規
模で、十分な成果を上げることが困難であった[45]。当時の日本内地では、
釈放者を北海道や朝鮮などに送って開墾作業に従事させることで、不適
切な保護環境を回避できると考える監獄職員も存在していた。この方策
は一見すると釈放者の保護を目的としているように見えるが、同時に釈
放者を元の社会から排除しようとする思考も垣間見えるものであった[46]。

　1913 年、監獄局長谷田三郎が監獄局の外部団体である監獄協会内に
中央保護会を設置し、全国の司法保護組織を統合しようと試みた。男爵
三井八郎次郎は、受刑者の教化と出獄者の保護事業を支援するために
75 万円を寄付したいと申し出た。司法省次官の鈴木喜三郎や谷田三郎
らがこれを協議し、寄付金を受け取り、1914 年に財団法人輔成会が設

41）市川秀雄「司法保護事業の本質——新立法を機縁として（二）」『刑政』52 巻 10 号、
　　1939 年 10 月、33 頁。

42）近藤亮雅「我国釈放者保護事業発達史概観」『輔成会会報』第 10 巻第 4 号、1926
　　年、61–62 頁。

43）近藤亮雅「我国釈放者保護事業発達史概観」、62 頁。

44）谷田三郎『免囚保護事業に就て』輔成会、1916 年、42–43 頁。原胤昭『出獄人保
　　護』天福堂、1913 年、518–519 頁。

45）谷田三郎『免囚保護事業に就て』輔成会、1916 年、44 頁。

46）櫻井革声「免囚の保護事業に就て」『成人』第 140 号、1912 年、49 頁。

立され、その後、中央保護会の活動を引き継ぐ形となった[47]。

（二）植民地朝鮮の釈放者保護の始まり

中橋政吉の研究によれば、韓国併合以前の段階で、水原の京畿監獄が釈放者に対して金銭などの援助を行っていたことが確認できる。中橋はこれを、朝鮮における釈放者保護の起点と見なしている[48]。その後、監獄官制の実施及び監獄制度を日本内地に準拠させる動きが進むにつれて、朝鮮においても民間の釈放者保護組織が設立されるようになった[49]。

韓国併合以後、監獄職員などの司法実務家や社会事業に従事する関係者によって、地方における出獄人保護事業が展開された。例えば、仁川分監の教務嘱託だった浄土宗僧侶の大島玄瑞が設立に関わった仁川救護院では、仁川分監やその他の監獄から釈放された出獄人に対して、引受保護や職業紹介などの支援を行った。また、やはり出獄人保護を提供していた公州慣業院は、検察官、警察、病院院長、典獄などが共同で発起した組織だった。

民間との連携が謳われてはいたものの、実際には多くの保護活動は監獄職員が業務の合間に行う形で進められていた[50]。つまり、形式上は民間組織が関与しているように見えても、その運営や実務の多くは監獄関係者の負担に依存していた。特に、明治天皇の崩御に伴う恩赦によって釈放者が急増したことは、地方における保護団体設立の必要性を一層高めた。この急務に対応するため、各地で保護団体が次々と設立されたが、多くの団体は規模が小さく、経済的基盤も脆弱であった[51]。

明治天皇の崩御に伴う恩赦により、多くの受刑者が赦免されて出獄した。彼らが社会に復帰する際に問題を引き起こさないようにすることは、

---

47) 鈴木喜三郎先生伝記編纂会編『鈴木喜三郎』2版、鈴木喜三郎先生伝記編纂会、1955 年、130 頁。
48) 中橋政吉「朝鮮に於ける釈放者保護事業」『保護時報』第 18 巻第 6 号、1934 年、16 頁。
49) 中橋政吉「朝鮮に於ける釈放者保護事業」、16 頁。
50) 中橋政吉「朝鮮に於ける釈放者保護事業」、17 頁。
51) 中橋政吉「朝鮮に於ける釈放者保護事業」、17 頁。

日本内地だけでなく、植民地においても大きな課題となっていた。1913年以降、朝鮮総督府は免囚保護事業に対する補助金の下付手続きを定め、さらに宮内省からの下賜金や各道の地方費による補助が加わったことで、朝鮮における司法保護団体が確立されるに至った[52]。朝鮮総督府の奨励の下、1916年には監獄及び分監の所在地である 21 ヶ所全てに出獄人保護会が設立された。朝鮮総督府は毎年 5000 円の補助を行っていた[53]。

　また、日本内地人と朝鮮人の双方が内地—朝鮮間を活発に往来するようになるにつれて、司法保護事業の連携が一層重要視されるようになった。このため、多くの朝鮮の司法保護団体が輔成会に加盟し、相互の連携を強化する動きが見られた[54]。

　1934 年、朝鮮法務局は京城、平壌、大邱の三カ所にある覆審法院管内に保護事業研究会を設置し、事業の発展と連携を促進するため、各地の保護会に対する指導に取り組んだ[55]。1935 年下半期において、法務局はすでに各覆審法院管内の司法保護事業研究会会長に対して、1936年に司法保護協会の設立に着手する旨を伝達するとともに、金銭的な寄付を求めていたが、実際に研究会から提供された資金は予想を下回るものであった[56]。また、1935 年に発生した大規模な風水害の影響により、住民からの寄付を募ることが民衆にさらなる負担を強いると判断され、この計画は中止された[57]。

（三）植民地台湾における釈放者保護事業の統制化

　1915 年、台北、台中、台南の三つの保護場は法務部長石井為吉の主導によって、中央統一機関としての財団法人組織「台湾三成協会」に統

---

52) 朝鮮督府法務局行刑課編『朝鮮の行刑制度』治刑協会、1938 年、92 頁。

53)「出獄人保護会」『毎日申報』1916 年 7 月 18 日、2 面。

54) 朝鮮総督府法務局行刑課「免囚保護関係書類」『朝鮮総督府記録物』管理番号：CJA0004329、1927 年、78-80 頁。

55) 朝鮮総督府法務局行刑課編『朝鮮の行刑制度』、90 頁。

56) 朝鮮総督府法務局行刑課「司法保護協会設立の件」『朝鮮総督府記録物』管理番号：CJA0004316、1935 年、23-25 頁。

57)「免囚保護機關創立遂に立消え！」『朝鮮新聞』1936 年 11 月 13 日、7 面。

合された[58]。台湾三成協会の設立申請者には志豆機源太郎、武川銓之助、本多理三郎らが名を連ねており[59]、監獄職員が釈放者保護事業を支援するという形が引き継がれていることが窺える。その後、新竹、嘉義、高雄にも支部が設置された。しかし、この規模では全島の対象者を十分に保護することはできなかった。そのため、各地の有志に保護団体の設立を呼びかけ、多くの地域で次々と民間保護団体が設立された[60]。このように中央から統制を進める動きがある一方で、長尾景徳は法務部長在任当時、社会を保護するために、釈放者の保護は社会の義務であると述べていた[61]。

1925年の時点において、台湾に存在する保護団体はわずか7つだった。それらは、台北、台中、台南にそれぞれ1つずつの保護団体からなる台湾三成協会、及び宜蘭保護会、嘉義厚生舎、高雄洗心舎、新竹新生舎の4団体である。これら4団体は、三成協会から資金提供を受けていたため、三成協会の監督下に置かれていた。また、この4つの団体のうち、嘉義厚生舎だけが本島人の僧侶によって創立されたものであった[62]。その後、員林開新舎、鹿港更生舎も台湾人によって設立または運営されている[63]が、釈放者保護事業に対する本島人の関与は依然として限定的だった。

(四)「司法保護」という言葉の創出

本章で用いている「釈放者保護」という言葉は、主に仮釈放を受け、

---

58) 『台湾釋放者保護事業概要』財団法人台湾三成協会、1930年、6頁。「財団法人臺灣三成協會設立許可（志豆機源太郎）」(1915-08-01)、「大正四年台湾総督府公文類纂永久保存第三十巻地方」『台湾総督府檔案. 總督府公文類纂』国史館台湾文献館、典蔵号：00002370017。

59) 「財團法人臺灣三成協會設立許可（志豆機源太郎）」。

60) 山本榮三「本島に於ける行刑と司法保護事業の沿革」『台湾司法保護』第103号、1943年、23頁。武田嘉太郎『免囚の声』台湾財團法人三成協会、1921年、5頁。

61) 長尾景徳「台湾の犯罪傾向と對策」『台法月報』第14巻第9号、1920年、168-169頁。

62) 瀬川了全「司法保護に就て（承前）」『台湾警察協會雑誌』第102号、1925年、34頁。

63) 『台湾釋放者保護事業概要』、6-9頁。

あるいは刑期を終えて出獄した者を対象とした保護事業を意味する。「司法保護」という用語が指す対象は、上記の対象に限定されるものではなく、執行猶予中の者や非行少年などを含む場合もあると考えられる。「司法保護」という用語が形成されたのは、主に 1920 年代初頭のことであると言われている。

　司法保護という概念を提案した司法実務家である宮城長五郎によれば、司法保護の概念の使用により、司法保護事業は従来の慈善救済的性格とされる釈放者保護とは区別されるようになった。司法保護は単なる社会事業ではなく、刑事責任を背景とした特殊な社会事業であり、保護するだけではなく、犯罪抑止の役割も担っていると認識されている。これは少年保護の議論から形成された「寛厳並存」の特徴でもある[64]。司法保護の概念が使用されるようになることで、少年法に由来する国家統制の性質や、司法保護が持つ犯罪抑止と社会事業の性格が明確に表れることになった。これは同時に、保護における国家の役割がより強調されたものとみることができる。これで、宮城長五郎と監獄局長であった山岡萬之助は 1922 年に協議し、「司法保護」という用語を採用することを決定した[65] ことによって、釈放者保護事業に新たな意味が付与された。

（五）思想犯保護観察

　日本内地では、1931 年の思想犯保護観察法施行に伴い、思想犯出獄者に対する国家の管理が強化されることになり、一般の受刑者と比較して、再犯防止の効果が高まったとされている[66]。思想犯保護観察法がこのような効果をもたらした主な理由は五つある。第一に、強い国家的性格が背景にあったこと。第二に、日本独特の家族精神と仁愛主義がこの制度に反映されていたこと。第三に、保護に対して積極的な姿勢が取られていたこと。第四に、保護対象の専門化。第五に、精神の指導も強調

65）森田明『未成年者保護法と現代社会』有斐閣、1999 年、230–231 頁。

65）宮城長五郎「反古の見直」、野尻収編『司法保護実例批判 第 1 輯』大道書房、1940 年、付 23 頁。

66）森山武市郎『最近の司法保護思潮』司法保護協会、1941 年、6 頁。

していたことである。これらの要素が相俟って、思想犯に対する再犯防止が効果的に機能したとされている[67]。

　1936年には朝鮮で思想犯保護観察制度が施行され、各地の保護会は指定された保護団体に思想部を設置した。また、法務局内には保護課が設置された[68]。1936年12月、京城、咸興、清津、平壌、新義州、大邱、光州の7ヶ所に保護観察所が設置され、主に思想犯の司法保護を扱った。保護課の調査によれば、思想犯の保護観察対象者のうち再犯率はわずか約1％であり、これは一般犯罪者の再犯率と比較してかなり低い数字であった[69]。

　1937年に開催された全日本司法保護事業大会には、台湾と朝鮮の司法保護実務家も参加した。この会議の決議の中で、特に台湾や他の外地においても、思想犯保護観察法を施行することが求められた[70]。1937年に新竹州で開催された新竹州司法保護委員大会では、台湾の統治における特殊性により、各種制度の施行が内地や朝鮮に比べて明らかに遅れている点が多いことも指摘されたが、思想犯保護観察法の施行、一般釈放者保護法の施行、そして全島司法保護事業協会の成立が提案された。これに対して法務課は、後者二点は既に計画中であると説明し、思想犯保護観察法については1938年の予算状況次第で対応することを検討していると述べた[71]。

　本章では、思想犯保護観察法について紙幅を割くことはできないが、日本内地、台湾、朝鮮の差異について概観しておくと、日本内地ではまず少年を対象とし、その後、思想犯を国家主導による司法保護の対象とした。一方、朝鮮では思想犯を優先して対象としている。台湾において

67）森山武市郎『最近の司法保護思潮』、7-8頁。
68）朝鮮總督府法務局行刑課編『朝鮮の行刑制度』治刑協会、1938年、90頁。
69）法務局保護課「半島に於ける司法保護事業の躍進（下）」『朝鮮』第329号、1942年、106頁。
70）全日本司法保護事業聯盟編『昭和十二年全日本司法保護事業大会報告書』全日本司法保護事業聯盟、1937年、107頁。
71）「釈放者保護事業ニ関シ建議ノ件」（1937-01-01），〈昭和十二年例規綴〉，《台湾総督府档案．法務、会計参考書類》，国史館台湾文献館，典蔵号：00011171056。

は思想犯保護観察法に基づく事業が民間や政府によって実施されるよう期待されたものの、最終的には実施されなかった。以上のことから、植民地における教育刑の浸透度に差異があったことが窺え、日本帝国が治安維持において何を重視していたのかを垣間見ることができる。

（六）保護の実態

1.　朝鮮

　朝鮮では、1913 年 5 月に免囚保護事業補助金の支給手続きを定め、朝鮮総督府は同年度から毎年五千円を交付した。1920 年、朝鮮では笞刑の廃止に伴い、自由刑による収監者数が増加するとともに釈放者も増加した。こうした状況を受けて、補助金の総額は従来の五千円から一万円に引き上げられ、保護団体の数も 21 団体に増加し[72]、1925 年には 30 団体に達している[73]。しかし、その保護の実績は全体出獄者数の 5 分の 1 にも達していないという事実は、社会事業上、無視することができない問題である[74]。

　当時の朝鮮総督府の記録によれば、司法保護団体は朝鮮総督府から提供された資金に頼るしかなかったが、その資金は十分ではなかったため、保護場や作業場の不足が深刻となり、司法保護団体は出獄者の収容保護を最小限に抑える方針を取らざるを得なかった。そこで、長期的な収容ではなく、一時的な収容のみで対応する方策を講じることとなった[75]。また、監獄の囚人の糞便は、当初は民間の希望者に無償で提供していたが、農業の発達に伴い、糞便を使った肥料の価値が上昇したことから、無償のままにしておくことは得策ではないとの考え方が生じてきた。このため、保護会は、監獄から安価で糞便の払下げを受け、さらに肥料づくりを民間に受け負わせ、その売上を経費に充当することにした[76]。

72）森徳次郎「朝鮮に於ける免囚保護」『朝鮮』第 77 号、1921 年、281 頁。

73）「免囚保護事業」『朝鮮日報』1925 年 2 月 8 日、1 面。

74）「免囚保護事業」『朝鮮日報』1925 年 9 月 1 日、2 面。

75）朝鮮総督府行刑課「免囚保護事業補助金増額方法ノ件（京城刑務所長）」『朝鮮総督府記録物』1927 年、管理番号：CJA0004329、178-179 頁。

76）諏訪善太郎「免囚保護事業と少年の感化善導」『朝鮮社会事業』第 10 号、1924 年、

朝鮮総督府法務局の調査によると、朝鮮全土の刑務所 26 ヶ所から釈放された人数は、1932 年 4 月から 1933 年 3 月までの 1 年間に 30,790 人だった。これは前年に比べて 4,486 人の増加となっている。この釈放者のうち、保護団体による支援を受けたのは 16,492 人で、全体の 54 % を占めている。過去 5 年間のデータを見ると、保護率は徐々に上昇しているものの、直接的な保護を受けたのはわずか 876 人にとどまり、15,616 人は一時的な保護にすぎなかった。1933 年の統計によると、朝鮮において、実際に保護対象者の生活費に回る金額は 1 人当たり 9 銭 8 厘しかないという厳しい状況にあり、食費や衣類費を支給することすら難しく、保護事業の徹底は不可能であった[77]。これは、資金不足に加えて、業務の煩雑さも影響したことによるもので、完全な保護事業の実施は非常に困難な状況にあった[78]。

　朝鮮は、直接的な収容は釈放者保護の主要な方法にはなっていなかった。これは、経済的制約によって保護施設（保護場）の拡張が困難であったためである。その結果、釈放者への支援は、主に一時的な保護をもって実施する形で運営されていた[79]。だが、1937 年、直接・間接保護の人数が激増し、その延べ人数も増加していたようである[80]。直接的な保護人数は増加しているものの、当時まだ少年法が施行されていなかった朝鮮においては、少年保護に対して冷淡であり、少年保護会の財政も非常に脆弱だった。このような状況は、少年保護をめぐる困難な状況を浮き彫りにしているものといえる[81]。

　釈放者保護が主に監獄職員と社会篤志者によって担われていた時期には、人手や資金が不足しており、また社会全体も出獄人保護の重要性を十分に理解していなかった。後に法務局もその効果が非常に限定的だっ

---

14 頁。

77)「伐齊爲名에 不過한 朝鮮의 免囚保護事業」읽『朝鮮日報』1934 年 3 月 18 日、2 面。
78)「그들은어데로！一年間免囚者三万七百九十人『朝鮮日報』1933 年 10 月 7 日、2 面。
79)　中橋政吉「朝鮮に於ける釈放者保護事業」、20 頁。
80)「一年間의 釈放者二万八百十七名 司法保護団体被保護者万三千余名」『朝鮮日報』1937 年 10 月 30 日、2 面。
81)「保護機関이 急務」『朝鮮日報』1938 年 9 月 24 日、7 面。

たと評価している[82]。

　1935年の東亜日報の社説には、釈放者保護に対する理解を呼びかけたものがある。この社説は、犯罪防止の手段として貧困防止を挙げ、多くの犯罪の背景には同情すべき状況があると指摘している。そのうえで、貧困問題への対策の必要性を指摘し、釈放者保護も重要な犯罪防止策の一つであるとしている。というのは、当時の朝鮮の受刑者においては、初犯と再犯の割合に大きな差がなかったからである。釈放者は出所後に社会からは排斥され、生活が立ち行かず、警察署に戻り、再び刑務所に戻してほしいと懇願する例もあった。他の出獄者の投書からも分かるように、朝鮮人の釈放者は獄中で差別的な待遇を受けたばかりでなく、釈放後に戻った朝鮮社会でも差別を受けていた[83]。

　このような事例が存在するため、釈放者が再び犯罪の深淵に陥らないよう、釈放者保護の提供が望まれていた[84]。この社説では、このような犯罪予防の取り組みは広範な社会政策に関わるものであり、国家規模の包括的な仕事であると述べている[85]。このように、釈放者保護は単なる慈善的救済にとどまらず、犯罪防止の観点も含み、国家の力が必要であるとされていた。

　釈放者には、再犯の者もいたが、更生の成功事例もあった。例えば、朝鮮人受刑者に対しては、出獄後に保護場による収容という支援が提供され、さらに、服役中に習得した洋服裁縫技術を活かして洋服裁縫店に勤務し、必要な収入を得て自立し、結婚に至るケースも見られた[86]。

　司法保護団体においては、朝鮮人が代表を務めていた団体があった。たとえば、朝鮮人知識人が釈放者の保護活動を組織し、地域において身寄りのない釈放者を収容する場所を提供し、職業紹介の支援を行うケースがあった[87]。しかし、実際の業務を行う役割は、その多くを内地人が

82）法務局保護課「半島に於ける司法保護事業の躍進（上）」『朝鮮』第328号、1942年、71頁。

83）「囚人에게도 差別」『東亜日報』1920年6月3日、3面。

84）「免囚保護의 徹底를 期하라」『東亜日報』1935年11月16日、1面。

85）「免囚保護의 徹底를 期하라」。

86）森徳次郎「朝鮮に於ける免囚保護」『朝鮮』第77号、1921年、283頁。

担っていた[88]。

2. 台湾

　大友昌子の研究によれば、日本内地や朝鮮が 1912 年以降、司法保護の関連施設を大量、かつ、集中的に設置したのに対し、植民地台湾はこの時期において、この政策的な思潮の影響をほとんど受けていなかった。1930 年代以降になってようやく、台湾総督府の介入と指導のもとで、関連する司法保護事業団体が多く設置されるようになった[89]。長尾景徳の指摘によれば、台湾の出獄者保護事業においては、保護場の数が少ないだけでなく、被保護者の数も少なかった[90]。1921 年の新聞によると、日本内地においては出獄者の九割五分を保護しているのに対して、台湾では一割五分に過ぎなかったという[91]。

　台湾の監獄教誨師である瀬川了全によれば、日本内地では釈放者保護の思想が比較的普及しており、各地の宗教関係者や慈善家、名望家が積極的に釈放者保護事業に参加していた。しかし、台湾ではそのような保護の思想は極めて希薄であり、日本内地ほど熱心に取り組む者もほとんどいなかったという。瀬川は、これは一般市民だけでなく、官員も釈放者保護の重要性を十分に認識していなかったことによると指摘している[92]。

　瀬川は台湾人（本島人）と日本内地人の間にある特徴的な違いにも言

87）「免囚保護会創立」『朝鮮日報』1926 年 2 月 22 日、2 面。

88）太田達也「韓国における更生保護事業の特色と刑事政策的意義（一）」『法学研究：法律・政治・社会』第 77 巻第 6 号、2004 年、6 頁。

89）大友昌子、曾妙慧訳「1921 年至 1933 年台湾殖民地社会事業的二重構造与貧民救助事業的拡大」薛化元編『近代化与殖民：日治台湾社会史研究文集』台大出版中心、2012 年、458-459 頁。

90）長尾景徳「社會事業としての免囚保護」『台法月報』第 15 巻第 7 号、1921 年、29 頁。

91）「免囚と保護事業」『台南新報』1921 年 12 月 10 日、7 面。

92）瀬川了全「司法保護に就て（承前）」『台湾警察協会雑誌』第 101 号、1925 年、36-46 頁。台湾の知識人たちも、台湾社会が釈放者に対して冷淡で排他的であることを目の当たりにしている。「出獄慰安会有何不可？」『台湾民報』1925 年 6 月 11 日、2 面。

及している。本島人の場合、出獄後は基本的に家族のもとに戻って生活するため、司法保護事業団体がそのような台湾人を引き受けようと努めることは「第二の刑務所」ようなものだと瀬川は考えていた[93]。瀬川は、日本の保護団体のように、釈放者に対して一つの技術や技能を提供することができれば、再犯の可能性を低減できると考えていた[94]。このような考え方と、台湾で見られる多くの出獄者が帰郷する現状を踏まえ、瀬川は、台湾における釈放者の保護には、地方の保正、学校教師、有力者から構成される保護団体の存在が必要であり、また、故郷に戻った出獄者に対する保護と善導が求められると考えている[95]。

しかし、台湾で発行されていた台湾人向けの新聞では、一新舎が出獄者を保護するといいながらも、実際には彼らの金銭を搾取しているとの指摘がなされている[96]。

1931年頃から、台湾本島における保護団体は大幅に拡充された。これは、郡や庄といった地方行政の力を結集して保護団体を設立する形で進められた。その結果、1930年代末には、台湾の保護団体はおよそ200までになった[97]。これらの保護団体の主導者は、主に街庄の首長や郡守が務めていた。しかし、保護団体の数が急増した一方で、多くの団体が依然として深刻な資金不足に直面していたことも否定できない。これらの団体は活動を維持するために、地方政府や三成協会からの補助金や支援金に依存せざるを得なかった[98]。

---

93)　瀬川了全「司法保護に就て（承前）」、46頁。
94)　瀬川了全「司法保護に就て（承前）」、47頁。
95)　瀬川了全「司法保護に就て（承前）」『台湾協会雑誌』第102号、1925年、35-36頁。
96)「一新舍辦事不公 保護反成搾取 出獄人大說不平」『台湾民報』、1929年3月31日、3面。
97)『昭和十四年 台湾の司法保護事業』財団法人台湾三成協会、1939年、11-12頁。
98)「高雄州聯合保護会經費州費補助認可指令案（指令第五七六四号）」(1937-07-01)、「昭和十二年国庫補助永久保存第四十三卷」『台湾総督府档案. 国庫補助永久保存書類』国史館台湾文献館、典蔵号：00010831006。「台南州聯合保護会ニ対スル州費補助認可指令案（指令第七八五四號）」(1937-09-01)、「昭和十二年國庫補助永久保存第八十五卷地方」『台湾総督府档案. 国庫補助永久保存書類』国史館台湾文献館、典蔵号：00010824009。「台北州聯合保護会補助認可指令案」、「昭和

郡の行政トップである郡守の役職は、当時、主に内地人が担っており、本島人が就任する例はごく少数に限られていた。一方で、街庄においては、1930年代初期には一定の割合で本島人が役職に就いていた。時代が進むにつれて、日本統治の強化に伴い、本島人の割合は大幅に減少していった[99]ものの、戦時期以前のある時期には、本島人が基層地方行政の協力者となることで、釈放者保護活動への参加が可能となっていた。特に、街庄の首長や地方行政に関わる本島人は、保護団体の運営に一定の影響力を持ち、釈放者支援の活動に携わることができた。

　しかし、全島における釈放者保護のネットワークは、まだ十分に整備されていなかった。1933年時点で、台北州では、台北市以外の地域には収容保護の保護施設が存在していなかった[100]。地方の行政権力を背景に形成された保護団体は、形式的なものにとどまる場合が多かった。団体の活動に携わる人の数が非常に少なく、釈放者への適切な保護を実施することが困難であった。こうした課題に対応するため、後に保護委員の増員が図られ、釈放者保護事業の効果を向上させる試みが行われた[101]。また、財政基盤も極めて脆弱であった[102]。刑務官僚である永野直が述べたように、多くの保護団体が専任のスタッフを設置できず、保護委員が釈放者を迎えに行く際の旅費を自費で負担する必要があったことからも、財政的な脆弱性が窺える[103]。

　多くの保護団体が設立されたことに伴い、財団法人三成協会による統合は困難を抱えるようになった。そのため、1937年の全島司法保護事

　　十三年国庫補助永久保存第十三巻地方」『台湾総督府档案. 国庫補助永久保存書類』国史館台湾文献館、典蔵号：00010853005。

99）藍奕青『帝国之守：日治時期台湾的郡制与地方統治』国史館、2012年、195、220頁。

100）「社会事業紀念日座談會の記」『社会事業の友』第50号、1933年、212-213頁。

101）「南部台湾に於ける司法保護事業」『保護時報』第18巻第6号、1934年、22-23頁。

102）台湾総督府も財源不足の問題を認識した。「司法保護事業法ヲ台湾ニ施行スルノ件」（1942-01-01）、「昭和十七年台湾総督府公文類纂永久保存第九巻司法文教」、『台湾総督府档案. 総督府公文類纂』、国史館台湾文献館、典蔵号：00010478009。

103）「台湾司法保護事業助成会の設立を提唱す」『台湾司法保護』第80号、1941年、14-15頁。

業協議会において、新竹州聯合保護会が全面的な指導統制機関の設置を提案した[104]。また、三成協会を除く他の保護団体は、ほとんど保護収容設備施設を持っておらず[105]、台湾の司法保護は収容保護に大きく依存することなく、一時保護と観察保護を中心に行われていたと言える[106]。

3.　比較

　1936年の司法保護統計によれば、保護対象者全体に占める収容保護者の割合は、日本内地では約7％だった[107]。朝鮮でも同様に7〜8％程度であったのに対し、台湾では1％にも満たなかった[108]。1935年の司法保護統計によると、収容保護者の実数については、台湾は3つの地域（日本内地、朝鮮、台湾）の中で最も少なく、全体の約1％に過ぎなかった[109]。

　日本内地や朝鮮の司法保護団体の多くが財団法人化しているのに対し、台湾ではそのような団体は非常に少ない。また、資金不足や、保護施設の発展が不十分であることも指摘されている[110]。

　朝鮮の釈放者保護団体が運営費を主に事業収入で賄っていたのに対し[111]、台湾の釈放者保護団体は主として補助金に依存していたといえる[112]。先行研究では、朝鮮の釈放者保護団体は釈放者の労働を通じて団体の運営を維持していたことが指摘されている。これを踏まえると、

104）　新竹州聯合保護会『第一回新竹州司法保護委員会諮問事項及協議事項』新竹州聯合保護会、1937年、15-16頁。

105）　「新体制に応する保護の諸問題」『台湾司法保護叢書第二輯　台湾の司法保護を語る』台湾司法保護事業聯盟、1941年、8-9頁。

106）　「新体制に応する保護の諸問題」、9頁。稲田喜代治「収容保護の必要性」『収容保護の理論と実際』台湾司法保護事業聯盟、1942年、3頁。

107）　輔成会『昭和11年度』輔成会、出版年不明、1頁。

108）　輔成会『司法保護事業成績表　昭和11年度』、59-63頁。

109）　輔成会『司法保護事業成績表　昭和10年度』輔成会、出版年不明、57-61頁。

110）　法務局行刑課「時局と司法保護」『社会事業の友』第142号、1940年、44頁。

111）　中橋政吉「朝鮮に於ける釈放者保護事業」、20-21頁。

112）　当時の各釈放者保護団体の紹介からも、その状況を把握することができる。中村不羈児『昭和十三年度　台北州社会事業概要』台北州方面委員聯合会、1939年、114-138頁。

朝鮮の保護団体の施設は、台湾の保護団体と比べて、こうした労働の提供に適した設備や環境を整えていた可能性にも留意しておく必要があるだろう。

　筆者は、輔成会が発行した『司法保護事業成績』[113] に示された数値をもとに、三地域の比較を行った。その結果、1935 年から 1936 年の期間において、台湾の釈放者保護事業における収容保護者数の割合は司法保護対象者全体の 0.01 にも満たなかったのとは対照的に、日本と朝鮮はともに 0.05 以上に達していた。また、司法保護団体の総資産額を司法保護対象の一人当たりでみると、台湾では 16 円以下だったのに対して、朝鮮では 20 円以上、日本では 30 円に達している。

　以上のことから、台湾の釈放者保護事業は三地域の中で最も未成熟であったといえる。

（七）警察の監視

　旧刑法下での警察による監視は新刑法で廃止されたものの、慣例化していたため、警察は釈放者のもとを巡回するなどしており、実態としては監視が継続していた。そのため、監視はせず、再犯の防止にとどめるべきだとされたこともあった[114]。どのような状態にあったのか具体的に見ていこう。

　瀬川了全は、台湾の釈放者たちからの申し出を根拠として、巡査や密偵が釈放者を尾行し、頻繁に彼らの住居を訪問し、毎月の報告を行っていたと指摘している。瀬川は、釈放者の保護が強調される時代にこのような巡視が行われていることは信じがたいものの、「釈放者は多く異口同音に左様に申出る」と指摘している[115]。

　朝鮮においては、明治天皇の崩御による恩赦により、多くの受刑者が

113）輔成会『司法保護事業成績表』昭和 10 年度、昭和 11 年度を使用した。
114）「出獄人に對する警察視察が改善される　これからは前科者扱にされない」台湾『臺灣日日新報』1922 年 10 月 12 日、7 面。
115）瀬川了全「司法保護に就て（承前）」『台湾警察協会雑誌』第 101 号、1925 年、48 頁。

出獄し、当時、朝鮮総督府の警察はこれが社会にとって依然として危険であると考え、監視制度は廃止されたものの、間接的な監視方法を採用して対応する必要があると判断した。また、地方の道府郡庁や監獄と協力し、恩赦による出獄者に対して保護指導を行い、その改善を促進した[116]。中橋政吉は、京城救護会の常務理事として、釈放者保護において警察との協力が必要であると考えていたものの、警察の過度な介入が釈放者の社会生活を困難にする可能性があるとも指摘している。彼は、朝鮮以外のある地域で警察と釈放者保護の協力が円滑ではなく、警察が釈放者を訪問することが頻繁に行われ、その結果として釈放者の社会復帰が妨げられるケースについても述べている[117]。

　中橋は日本内地では多くの支援団体が存在し、警察の介入がほとんど必要ないと指摘している。一方で、朝鮮では保護者団体が十分に整備されていないため、警察の助力が求められるものの、上記のような問題を避ける必要があると述べている[118]。また、議員庄司一郎は、かつて地方保護会の最高幹部を務めた経験から、日本内地における警察による釈放者への視察が非常に常識を欠いていると批判した。警察が工場長に対し、釈放者の最近の様子を直接尋ねることで、釈放者が工場を去り、再び流浪の生活に戻ってしまうことがあると指摘し、警察が再犯者を「製造」していると批判した[119]。

116）亥角仲蔵「朝鮮に於ける恩赦出獄人」『朝鮮公論』第 2 巻第 1 号、1914 年、30-31 頁。
117）中橋政吉「釈放者の保護事業と警察との提携に就て」『警務彙報』第 348 号、1935 年、97-98 頁。
118）中橋政吉「釋放者の保護事業と警察との提携に就て」、99-100 頁。
119）『第 74 回帝国議会衆議院人事調停法案委員会』第 15 号、1939 年 3 月 13 日、3-4 頁。

四 釈放者保護事業の国家統制化 (1939 - 1945 年)

(一) 司法保護事業の法制化

　「司法保護事業法」は、その法制化の萌芽と呼ぶべき動きが出てから10 数年を経て、1939 年にようやく成立した。1925 年、全国社会事業大会において、少年法に触発される形で、成人保護法の制定に関する建議があり、少年法における少年保護司のように、成人保護法においても保護司を設置すべきだとの要望があった[120]。その後、このような司法保護事業の国営論は次第に広がっていった。特に、保護課課長を務めた宮城長五郎は、失業救済は国家が提供すべきものだが、司法保護は犯罪者に対する失業救済であるため、国家が司法保護業務を担うべきであると考えていた。彼は、猶予者が司法保護の対象となる場合、出獄者のように作業賞与金が給付されないため、貧困に陥ることが多い点に着目し、金銭的支援を提供して、窮状に起因して犯罪に走ることがないようにする必要があると指摘し、さらに、少年保護が国営である以上、司法保護の国営化も必要であるとしている[121]。こうした主張に加えて、多くの請願や働きかけがあった。その結果、1931 年の刑法及び監獄法の改正草案には保護観察制度の制定が盛り込まれた。つまり、司法保護事業の国営化の考え方が当局に認識されていったのである[122]。

　しかし、刑法改正草案における保護観察の規定は、司法保護の対象となる範囲が狭く、十分な効果が期待できないとの指摘を受けていた[123]。司法保護制度調査委員であり教誨師でもあった武田慧宏は、理想的な司

---

120) 遠藤理一「司法保護事業法の成るまで」『保護時報』第 23 巻第 4 号、1939 年 4 月、5 頁。
121) 宮城長五郎「司法保護事業国営論」『保護時報』第 14 巻第 10 号、1930 年 10 月、8-20 頁。
122) 遠藤理一「司法保護事業法の成るまで」、8-9 頁。
123) K 生「司法保護制度の立法とその完備」『保護時報』第 16 巻第 3 号、1932 年 3 月、5-6 頁。

法保護制度について提案を行った。武田らは司法保護を刑事政策の一環と捉え、検察、裁判、行刑が法制化されているように、保護も法制化すべきであると主張し、司法保護の単行法を要求している。また、保護課の格上げ・拡大や地方における保護司の設置も提案した。間接保護の部分は保護司が担い、直接保護については保護団体が実施するものとした[124]。

　法案は衆議院で三度通過したものの、貴族院で審議未了となった[125]。1936 年に政府は思想犯保護観察法案を提出し、治安維持法にかかわる釈放者や執行猶予を受けた思想犯に対して保護観察を施し、「不正な思想」の誘惑を再び受けるのを防ごうとした。しかし、司法保護事業法の立法を推進してきた小林錡議員は、司法保護法にも思想犯の保護観察を含めることができるのではないかと疑問を呈し、なぜ政府の法案が思想犯の保護観察に限定されているのかを問うた[126]。それにもかかわらず、思想犯保護観察法は司法保護法に先んじる形で成立した。その後、司法大臣の塩野季彦は、思想犯保護観察法の施行を司法保護法の前提と位置づけ、将来的な司法保護法の推進に役立つものとした。

　1939 年、政府は再犯者数の減少を図るため、また、司法保護事業の国営化が国際的な趨勢であるとの認識から、さらに思想犯保護観察法の実施が良好な成果を挙げていることを引き合いにして、司法保護事業法成立に向けた機運を醸成しようとした[127]。以上のような曲折を経て、司法保護事業法は同年、ようやく成立した。

　1940 年に保護課は保護局に昇格し、前述の釈放者保護や少年保護に加え、思想犯保護もその管轄となった。しかし、戦時下における行政の簡素化要求に伴い、保護局と行刑局は統合され、刑政局となった[128]。

---

124)　武田慧宏「我等の要求する司法保護制度」『保護時報』第 16 巻第 6 号、1932 年、7-14 頁。

125)　「司法保護事業法通過す」『保護時報』第 23 巻第 4 号、1939 年、2 頁。

126)　『衆議院議事速記録第 10 号思想犯保護観察法案　第一読会』1936 年 5 月 17 日、237-239 頁。

127)　『第 74 回帝国議会　衆議院人事調停法案委員会議録』第 15 号、1939 年 3 月 13 日、1-11 頁。

（二）植民地の司法保護事業法の導入

　日本内地の司法保護事業は、国家による統制の影響が強まるまでの間、主に地方の宗教関係者や慈善家がその活動の主体であった。一方、台湾では地方行政が主導する形で司法保護事業が展開されていた[129]。台湾の司法保護は官営的な性格が強く、行政機関がその中心的な役割を担っていた。朝鮮の場合は両者の中間に位置していたといえ、民間からの関与も見られたものの、保護団体の普及は限定的であった。また、地方行政の拡充に伴い、官側の保護事業も展開されたが、台湾ほどには充実していなかったと見られる。

　朝鮮においては、1939 年に日本内地で司法保護事業法が成立した後、朝鮮にも同法を適用するかどうかが議論され[130]、1940 年には、朝鮮総督府法務局が「朝鮮司法保護事業令」の制定を計画した。これは、保護会と保護委員の制度を設けることで、釈放者の再犯を防止し、彼らが忠実な臣民としての本分を果たすことを目指すものであった[131]。司法保護団体の統制化は日本内地と台湾に比べて遅れていたが、1941 年に朝鮮司法保護協会が設立され、全鮮の司法保護事業を統制する機関がようやく発足した[132]。1942 年には「朝鮮司法保護事業令」は施行された[133]。朝鮮総督府は同時に「朝鮮少年令」「矯正院令」「感化令」も施行し、国家主導による社会防衛制度をさらに充実させた。外見上「ソーシャル・インクルージョン」を備えた制度改革だが、戦時下において銃後の国民を規律し、人材を帝国に奉仕させる目的で形成されたものだった。

　ただ、日本内地では、投資家の支援を受けることによって司法保護事

---

128)　安形静男「更生保護史考-7-司法保護への一潮流：主として大正・昭和初期における趨向」『犯罪と非行』第 106 号、1995 年、156-157 頁。

129)　『昭和十二年台湾の釋放者保護事業』財團法人台湾三成協会、1937 年、11 頁。

130)　「人的資源의 回生에는 防犯強化가 第一：司法保護事業法 朝鮮에서도 実施 ?」『毎日申報』1939 年 10 月 12 日、2 面。

131)　「司法保護事業強化 出監者를 積極輔導」『朝鮮日報』1940 年 8 月 10 日、2 面。

132)　浦本智嚴「保護事業の沿革と将来」『朝鮮司法保護』第 2 巻第 1 号、1942 年、35 頁。

133)　『朝鮮総督府官報』第 4543 号、1942 年 3 月 23 日、163-164 頁。

業の施設が非常に充実していたのに対し、朝鮮では大都市以外では工場がほとんどみられなかった。また、朝鮮の保護会の収容場は衛生的に問題があり、改築や新築の必要性が指摘されていた[134]。しかし、実際には戦争の長期化や物資の欠乏といった要因により、司法保護団体の運営は困難を極め、国家の財政支援に依存せざるを得なくなった。法務局長の宮本元は 1940 年に発表した法務局長談話の中で、全朝鮮には 26 の司法保護団体が存在すると述べた。これらの団体は主に篤志家の寄付金によって設立され、保護団体が保有する資産の額は数千円から数万円であった。1939 年の保護対象者数は 2 万人以上であったが、司法保護事業には依然として多くの不十分な点が残っていた[135]。宮本はその主な原因として二点挙げている。第一に、内地とは異なり、朝鮮社会では司法保護の趣旨が十分に理解されていなかった。第二に、保護資金が非常に乏しかった[136]。例えば、財団法人春川同胞会もこのような問題に直面していた[137]。このような状況下で、司法保護団体がどの程度、司法保護事業の効果を発揮できたのかについては検証の必要があると言えよう。

　台湾で司法保護事業法が施行されたのは 1942 年末で、三地域の中で最も遅かった[138]。台湾総督府は勅令により司法保護事業法を公布し、司法保護委員に関する規定を除外した。除外の主な理由は、台湾には日本内地や朝鮮と異なり、少年法や思想犯保護観察法といった規定がなかったため、司法保護委員制度は別途規定するというものであった[139]。

---

134) 立花晃雄「保護委員制度の見聞（下）」『朝鮮司法保護』第 2 巻第 3 号、1942 年、35 頁。
135) 「司法保護事業に就き 法務局長談」『朝鮮』第 305 号、1940 年、83 頁。
136) 「司法保護事業に就き 法務局長談」、83 頁。
137) 朝鮮総督府行刑課「司法保護事業補助金下付申請書（春川同胞会）」『朝鮮総督府記録物』1940 年、管理番号：CJA0004374、167 頁。
138) 「司法保護事業法ヲ台湾ニ施行スルノ件」（1942-11-06）、「昭和 17 年 11 月台湾総督府官報第 179 期」『台湾総督府（官）報』国史館台湾文献館、典蔵号：0072030179a004。
139) 「司法保護事業法ヲ台湾ニ施行スルノ件」（1942-01-01）、「昭和十七年台湾総督府公文類纂永久保存第九巻司法文教」『台湾総督府档案. 総督府公文類纂』国史館台湾文献館、典蔵号：00010478009。

また、日本内地と異なり、台湾の司法保護の主管機関は法務部行刑課である。しかし、日本内地のように検察官が主導するのではなく、検察官は副次的な役割を担い、むしろ行政部に依存して支援を受けていた。日本内地の司法保護は司法畑を中心として執行していたのに対し、台湾の司法保護は行政畑が中心だったと言える[140]。台湾では、司法保護事業法の施行に伴い、司法保護事業はどのように執行されることになったのか。そのシステムを整理しておきたい。まず、それまでの司法保護が行政システムに依存していた特殊性を考慮して、一時保護、収容保護に従事する直接保護団体及びその指導連絡、助成を目的とする指導助成団体はすべて行政システムに依存することになった。一方、観察保護に従事する司法保護委員の指導監督は司法システム（高等法院検察官長）に依存することになったのである[141]。

　しかし、戦時中、台湾の司法保護事業においては、台湾の民間人による資金投入が不十分であると考えられていた[142]。また、行刑課長である堀田繁勝は、司法保護事業の法制化に対する期待は高かったものの、当時の予算が軍需に振り向けられ、その影響で制約を受けたと述べている[143]。

　当時のいくつかの資料からは、植民地の知識人が司法保護事業を支援していたことが確認できる[144]。

(三)　司法保護委員

　司法保護委員制度は、各地において適任者を司法保護委員として選任し、司法保護事業を実施するものである。司法保護委員は、被保護者の

---

140)「新体制に応する保護の諸問題」9-10頁。
141) 堀田繁勝「保護つれづれ」『台湾司法保護』第96号、1943年、3頁。稲田喜代治「事業の運営に關しては本島獨特の立法」『台湾司法保護』第96号、1943年、12頁。
142) 池田志幹「内地司法保護点描」『台湾司法保護』第99号、1943年4月、37頁。
143)『第二回台湾司法保護事業大会記録』台湾司法保護事業聯盟、1942年、50–51頁。
144)「1942、九月十四日」『崔炳彩日記4』https://db.history.go.kr/modern/level.do?levelId=sa_112_0080_0090_0140。灌園先生日記/1942-09-14、

性行や境遇を調査し、適切かつ妥当な保護方針を策定する役割を担っている。司法保護委員の制度化は、日本内地では 1939 年の司法保護委員令施行[145] による。朝鮮と台湾における司法保護委員令は、いずれも 1942 年に施行された[146]。また、司法保護委員の雛形とも呼べる仕組みが存在していたことが知られている。例えば、1913 年福井県で仏教信者が結成した福田会は、保護委員を設置し、釈放者を保護していた[147]。また、台湾では、1936 年、各州に保護委員が配置され、職務規程が制定された。保護委員を対象とした講習会も開催され、全島にわたる司法保護ネットワークの構築が進められた。内地に先行する形で独自の保護委員制度を実施していたと言われる[148]。

　朝鮮人の司法保護委員には、警察、裁判官、弁護士、監獄など刑事司法システムに関わる人員が含まれており、その中には内地人も朝鮮人も含まれていた[149]。台湾でも、内地人と本島人が司法保護委員を務めていたことがわかっている[150]。

---

145)『官報』第 3808 号、1939 年 9 月 13 日、399 頁。

146)「朝鮮司法保護委員令（勅令 193 號）」『朝鮮總督府官報』第 4547 号、1942 年 3 月 27 日、239 頁。「台湾司法保護委員令」(1942-11-06)、「昭和 17 年 11 月台湾総督府官報第 179 期」『台湾総督府（官）報』国史館台湾文献館、典蔵号：0072030179a005。

147) 静岡県勧善会百年史編纂委員会『静岡県勧善会百年史』金原治山治水財団、1994 年、16 頁。

148)『昭和十二年台湾の釋放者保護事業』財団法人台湾三成協会、1937 年、10 頁。

149) 한상욱「전시총동원체제기 朝鮮司法保護委員制度의 성립과 항만정신대 파견」、180-181 頁。

150) 例えば、「北斗區司法保護事業委員事業助成会役職員名簿」『台湾司法保護』第 102 号、1943 年、39 頁。

表5-1　三つの地域における司法保護委員定員数、予想保護者数（単位：名）

	日本	朝鮮	台湾
予想保護対象数	600,000	50,000	27,646
司法保護委員定員数	50,000	4,000	2,500
保護委員一人当たりの担当人数	12	12.5	11
出典	「司法省官制中ヲ改正ス・（司法保護法ノ施行、司法研究所ノ設置等ノ為職員増員）」『公文類聚・第63編』	光州地方法院検事局「朝鮮司法保護委員令」『朝鮮総督府記録物』、管理番号：CJA0027806、1942年、14頁[151]。한상옥「전시총동원체제기 朝鮮司法保護委員制度의 성립과 항만정신대 파견」、177頁。	「司法保護事業法ヲ台湾ニ施行スルノ件」

　先行研究によれば、朝鮮の司法保護委員の人数は日本内地に比べて少なく、そのため司法保護委員一人当たりの負担が大きくなるという[152]。しかし、表5-1を参照すると、保護対象者の予想人数を司法保護委員の定数で割った一人当たりの担当人数は、日本内地と朝鮮の間に大きな差は見られない。一方で、台湾の一人当たりの担当人数は、日本内地と朝鮮よりやや少ないことがわかる。これは台湾において少年法や思想犯保護観察法が施行されておらず、台湾の司法保護委員に求められる業務範囲が、朝鮮や日本内地と比較して狭かったことに起因するものと推測される。

151）ここで指摘しておくべき点は、朝鮮総督府記録物によれば、想定されていた保護対象者数は21,423人とされていることである。しかし、既存の研究や他の文献におけるデータと比較すると、この想定人数は著しく低いことがわかる。たとえば、拓務省が当初想定していた人数は66,000人とされている。「朝鮮司法保護委員会令ヲ定ム」『公文類聚・第六十六編』を参照。本書では、한상옥の研究に引用した文献に記載されている人数を基準として計算を行うことを選択した。

152）한상옥「전시총동원체제기 朝鮮司法保護委員制度의 성립과 항만정신대 파견」、176-177頁。

　釈放者保護の理念をめぐっては、もともとは慈善精神が強調されていたが、台湾の司法保護事業に参加した教誨師池田志幹は、戦時色が強まっていた 1943 年の論文で、司法保護委員は国体の本意を貫徹できる人格高潔な人物でなければならないとの考えを示している[153]。これは釈放者保護の理念が変容していたことを窺わせている。

（四）戦争と司法保護

　1940 年、戦時の人員動員に対応するため、司法省は刑の執行を一時停止し、受刑者を召集する措置を講じた。退役後、受刑者は服刑を再開することとなったが、召集期間中の受刑者の行刑成績などが、仮釈放を認めるか否かの判断材料として考慮された。このような制度は台湾にも導入された[154]。

　朝鮮総督府は一部の司法保護対象者を釜山、馬山、仁川などの港湾に送って関連する訓練を受けさせた後、港湾挺身隊を編成し、港湾荷役などに協力させ、戦時中の物流輸送に当たらせていたことがわかっている。特に、当時の釜山は日本とアジア大陸を結ぶ要地として、多くの司法保護対象者が関連する労働に投入されていた[155]。また、朝鮮総督府は 1944 年に「司法保護対象者活動労働員実施要綱」を制定し、司法保護対象者の動員を一層強化しようとした[156]。

　港湾挺身隊は、司法保護対象者を収容し、訓練を施して労働に従事させるという点で、直接的な保護の色彩を伴っていたといえる。当局も司法保護対象者に十分な待遇を提供すると標榜していた。しかし、戦争末期において、行政の簡素化や予算不足の問題が生じるなかで、司法保護

153）池田志幹「保護の手続とその実際に就て（二）」『台湾司法保護』第 101 号、1943 年、23 頁。

154）「刑執行停止ニ依ル応召者仮釈放上申ノ件」（1940-01-01）、「昭和十五年台湾総督府公文類纂永久保存内務司法」『台湾総督府档案. 総督府公文類纂』国史館台湾文献館、典蔵号：00010443015。

155）한상욱「전시총동원체제기 朝鮮司法保護委員制度의 성립과 항만정신대 파견」、193-195 頁。

156）「労務奉公으로 報答、司法保護者로 組織된 挺身隊増強」『毎日申報』1944 年 6 月 27 日、3 面。

対象者が十分な待遇を受けられたかどうかについては検証の余地があるといわざるをえない[157]。

　台湾でも、司法保護対象者を動員する動きが見られる。もともと釈放者に技術を提供することを強調していた保護場での労働も、戦時期には国策の一環と位置付けられ、生産の拡充を通じて国家への貢献が期待されるようになった。その一方で、保護場の設備拡充などでは、より多くの資本家の協力が求められるようになった[158]。

　ある台湾人受刑者の場合、彼は家族に頼ることができないため、出獄前から司法保護場での収容を希望していた。彼は保護場で養豚や衛生関連の労働に従事した。その後、「金瓜石で働く」として、自らの意志で保護場を離れたが、ほどなくして再び保護場への収容を希望し、最終的に保護場に戻った。その後、彼は遠方の南方地域に動員された[159]。司法保護を受けた者の中には、このようにして戦時動員に組み込まれるケースも多かった。

　1941 年、台北州の保護会は、基隆市と協力したうえで、保護少年による海洋少年団の設置を考案した[160]。他の地域の保護会も、保護場の設置を通じて出獄者を錬成し、彼らを帝国に貢献できる一員とすることを目指していた[161]。1941 年 11 月、海洋青少年養成所が募集を開始した。全島の司法庁及び保護会から推薦された 25 名が応募し、学科及び体力の試験を経て最終的に 11 名が採用された。この養成所は寄宿制を採用し、軍事的管理の下で彼らに日本精神の習得を目指させた。また、台湾語の使用は禁止されていた[162]。その後、台北には技芸工具道場が設置され、台中には農民道場も設立された。池田はこうした動きを「九牛の

---

157)　한상욱「전시총동원체제기 朝鮮司法保護委員制度의 성립과 항만정신대 파견」、196-17 頁。

158)　堀田繁勝「生產拡充と司法保護」『台湾公論』第 7 巻第 12 号、1942 年、22-23 頁。

159)　久長興仁「更生実話」『台湾司法保護』第 106 号、1943 年、36-37 頁。

160)　「第四回台北州司法保護委員總会概況」『台湾司法保護』第 81 号、1941 年、63 頁。

161)　「第四回台南州司法保護事業大会要綱」『台湾司法保護』第 81 号、1941 年、68-69 頁。

162)　「財団法人台北州聯合保護会設立海洋青少年養成所第一期狀況報告書」『台湾司法保護』第 89 号、1942 年、63-65 頁。

「一毛」とする一方、基隆海洋青少年養成所について、1941 年にすでに実施されていた点や、日本内地司法省の少年保護の方向性と一致している点を挙げて非常に高く評価していた[163]。

1943 年、高雄に住む三十数名の被保護者が、高雄市協愛会に対し、「司法保護南方開拓奉公隊訓練所」の設置について請願を行い、帝国の南方進出に貢献できる組織の設置を求めた[164]。

以上の例から、司法保護に新たな意義が付与されていることが見て取れる。即ち、国家が司法保護対象者を訓練し、有用な臣民として帝国に貢献させるという目的が強調され、また、この時期には、司法保護事業の国営的な色彩が大幅に強化されたのである。釈放者の保護の意義は、当初の社会的責任としての観点から転換し、戦時下においては、司法保護対象者は重要な動員対象にもなった。

（五）予防拘禁制度の創出

予防拘禁は保安処分の一形態であり、刑罰とは異なるものである。ここは、刑罰と保安処分の二元的な概念を示している。1893 年、スイスの学者である Carl Stooss は近代的学派の知識を取り入れ、刑法草案を起草した。Carl Stooss は応報刑や責任相当刑の機能における限界を認識したうえで、高い再犯のおそれを有する者などは責任刑法では対応し難いと考え、刑罰とは別に、社会を防衛するための保安処分をもって補完的に対応すべきと主張する。保安処分は刑事責任に応じて刑罰を量定するのではなく、治療の目的と結果によって判断するという[165]。保安処分の思潮を受け、イギリスは、前科三犯以上の者であって、再犯のおそれがある者について、5 年以上 10 年以下の範囲内において、予防拘禁できるという制度を設けた[166]。

---

163) 池田志幹「内地司法保護点描」『台湾司法保護』第 99 号、1943 年、36-37 頁。
164) 高雄市助成会「燃え上る更生」『台湾司法保護』第 104 号、1943 年、49-50 頁。これらの陳情者の中には、台湾人も含まれていた。高雄區司法保護委員会「この声を聞け」『台湾司法保護』第 102 号、1943 年、65-66 頁。
165) Christian Schwarzenegger 著、小池信太郎監訳「スイスの刑事制裁制度」『慶応法学』第 36 号、2016 年、208-209 頁。

正木亮によると、他国では思想犯を確信犯と見なしているため、彼らに定期的な予防拘禁制度を適用する事例は比較的少ない。これとは対照的に、日本は思想犯に予防拘禁を適用して改善を図っている点で、独自の側面を持っているという[167]。

日本帝国内の予防拘禁制度は、1920年代にその必要性に関する議論が行われていた。1929年に大阪控訴院管内司法保護事業研究会が司法大臣に司法保護制度の設置を請願した際に、予防拘禁制度の設置にも言及していた点を挙げておきたい[168]。このことから、予防拘禁制度は、思想犯への対応が想定される一方、司法保護的な側面も期待されていたことがわかる。また、当時の国際刑法監獄会議でも、改善困難者に対して特別な予防拘禁制度を施すべきとの決議があり、英国も同様の措置を取っていた[169]。そのため、司法保護対象者に再犯の恐れがある場合、予防拘禁による処遇が可能と見なされていた。

1933年、司法省は治安維持法の改正案を検討する際に「思想取締方策具体案要綱」を提出し、「思想犯人ノ教化乃至再犯防止ノ為特別制度ヲ設クルコト（一）予防拘禁又ハ不定期刑等特別拘禁制度ヲ考慮スルコト（二）被釈放者ニ対スル保護観察制度ヲ確立スルト共ニ其ノ教化指導ノ為ニ施設セラルル団体ヲ擁護助成スルコト（三）受刑者ニ対スル教化指導ノ施設ヲ充実スルコト」と記した[170]。1934年に行われた治安維持法の改正過程においては、予防拘禁制度は各方面への影響を十分に調査する必要があるとされ、その後削除された[171]。

戦時期に入ると、この制度は植民地から日本内地にまで拡大していった。朝鮮は戦時期において大陸進出の兵站基地として重要な役割を担っ

166）荻野富士夫編『治安維持法関係資料集』第4巻、新日本出版社、1996年54頁。

167）正木亮「我が国の豫防拘禁制度に就いて」『刑政』第56巻第1号、1943年、1頁。

168）「司法保護制度設定促進に関する請願」『保護時報』第14巻第8号、1930年、77頁。

169）近藤亮雅「国際刑法監獄会議の決議その他」『保護時報』第15巻第1号、1931年、31頁。岩村通世「司法保護制度に就て」『保護時報』第15巻第1号、1931年、28頁。

170）荻野富士夫編『治安維持法関係資料集』第2巻、新日本出版社、1996年14頁。

171）荻野富士夫編『治安維持法関係資料集』第2巻、76頁。

ていたため、人的・物的資源の強化及び銃後の治安確保を目的として、日本内地よりも早く予防拘禁制度を実施した[172]。また、帝国議会で1940年初頭に通過した朝鮮総督府の新規予算には、思想犯の転向促進を目的に要求した予防拘禁予算20万円が計上されていた[173]。財政的な裏付けを得たことは予防拘禁制度の実施に資した。

　1940年、朝鮮総督府は保安処分として予防拘禁制度を取り入れることを検討していた。当時の説明は、「非転向釈放者ニシテ再ビ同質ノ犯罪ヲ犯ス者尠カラズ斯ノ如ク何等改悛ノ情ナキ頑迷凶悪ナル非転向者ヲ刑期満了ト同時ニ其ノ儘社会ニ釈放スルコトハ国家治安ノ為甚ダ危険ニシテ且不合理ナルノミナラズ本人ニ於テモ亦改悛ノ好機ヲ失フコトト為ルベク斯ル実情ニ鑑ミルトキハ思想犯人ニ対シテハ刑罰制度ノ外ニ之ヲ補足スルノ制度トシテ保安処分ヲ認ムルノ要緊切ナルモノアリ而シテ思想犯人ニ対スル改善処分トシテ現ニ実施中ノ思想犯保護観察制度ハ転向途中ニ在ル者又ハ少クトモ転向ノ徴候アル者ニ対シテハ其ノ効果寔ニ顕著ナルモノアリト雖モ頑強ナル非転向者ニ対シテハ同制度ノ機能ヲ発揮シ善導ノ成果ヲ挙グルコト頗ル困難ニシテ非能率的ナルヲ以テ非転向釈放者ニ対シテハ特ニ社会的隔離ヲ要素トスル保安処分ヲ必要トス」[174]というものであった。

　治安維持法違反の受刑者について転向の状況を確認すると、非転向者数が転向者数を上回る傾向がみられた（表5-2）。

　これに加えて、朝鮮は地理的にロシアと隣接しているため、共産主義思想の侵入を防ぐ必要性が高く、朝鮮は帝国の大陸前進兵站基地としての特殊な使命を背負っているとの理由から、朝鮮における思想犯に対する措置は急務とされた[175]。このようにして、朝鮮では内地に先んじて

172）渡邊智賢「大東亜戦争下に於ける司法保護事業（上）」『朝鮮司法保護』第2巻　第5号、1942年、10頁。

173）「朝鮮의 思想不穏者相対로 予防拘禁制度를 実施」『東亜日報』1940年1月5日、2面。

174）法務局「予防拘禁関連書類」『朝鮮総督府記録物』管理番号：CJA0004216、1940年、24-25頁。

175）荻野富士夫編『治安維持法関係資料集』第4巻、87頁。

表 5 - 2　治安維持法違反受刑者釈放時の転向状態

年度	転向者数	非転向者数
1934	259	308
1935	199	175
1936	112	209
1937	115	212
1938	94	140
1939	115	145
合計	894	1189

出典：法務局「予防拘禁関連書類」『朝鮮総督府記録物』管理番号：CJA0004216、1940 年、27 頁。

予防拘禁制度が実施された。

　また、朝鮮は内地に比べて、逆転向者が多かった。1930 年から 1935 年までの間、逆転向者は転向者の約 1 割に当たるといわれる[176]。逆転向の大半の理由は、国体に対する自覚による転向ではなく、事大主義、功利主義的な考え方をもって、他の主義者の勧誘に応じたものだといわれ[177]、朝鮮人思想犯の逆転向は内地人の行刑官吏にとって、解決し難い問題となっていたと見られる。

　保護観察処分を受けた思想犯の中で、依然として再犯の虞が顕著な者に対しては、検事が裁判所に請求を行い、保安処分としての予防拘禁が宣告される可能性があった[178]。予防拘禁が宣告された場合、その思想犯の行動の自由を制限する措置が取られた。

　予防拘禁制度は、近代矯正学の観点から、実施前に科学的審査の段階を経る必要があったため、施行当初に京城地方法院検事局に報告された対象者は、管内刑務所と保護観察所を合わせて 9 件に過ぎなかった[179]。

---

176)　荻野富士夫編『治安維持法関係資料集』第 4 巻、538 頁。
177)　荻野富士夫編『治安維持法関係資料集』第 4 巻、538 頁。
178)　法務局保護課「半島に於ける司法保護事業の躍進（下）」『朝鮮』第 329 号、1942 年、108 頁。
179)「九名의 取調를 開始」『매일신보』1941 年 4 月 11 日、3 面。

水野直樹の推測によると、1945 年 8 月の植民地支配の終焉までに予防拘禁された人数は恐らく 100 名前後になるとみられる[180]。これをみると、予防拘禁の審査手続きには多く時間を要したと考えられる。

　予防拘禁制度は思想犯に確かに恐怖感を与えた。例えば、金珖燮は刑期が残り少なくなると、予防拘禁が課されるかどうかとても心配したという[181]。朝鮮の状況と対照的に、台湾における釈放者の保護を司法保護対象の中心としていたが、少年保護や思想犯保護に関する制度は日本内地ほど充実してはいなかった。1941 年の『台湾日日新報』によると、台湾各地の保護会から、思想犯の刑余者を保護する体制が不十分だとの指摘があり、台湾総督府は台北刑務所に予防拘禁所の設置を計画したが、最終的には設立されなかった[182]。

まとめ

　釈放者保護制度は近代法制の産物であり、社会とのコミュニケーションを通じて広範な支持と理解を得る必要のある制度である。明治初期、日本では監獄改革に伴い、釈放者保護の重要性が認識され、行き先がない釈放者を収容するために別房留置制度が導入された。しかし、これは「別房」という名の第二の監獄を形成することになったのみならず、地方財政を圧迫したため、監獄則の改正で刑余別房留置制度は廃止された。1880 年代末期には、民間主導の釈放者保護事業が始まった。台湾では植民地化された後、その初期には釈放者保護事業があったが、存続しなかった。1905 年、台南監獄の教誨師である藤井恵照が監獄職員主導の釈放者保護事業を開始した。1908 年以降、日本内地及び台湾では公的

180）水野直樹「植民地期朝鮮・台湾における治安維持法に関する研究」科学研究費補助金研究成果報告書、1999 年、65 頁。

181）金珖燮『나의 獄中記』創作 과 批評社、1976 年、44 頁。

182）「近く予防拘禁所　思想犯刑餘者に保導の施設　台北刑務所内に設ける」『台湾日日新報』1941 年 4 月 15 日、2 面。

資金が提供され、釈放者保護団体を支援する体制が形成された。朝鮮も韓国併合以降、一部の地域で釈放者保護団体が設立された。

1910 年代初期には、台湾と日本内地でより統合的な釈放者保護団体が設立された。朝鮮では 1930 年代中期にようやくこの動きが見られるようになった。しかし、三地域の釈放者保護事業を、収容保護者の割合や釈放者一人当たりに割り当てられる金額で見ると、日本内地が最も多く、次いで朝鮮の順で、台湾が最も少なかった。台湾の釈放者保護団体の数はこの時期、朝鮮よりも多かったものの、規模や人員は朝鮮に及ばなかった。また、この時期に日本と朝鮮では、思想犯保護観察が重要な課題の一つとなった。

司法保護事業の時期になると、三地域で相次いで司法保護事業制度が設立され、国家によって司法保護事業が統制されるようになった。釈放者の労働力の活用は戦時期の動員において重視され、戦時期の財政状況は釈放者保護には十分とは言えなかった。

先行研究が指摘するように、台湾は朝鮮に比べて福祉文化がより発達していた。また、釈放者保護が新たな社会問題として認識される中にあっては、その解決を促進するためには、民衆が釈放者保護の重要性を理解することが求められる。本章では、釈放者保護の分野においていくつかの観察を提示したが、社会からの寄付金が保護団体の主な収入源として定着しているかという観点から見ると、台湾社会における釈放者保護事業の重要性に対する認識は十分ではなかったように見受けられる。

一方で、本章の議論を通じて、司法保護事業制度が植民地に施行される以前において、台湾の釈放者保護事業は地方行政と結びついて形成されていたことが明らかになった。これは、日本や朝鮮において司法が主導していた状況とは明確に異なる特徴である。しかしながら、このような地方行政を基盤とした保護団体は形式的には容易に設立されるものの、実質的には専任職員の不足などの課題が依然として存在していた。

結　論

本書では、植民地台湾及び朝鮮における監獄行刑について分析を行った。そして、教誨、監獄作業、看守及び釈放者保護に対する制度、言説及び適用などの研究課題について、植民地主義と近代的刑罰という二つの軸を駆使し、法制、それに関わる言説及び運用実態の各次元について考察し、植民地台湾及び朝鮮の監獄制度及び実態を明らかにした。

　日本帝国の植民地監獄の統制は近代的監獄行刑といえるのか。この問いに答えるためには、まず「近代的監獄」とは一体何を意味するのかという問題に対処しなければならない。受刑者を教化することは近代的監獄の特徴だという認識がある。しかし、このような認識は理念レベルにとどまっていると言わざるを得ない。1945 年以前にこの近代的監獄が具体的にどのように構築されていたのかという点を国際的な視野で究明すべきだと考えられる。したがって、本書では国際監獄会議の決議を利用して、当時、各国が近代的監獄行刑をいかに具体化したのかについて検討した。これにより、国際監獄会議の決議に照らして、日本帝国の監獄行刑は「近代的」な基準に合っていたのか判断し得るのであろう。

　まず、本書の内容をまとめたい。植民地台湾及び朝鮮の監獄法制は基本的に日本内地の監獄法制を用いて整備され、統制の基盤が形成された。そして、監獄教誨については、両植民地は日本内地と同じように、浄土真宗の僧侶が教誨師を担当し、オリエンタリズム的視点をもって、日本帝国のイデオロギーと道徳を注入しようとした。しかし、言葉の壁や人手不足などの理由によって、監獄教誨の趣旨を貫徹し得なかった。また、当時の国際監獄会議においては、受刑者の信教の自由が持つ重要性がすでに認識されていたのに対し、植民地台湾および朝鮮における受刑者の信仰は、十分に重視されなかった。植民地の受刑者が監獄教誨制度をどのように見ていたのかを検討すると、教誨に対する多様な体験や認識が存在していたことが明らかになった。帝国に対して従順に自分を改善する意識もあれば、従順と引き換えに自分の処遇を緩和させたいとの意識もあった。反対に、教誨に対する嫌悪の意識も存在していた。収容者は必ずしも Foucault が描くような従順な臣民にはならなかった。以上の点から、西川長夫の提示する国民統合の図式の中において、国家統合の装

置の各次元に存在するアクター及び政治経済学的諸要因により相剋ある
いは矛盾が生じることがあるといえる。

　第二章と第三章では、植民地監獄作業について、両植民地が歩んだ道
には、相当な差異があったことを示した。台湾における監獄作業は官司
業が主導していた。一方、朝鮮における監獄作業は受負業が重要な役割
を演じており、満洲事変以後、官司業と中央の統制が一層強化された。
このような差異を見ると、両植民地の監獄統制の特徴がわかる。即ち、
台湾は中央からの統制色が濃い。これに対して、朝鮮は、満洲事変以前
は、中央からの統制色が薄く、満洲事変以後は軍需作業に呼応し統制が
強まっていった。日本内地と両植民地における監獄作業の成績を元に自
給率を比較すると、朝鮮は日本内地より低く、台湾は日本内地と拮抗し
ていた。本書では、自給率の高低が監獄に投入される刑務所費の多寡に
起因していると考えた。さらに、これによって、朝鮮と台湾の監獄にイ
ンフラストラクチャー的権力の差異があったことも示された。また、植
民地台湾及び朝鮮の監獄作業の主要な目的は自給自足や帝国の政策に歩
調を合わせることであり、その監獄作業が受刑者にとって適切かどうか
という点については配慮が不充分であった。これは国際監獄会議におけ
る監獄作業の目的に関する決議とも相違する。

　看守については、日本内地では 1890 年代に看守の専門性を意識した
制度が定着したが、植民地支配にともない、台湾及び朝鮮の監獄看守制
度でも一層専門性が重視された。看守訓練の制度については、台湾では、
警察官及び司獄官練習所の設置を通じて、看守の訓練が中央統制された
側面が再確認できる。日本内地と朝鮮は各監獄に委任することが多かっ
た。また、朝鮮と台湾の看守の民族構成の差異は両植民地の植民化の歴
史的経緯の差異を反映していた。そして、最前線に立つ看守の収容者に
対する暴力は耳新しい事ではなかった。同民族の朝鮮人看守と朝鮮人収
容者の間でも暴力が振るわれていたことから、植民地の差別のみならず、
刑罰執行の権力を持つ者と受刑者との社会的距離や排除という要因も看
過できないことを明らかにした。日本帝国における看守訓練の重視は、
国際監獄会議の理念に合致しているといえるが、戦時期以後、人員・予

算の不足などのなかで、看守訓練が徹底されないという問題が生じた。

　最後に、朝鮮と台湾における釈放者保護事業について検討した。明治日本内地では、別房留置制度が釈放者保護への国家介入手段として導入されたが、財政難による制約や、別房留置は実際には監獄の延長と変わらないとの懸念から、この制度は廃止された。しかし、刑法の付則は依然として残された。一方で、1880年代末には民間にも釈放者支援団体が存在していた。台湾でも別房留置が行われていたが、釈放者保護事業が監獄職員によって推進されたのは統治から10年後のことである。この時期は釈放者保護が社会事業の一環と見なされていた。1908年以降、別房留置制度は廃止され、民間の保護事業には国からの支援が行われた。台湾と朝鮮もこの公的補助を受けていた。大正初期には日本や台湾で中央統制化の傾向が見られ、朝鮮では1935年までこの傾向は現れなかった。その後、大正少年法の施行と釈放者保護の刑事司法への統合が進むにともない、司法保護の国営化という概念が浮上してきた。このように、釈放者保護事業における国家の役割が消極的なものから積極的なものへと変化したことは、当時の国際的潮流と概ね一致している。さらに思想犯保護観察が実施され、日本や朝鮮の思想犯は国営司法保護の一環として扱われ、帝国が両地域の思想犯管理を重視していたことが示されている。台湾の釈放者保護団体は朝鮮よりも数が多いものの、地方行政と連携したものが多く、実際に人員や資金は非常に不足していた。最終的には司法保護事業法が施行され、日本内地で優先適用された。次いで朝鮮が適用され、少年法とともに推進された。台湾での適用は最も遅れた。このようにして、日本内地や朝鮮に比べ、台湾では教育刑の色彩が相対的に薄いことが見受けられる。

　両植民地の監獄行刑を比較すると、台湾と朝鮮の監獄法制の間には共通点は多数あったが、相違点も存在した。最も顕著な違いは、日本統治後期において、朝鮮の教育刑の色彩が台湾に比べてより濃厚であった点である。

　その相違点が生み出された要因について、本書では論じ尽くすことはできなかったが、可能性のある理由をいくつか指摘しておきたい。

第一、台湾の監獄制度は統制色が濃く、朝鮮では 1930 年代以後から統制が一層強化され、その時期に朝鮮刑務所の制度は日本内地に近づいた。

第二、教誨師の宗派の差異は、教誨師を調達する経路に依存して生じてきた。台湾の教誨師の宗派は本願寺派に偏りがちであったが、朝鮮では大谷派と本願寺派の教誨師が存在した。この雇用状況を顧みると、朝鮮においては植民地化される前から既に大谷派の僧侶が布教活動を行っていたことから、植民地化後も大谷派が教誨師を送り込むルートを引き続き利用していたと言ってもよいであろう。つまり、既存の経路を用いつつ、日本植民者への考慮も加味した植民地統治の一形態であったといえる。

第三、台湾と朝鮮は植民地になった経緯が異なる。前者は大清帝国の敗戦の結果下関条約によって割譲され、後者は条約で韓国併合という名目により植民地となった。即ち、朝鮮は元々独立国として、日本が「指導者」の姿勢をもって朝鮮を植民地化していった。よって、植民地朝鮮監獄の運営には大量の朝鮮人を雇用することになった。一方の台湾は大清帝国の周縁として、自らを国として運営する体制が整っていなかったという相違点が存在する。故に、このような経緯の違いによって、朝鮮と台湾の運営の相違が導かれたのであろう。

第四、行刑に関する財政資源の獲得について差異が存在した。監獄に投入された財政資源の多寡が、二つの植民地における監獄作業の実施状況に差異をもたらしていることが確認できる。

第五、二つの植民地における釈放者保護事業を比較すると、台湾では 1910 年代にはすでに初歩的な中央統制化が進んでいたことが確認できる。一方、朝鮮における釈放者保護事業は、1930 年代になってようやく中央統制化の動きが見られるようになった。この点は、前述の朝鮮総督府が 1930 年代以降に中央統制化へと向かった動向と一致している。さらに、台湾総督府が地方行

政の枠組みを活用し、釈放者保護ネットワークを形成していた
ことも明らかになった。この点は、主に司法統制によって運営
されていた日本や朝鮮とは異なる特徴として挙げられる。

監獄行刑による権力について

この部分では、前述の考察を基礎にしつつ、序章で言及した Mann の
理論などを用いて分析を試みる。まず、イデオロギー的権力の側面につ
いて考察する。監獄は教誨を通じてイデオロギーを表現し、またそれを
民衆に浸透させることで、国家が望む国民像を構築しようとする。この
点は、西川長夫の国民統合理論とも相互に呼応する部分があると考えら
れる。

前述の分析から見ると、日本帝国は監獄行刑を通じて帝国のイデオロ
ギーを伝達しており、とりわけ戦時期においては皇民化教育が強化され
たことが分かる。一部の受刑者がこれに呼応したことが確認されるもの
の、反発や形式的な協力にとどまる例も少なくなかったように見受けら
れる。つまり、イデオロギー的権力は必ずしも帝国が期待したようにす
べての受刑者の精神に浸透したわけではなかった。イデオロギー的権力
が監獄行刑の方向性に確実に影響を与えたものの、特に人員不足や言語
の壁といった要因が影響し、その効果には限界があったと言える。

監獄をはじめ強制的ネットワークは国民統合の装置の一つと見なすこ
とができるが、その運営の仕組みについて検討するには、本書が提示し
た法制、言説、運用実態という三つの次元に注意しなければならないと
考える。三つの次元は常に相互に影響を与え合うが、ギャップも存在す
る。日本帝国は、外国から伝来した法律や政策に関する言説を日本自身
の状況や条件に合わせて改変するのみならず、独自の法制も成立させて
いった。そして、民衆の身近な法実践は、社会の変動あるいは行政など
の諸要因によって、法制との間でずれを生じさせた可能性もある。既に
検討したように、強制的ネットワークの隙間に、イデオロギーの貫徹し
難さの要因を見出すことができる。強制的ネットワークの隙間は、イン
フラ整備あるいは人員が行う仕事及び事務などにともなって生まれる。

この隙間が存在しているからこそ、イデオロギーとのずれあるいは便宜的要素が生じたのであろう。

　次に、政治的権力の側面について考察する。第一章で言及した受刑者の仮釈放率や関連する制度理念を基にすると、朝鮮では教育刑的な性格が台湾に比べてより濃厚であることが確認できる。台湾では受刑者の満期出獄が大多数を占め、新型累進処遇制度や少年法などが施行されなかったため、応報刑的な色彩が強かったといえる。ただし、ここで強調したいのは、筆者がこれをもって日本帝国が朝鮮をより良く扱ったと主張するものではないという点である。教育刑の強化は、日本内地での法制の変化に一定程度呼応するものであるが、社会的な力の動員や教育を通じて、表面的には社会的包摂を強調しながらも、法制度を通じて帝国の統制を一層強化する結果となったことが指摘できる。例えば、戦時期の司法保護においては、思想犯の管理に関する制度として、朝鮮では思想犯保護観察、予防拘禁などが存在していた。これらの制度を通じて、朝鮮総督府は社会との交渉を介しながら、思想犯の管理及び改造を進めていたことがわかる[1]。

　しかし、これが台湾社会において動員や交渉が必要ではなかったことを意味するかといえば、筆者はそうではないと考える。むしろ、台湾総督府は警察や保甲制度を通じて社会を動員し、管理していた。先行研究によると、警察と保甲制度が地方社会を監視していたという指摘がある[2]。また、過去の研究からも、台湾社会における警察の普及率が日本、朝鮮、台湾の三地域の中で最も高いことが明らかになっている[3]。

　このように監獄処遇に現れた政治的権力を分析すると、朝鮮では教育刑、受負業、朝鮮人看守といった要素があり、監獄処遇に朝鮮社会が比

---

1) 洪宗郁「戦時期朝鮮における思想犯統制と大和塾」『韓国朝鮮文化研究』第16号、2017年、64頁。
2) 王学新『日治時期台湾保甲制度之研究』国史館台湾文献館、2009年。
3) 文明基「植民地台湾と朝鮮の基層行政運用：行政人員の数量的検討を中心として」『北東アジア研究』別冊6、2021年、89-129頁。呉俊瑩「日治台湾警察与現代生活秩序的形塑：以違警罪的即決為中心」国立台湾大学歴史学研究所博士論文、2020年、120頁。

較的多く関与していたことが確認できる。一方で、台湾社会では初期に
おいて本島人の関与が見られたものの、それは短期間で終わり、官司業
や本島人看守の少なさなどにより、監獄処遇への台湾社会の関与は比較
的少なかった。これらの点から、両植民地における監獄処遇が示すイン
フラストラクチャー的権力には明確な差異があったといえる。

　両植民地の監獄行刑と Mann が提示した経済権力及び軍事権力との関
係については、どのように理解できるだろうか。軍事権力の側面では、
両植民地の監獄が 1930 年代以降、徐々に軍事活動に巻き込まれていっ
たことが確認される。特に、受刑者の労働力を用いて軍需品を生産した
り、受刑者や釈放者を動員して軍事活動に参加させたりする事例が見ら
れる。1930 年代の軍事活動において、朝鮮は台湾よりも早い段階で巻
き込まれたことが確認できる。

　一方、経済権力の側面では、本書では両植民地における監獄作業を分
析し、両者の自給自足率に違いがあることを指摘した。この差異は、両
植民地の経済状況と関連している可能性があるが、本書ではこの関連性
についての検証は保留し、今後の研究課題とした。

帝国におけるマイノリティー研究の提議

　植民地法制史研究はこれまで、日本内地の法制についてその理念のみ
を取り扱い、運用実態状況や変遷を過不足なく視野に入れてきたとはい
えない。その結果、帝国下における民衆、特に他者であるマイノリ
ティーの実像を見逃してきたのではないかという懸念が生じていたとい
わざるをえない。マイノリティーには、被差別部落民や障害者、貧困者
など主流社会から排除され、偏見を受け、認められない集団が含まれる
が、本書が取り上げた受刑者もこれに相当する。マイノリティー史は近
代日本史研究で注目され、近代日本における各種の装置や仕組みによる
マイノリティーに対する差別、排除の実態が明らかにされてきた[4]。そ
れでは、日本内地のマイノリティーと植民地社会のマイノリティーの間

4）例えば、黒川みどり編『近代日本の「他者」と向き合う』解放出版社、2010 年。

に、如何なる共通点、相違点及び交流があるのだろうか。両集団を比較検討することにより、日本帝国が帝国内部にどのような境界線を引いていたのかについて、その複雑性と交錯性を解明することができるのではないか。本書でたびたび取り上げた日本内地の監獄法制、言説及び運用実態の次元についてみれば、日本内地では、監獄法制と言説面は確かに両植民地より整っていたが、運用実態面については受刑者、つまり、マイノリティーたる受刑者が監獄側からの暴力を受けたことは留意されてよい。日本内地の法制を理念としては参照していたものの、その法が日本内地の民衆生活に如何なる影響を与えたのか、また、その影響は植民地社会の民衆が被ったそれとの間にどのような異同があるのかなどは、充分に検討されてこなかったと考えられる。法制の理念や言説、運用実態を詳細に検討し、帝国における他者の実像と向き合うことを通じて、日本内地におけるマイノリティーの生活実態が把握できるのみならず、植民地におけるマイノリティーが社会に排除・包摂される過程で、植民地主義などの境界線がどのように作用していたのかも究明し得る上、近代東アジアにおける近代性や近代法の性質と特徴も明らかにできるだろう。

植民地近代性について

本書の冒頭では、近代法の拡散が国際関係全体において植民地主義的な色彩を帯びていることについて論じた。近代化や文明化が進んでいると認められない国々は劣等な国家と見なされ、近代法の実現を追求することで近代的で文明的な国々の列に加わることを目指していた。しかしながら、西洋から伝播した近代法的価値は、民衆の権利の向上をもたらす可能性があるだけでなく、こうした権利は国家に対抗する武器の一つとして機能する場合もある。

植民地台湾及び朝鮮における監獄について、法制面を単に表面的に検討しただけでは、日本内地との差異が見えづらい、人種や地域に対する差別的植民地主義は必ずしも抽出しがたい。したがって、法制そのもののみならず、法制に関する言説及び運用実態も研究視野に入れる必要がある。本書では、法制、言説及び運用実態を合わせて検討した結果、教

誨師の日本型オリエンタリズム、植民地における作業賃金の少なさ、看守の暴力、釈放者保護への資源投入の格差など多くの点に、植民地主義を認めることができた。異なる言葉での教化や異なる人種である看守などの要素を包含する植民地体制によって、近代監獄制度が持つ近代法としての特徴が実際の運用に充分反映されたとは言い難い。

　一方、先行研究ではあまり検討してこなかった近代的刑罰のモメントは重要な軸の一つだと考える。本書で示したように近代的刑罰には、社会包摂及び社会排除という両面性がある。社会排除の面では、日本内地であれ、植民地であれ、いずれも看守の暴力が存在したのだから、植民地の看守の暴力が植民地主義に起因すると単純に解釈するのは不十分であり、刑罰による社会排除のモメントも重要視されるべきであろう。植民地の刑罰においては、植民地主義及び近代的刑罰による社会排除が重層化している。

　また、近代的刑罰に期待される社会的包摂という要素には、植民地主義との相剋が存在している。台湾監獄の林投帽の作業例が示すように、日本内地人と台湾監獄側の利益のためには、監獄側は林投帽の技術を普及させることに消極的だったが、社会復帰という点から見ると、林投帽の技術を持った台湾人の出獄者が民間業者に雇われる現象が起こり、監獄側の思惑とは異なる形で技術が広がっていった。

　以上の点を図式化して提示することによって、さらなる植民地刑罰史研究への一助になると考える（図終-1）。

　序章で議論した植民地近代性の論議について、いくつかの見解を呈示したい。

　まず、植民地近代性に対し批判的な先行諸研究で提示されているように、これまで行われてきた植民地近代性をめぐる議論では、近代性をともなって現れる装置が植民地にいかに普及していったのかという植民地社会への影響面を見ていないという批判があった[5]。単に装置を設置す

5）趙景達『植民地期朝鮮の知識人と民衆：植民地近代性論批判』有志舎、2008 年。許英蘭「2008 ～ 2009 년도 일제 식민지시기 연구의 현황과 과제」『역사학보』第 207 号、2010 年、39-57 頁。Hong Yung Lee, "Introduction: A Critique of 'Colonial

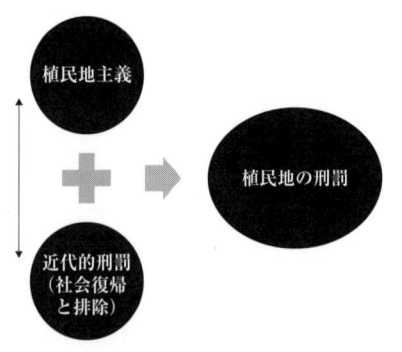

図終-1　近代植民地刑罰に関する考察の概念図

　ることで植民地における近代性を共有したものと見做すのは、飛躍した論理であることは否定できない。こうした視座から、本書では、監獄のインフラ整備の一面を示すものとして、行刑に関わる財政と人員などに着目した。監獄のインフラは植民地の民衆との間に密接な関係があり、民衆は監獄のインフラに対して、植民地における監獄には近代性が備わっているのだろうかという懐疑的な意識を向けていたであろう。したがって、近代性が「正」的なものあるいは「明るい」側面に焦点を絞ってみても、日本内地を含め、植民地朝鮮及び台湾における監獄が享有した近代性は明らかに限定的だったといわざるを得ない。

　次に、植民地近代性という概念は植民地性と近代性という二つの概念が重層化したものである。植民地性と暴力との関係はしばしば取り上げられてきたが、近代性と暴力との関係にはあまり注意が払われてこなかった。近代性から要求される近代法という視点で見れば、近代法は刑罰という正当化された暴力を内在する。もし、合理的制限を超える暴力が施されるならば、これは法を逸脱した暴力といえる。しかも、このような暴力は刑罰の名をもって、受刑者の身と心に振るわれる。本書では、日本内地における監獄でも逸脱した暴力が収容者に行使されたというこ

Modernity,'" in *Colonial Rule and Social Change in Korea, 1910–1945*, ed. Hong Yung Lee, Yung Chool Ha, and Clark W. Sorensen（Seattle: University of Washington Press, 2013）, 17–19.

とを示した。植民地監獄にもこのような暴力があった場合、単に植民地主義による暴力という結論に還元され得ないと考えられる。

　したがって、近代性というものは「正」的な側面のみから成っているとはいえず、むしろ近代性の暴力は近代の多面性を示すものであろう。この論点は、社会学者 Zygmunt Bauman がホロコーストの研究で得た発見とも通底する。Bauman によると、ホロコーストは、近代社会が胚胎している合理的な官僚制から生まれたものであるという[6]。いわゆる近代性に内包された構造的暴力があることを直視する必要がある。さらに敷衍すると、植民地法制史に関する研究で取り扱う近代性という概念に含まれる包摂性と排除性に配慮した上で、近代性の影も見るべきだと考える。

　また、植民地主義については、本書の植民地における監獄史の考察を通じて、植民地主義は単に人種の差異に応じて展開することでなく、社会的統制の特徴あるいは要求なども重要な要因として展開過程に作用することが示された。このような考えはオーストラリアのイギリス植民地の犯罪史研究者 Mark Brown の観察と一致している[7]。

　このような見解を基礎としつつも、直ちに近代性という概念を使うことに対しては、本書では慎重な姿勢を維持しながら論じてきた。まず、近代性という概念は従来、非常に抽象的であるのみならず、「正」的イメージしかもたないことも多いため、プラスチック・ワードになってしまう傾向があり、具体的な歴史像を希薄化することが多い。筆者は、統治技術としての制度が近代西洋から日本を経て、植民地に導入されたという経緯を検討する際には、法制、言説、運用実態という次元を把握すべきであると考えている。このようなアプローチによる研究が蓄積されれば、植民地主義と近代性との関係はさらに解明できると確信する。例えば、本書で言及した行刑累進処遇制度は最初にイギリスの流刑植民地に適用された後、宗主国イギリスにとって、または国際間において重要な行刑制度となったのである。ここにおいて、生じるのは行刑累進処遇

6）Zygmunt Bauman, *Modernity and the Holocaust* (Cambridge: Polity, 1991).

7）Mark Brown, *Penal Power and Colonial Rule* (London: Routledge, 2014).

制度は近代性に属するのか、植民地性に属するのかという問題である。
この事例が示しているのは、近代法の生起する要因として、植民地の演
じる役割こそが無視できないということである。確かに、植民地性と近
代性を明確に区別することには一定程度の困難が存在する。本書では、
この点は否定できないと意識しつつ、空間的に近代法を捉える考え方を
提起したいと思う。空間的に近代法を捉える考え方には、二つの意味が
ある。まず、近代法制度が生成及び受容される空間である。特に、近代
法の生成についてはほとんどが欧米における法制の発展にのみ着眼して
いるが、欧米の植民地と宗主国との相互関係はさらに研究する余地があ
る。例えば、前述の行刑累進処遇制度は、イギリスの植民地で重要な制
度となり、そこからイギリスを含む諸国に拡散・変容していく。Lauren
Benton は、イギリスはその植民地統治によって国際法学に影響を及ぼ
すと指摘している[8]。このような視点は日本法制史にのみならず、他国
の法制史にも通じ得る。

　二つ目の意味は、法制度に関する言説及び運用実態は空間として考え
る必要があるということである。監獄行刑制度を空間として捉えた場合、
そのなかで、関連した措置に対して多様な言説が存在していると認識す
ることができる。多様な思想や実態は同じ空間の中で、ある特定の法律
を共同で構成する。そして、この空間の中では異なる言説や思想も植民
地主義とはそれぞれ接続しており、同じ空間における他の言説はこの植
民地主義と接続する別の言説との間で対抗や連携などの関係を生じる。
空間という比喩を持ち込むことで、法制度にかかわる言説、運用と、そ
れらが互いに生じさせる対抗や協働など錯綜した力学をさらに明らかに
できるというのが筆者の考えである。

研究貢献

　本書の研究上の貢献について、以下のように整理しておきたい。
　日本における近代日本法制史研究では、植民地法制史への関心は以前

8）Lauren Benton and Lisa Ford, *Rage for Order: The British Empire and the Origins of International Law, 1800–1850* (Cambridge, MA: Harvard University Press, 2014).

に比べれば高まってきたといえるが、研究関心は植民地民事法に集中しているといってよい。植民地刑事法史の研究はまだ不十分な状態にあるが、この欠落を補うという意味で本書は一定の役割を果たせたと考えている。また、日本における植民地法制史研究は法制の変遷及び法思想に注目しているものの、社会史あるいは植民地の民衆の法体験に対する関心は十分及んでおらず、植民地法制は植民地社会に如何なる影響を与えたのかという問題に回答を与えてきたとはいえない。こうした状況に鑑み、本書は限定的ながら、この問題への回答を試みた。

　次に、台湾法制史あるいは台湾史に対しては、本書では日本統治期における台湾の監獄制度及び実態について、先行研究を踏まえつつ、さらに明白に究明した。また、日本内地の監獄制度及び運用実態を視野に入れたことで、台湾のみに着目していた先行研究の限界を打開し、より詳細に論じることができた。一方、ここ数年来、植民地台湾と植民地朝鮮の交流及び参照を重視する声が強くなってきたが、それぞれの植民地の研究成果を並列するばかりではなく、より具体的に比較検討を行う研究分析の成果はまだ不足しているといえる。本書はこの空白を埋めて、植民地台湾の監獄制度が日本帝国でどのように位置付けられ、その特徴はどのような点にあるのかを見出した。

　最後に、近代朝鮮法制史あるいは朝鮮史研究については、台湾の先行研究と同様に、主に朝鮮の状況に関心を寄せており、日本内地の監獄状況へは十分に注目してこなかった。本書はこの点を埋め得たと考える。また、韓国における植民地史学界では、同じく植民地とされた台湾に対する研究において、さらに蓄積がなされるべき余地がある。

今後の課題

　今後両植民地の刑事司法の相互参照あるいは比較研究を進めるうえで、本書には残された課題がいくつかある。

　一点目は、「強制的ネットワーク」の全体像を究明していく場合、監獄のみならず、死刑、罰金刑などの運用実態をさらに掘り下げる必要性がある。これに加えて、刑事司法に関する裁判、アクターも深く考察す

る必要がある。

　二点目は、本書では両植民地における監獄制度と運用実態を研究したが、ある程度捨象せざるを得ない点もあり、一般的であると見做すことができない言説や実態が提示している意味を見落としている可能性もある。将来的にこの欠落を埋めるために、監獄と社会との関係について、地域の事例をもとにより詳しく分析したいと思う。また、第1章から第5章において、両地域の植民地化以前の「監獄」の状況には多少なりとも言及されているものの、清治時期および朝鮮王朝における「監獄」制度とその実際の運用について詳細に検討されているわけではない。これは本書の一つの限界である。今後、この点について引き続き探究していきたい。

　三点目は、本書は日本内地の監獄制度をも参照したが、既存の近代日本の監獄史研究は主に明治期に集中し、また法制的変遷を対象としたものが多い。行刑に関する実態面の解明については、本書では、雑誌『刑政』、他の刑務所史や矯正協会の出版物を用いたが、他の資料の探索を通じてさらに開拓する余地があろう。

　四点目は、監獄は収容者に対するトータルケアを行う義務があり、特に食事、衛生などの面は極めて重要な点であり、これらは文明国家にふさわしい監獄たり得るかどうかを見極めるための一つの指標となり得る。この点について本書では論じることができなかったため、後日の検討課題としたい[9]。

　五点目は、本書では、監獄に関わる財政史や経済史や宗教史などの研究成果が十分参照できなかった。監獄行刑と社会の関係のさらなる解明のために他分野の研究も越境的に取り入れる方向を目指したい。

9）林政佑「法制、言説、実践から見る植民地監獄衛生医療：朝鮮・台湾を中心に」日本法社会学会編『法社会学の最前線』有斐閣、2023年、191-211頁、参照。

あとがき

　本書は、一人の台湾人として、筆者の日本の植民地統治時期における刑罰制度への関心を出発点とし、それを発展させることによって形成した比較植民地研究である。このような研究の過程において、筆者は他国の歴史を理解する難しさを改めて痛感した。その理解不足を補うには、長期的な探究と努力が必要であり、本書の刊行に向けた研究もその一環に過ぎないと考えている。本書には、依然として多くの不備や誤りが含まれているかもしれないが、読者の皆様のご指導を賜れれば幸いである。

　台湾や韓国の社会における日本に対する感情や認識の違いについて、多くの人が安易にレッテルを張り、先入観をもってそれぞれの社会について語っている。例えば、台湾は親日的であり、韓国は反日的であるという通俗的な言説がある。しかしながら、社会における多様な声に耳を傾けるならば、必ずしもそのような単純な図式には当てはまらないことが分かる。いかなる国の国民であれ、歴史を記憶しつつも、すべての人の尊厳を尊重し、各個人の自主性と独自性を保持しながら、共生と平和を追求していくことを願っている。筆者としては、そうしたレッテルを一旦脇に置いて史料に立ち返り、歴史を見つめ直してもらいたいと願っている。

　本書は 2019 年に京都大学に提出した博士論文「植民地台湾と朝鮮における監獄制度及び運用実態」を基に、修正・改稿を行ったものである。本書の第 1 章から第 4 章はすでに発表した以下の論文に基づいており、それ以外の部分は新たに執筆したものである。

「日治時期臺灣與朝鮮的監獄教誨史」『台湾史研究』29 巻 2 号、2022 年（第 1 章）
「植民地台湾における監獄作業に関する一考察」『日本台湾学会報』21 号、2019 年（第 2 章）

「植民地朝鮮の監獄作業に関する考察」『法制史研究』72巻、2023年（第3章）

「日本帝国の看守に関する考察——台湾と朝鮮を中心に」『朝鮮史研究会論文集』58号、2020年（第4章）

　本書を世に問うにあたり、まず、指導教員である伊藤孝夫先生に深く感謝申し上げる。大学院進学から博士学位の取得に至るまで、そして本書の出版に際しても、伊藤先生より多大なるご指導とご助力を賜った。さらに、博士論文の審査においては、鈴木秀光先生および佐々木健先生から多くの有益なご助言をいただき、大変感謝している。

　また、国際日本文化研究センターの松田利彦先生、中央研究院台湾史研究所の陳姃湲先生には、本書の初稿に対して貴重なご指導をいただいた。心より感謝申し上げる。

　京都大学博士課程在籍中には、多くの先生方からご指導を賜った。特に、基礎法系および刑事法系の先生方には深く感謝申し上げる。また、木下慎梧先生、大泉洋輔先生、相原優矢先輩、林琬珊先生、陳巧宜先輩、張乃元さん、林尚儒さん、熊紹惟さん、張登凱先輩、魏敏先生に心より感謝申し上げる。また、京都大学の北村由美先生、駒込武先生には、研究の進展に際して多くの助言と支援をいただき、大変お世話になった。さらに、浅古弘先生と三阪佳弘先生、日本植民地研究会、日本台湾学会には、研究会や学会において発表の機会をご提供いただき、本書の基となる論文を執筆するうえで有益なご指摘を多数頂戴した。厚く御礼を申し上げたい。龍谷大学矯正保護研究センターの福島至先生、石塚伸一先生、赤池一将先生にも多くの学びの機会をいただいた。深甚なる謝意を表する。日本への留学中、多くの先生方と出会い、学びを深める機会を得ることができた。お世話になった先生方に心より感謝申し上げる。感謝の意を表すべきすべての方々のお名前をここに記すことはできないが、その恩は常に胸に刻んでいる。

　韓国研究に従事するに当たっては、頻繁に韓国を訪問し、資料調査を行う機会を得た。その過程において、多大なるご支援を賜った先生方に

深く感謝申し上げる。特に、ソウル大学校奎章閣韓国学研究院の鄭駿永先生、高麗大学アジア問題研究所の李炯植先生、ソウル大学の洪宗郁先生、鄭肯植先生、釜山大学の文竣暎先生には、多くの貴重な助言とご協力をいただいた。また、日本植民地統治期の朝鮮における監獄史の研究をされている李鍾旼先生、朴慶穆先生にも、数々のご助力を賜ったことに、心より感謝申し上げる。韓国法研究に関しては、水野直樹先生、吉川絢子先生、岡崎まゆみ先生、田中美彩都先生からも貴重なご助言とご支援を賜った。心より感謝申し上げる。

　また、本書の出版に際し、ご支援を賜った京都大学学術出版会編集室の大橋裕和氏に深く感謝申し上げる。また、阿部由理香氏および松田良孝氏のご指導とご助言に対しても、深く感謝申し上げる。

　なお、本書の出版に際しては、京都大学人と社会の未来研究院・若手出版助成を受けた。記して謝意を表したい。

　最後に、私事で恐縮だが、常に支えてくれた両親、そして共に歩んでくれる妻に心より感謝したい。

2025 年 2 月 17 日

林政佑

参考文献

・　史料

『朝日新聞』

『大阪毎日新聞 朝鮮版』

『監獄協会雑誌』

『簡吉獄中日記』未刊行

『官報』

『教誨研究』

『教誨と保護』

『旧植民地人事総覧　朝鮮編』

『京城日報』

『慶南日報』

『刑政』

『警務彙報』

『警察監獄学会雑誌』

『倉富勇三郎文書』

『公文類聚』

『高宗實錄』

『社会事業の友』

『釋放者保護事業彙報』

『時代日報』

『司法稟報』

『成人』

『正教新報』

『大日本監獄協会雑誌』

『大日本帝国内務省統計報告』

『台法月報』

『台南新報』

『台湾刑務月報』

『台湾新民報』

『台湾土語叢誌』

『台湾日日新報』

『台湾日記知識庫』

『台湾民報』

『台湾総督府報』

『台湾総督府統計書』

『台湾總督府檔案』

『朝鮮總督府官報』

『朝鮮』

『朝鮮公論』

『朝鮮新聞』

『朝鮮総督府官報』

『朝鮮総督府月報』

『朝鮮総督府記録物』

『朝鮮総督府職員及所属官署職員録』

『朝鮮總督府施政年報』

『朝鮮司法協会雑誌』

『朝鮮司法保護』

『朝鮮日報』

『帝国決算統計』

『東京朝日新聞』

『東亜日報』

『日本帝国司法省行刑統計年報』（監獄統計年報）

『日本外交文書』

『半島時論』

『輔成会会報』

『法学志林』

『法規類編』

『法部來文』

『保護時報』

『毎日申報』

『まこと』

・　日本語文献

芥川信『行刑衛生』金原書店、1925 年。

赤司友徳『監獄の近代：行政機構の確立と明治社会』九州大学出版会、
　　2019 年。

浅古弘ほか編『日本法制史』青林書院、2010 年。

阿部利政『巡査須知警察要義』和合堂、1893 年。

安利淑『たといそうでなくても』待晨社、1972 年。

新井勉「朝鮮総督府の笞刑について：刑罰史の一幕」『日本法學』第 80
　　巻第 2 号、2014 年。

安形静男「更生保護史考 2 出願懲治制度の展開」『犯罪と非行』第 97 号、
　　1993 年。

安形静男「更生保護史考 3 別房留置制度の廃止」『犯罪と非行』第 98 号、
　　1993 年。

安形静男「更生保護史考—7 —司法保護への一潮流——主として大正・
　　昭和初期における趨向」『犯罪と非行』第 106 号、1995 年。

板垣竜太「〈植民地近代〉をめぐって——朝鮮史研究における現状と課
　　題」『歴史評論』第 654 号、2004 年。

石田侑矢「問題解決型刑事司法の課題と展望：歴史的・訴訟法的観点か
　　らの一考察（1）」『九大法学』第 113 号、2016 年。

井上一志『行刑施設の変遷』カヅサ共済法規出版部、1988 年。

石井藤吉述『聖徒となれる悪徒：石井藤吉の懺悔と感想』石尾奎文閣、
　　2019 年。

今西一「国民国家論と『日本史』」、大津透［ほか］編集『歴史学の現在』
　　岩波書店、2016 年。

伊藤俊介『近代朝鮮の甲午改革と王権・警察・民衆』有志舎、2022 年。

上田茂登治編『刑務所長会同席上ニ於ケル訓示演述注意事項集：明治一七年一一月至昭和七年七月』刑務協会、1933 年。

江連崇「施設内処遇と社会内処遇を通してみる更生保護思想史」『共生と修復』第 3 号、2013 年。

江連崇「巣鴨監獄教誨師事件とその後の仏教界の動向：仏教系新聞雑誌を用いた試論」『東京社会福祉史研究』第 7 号、2013 年。

江連崇「明治期における更生保護思想―『大日本監獄協会雑誌』からみる更生保護の意義と役割―」『名寄市立大学社会福祉学科研究紀要』第 3 号、2014 年。

江連崇「監獄関係雑誌上における監獄教誨と宗教の関係性についての議論：1888 年から 1898 年までを中心に」『道北福祉』第 6 号、2015 年。

江連崇『明治日本における「更正」思想：監獄改良・出獄人保護・教誨をめぐって』専修大学社会学博士論文、2017 年。

江連力一郎『獄中日記』郁文書院、1932 年。

袁堂軍、深尾京司「1930 年代における日本・朝鮮・台湾間の購買力平価―実質消費水準の国際比較―」『経済研究』第 53 巻第 4 号、2002 年。

大久保利武『日本に於けるベリー翁』東京保護会、1929 年。

太田達也「韓国における更生保護事業の特色と刑事政策的意義（一）」『法学研究：法律・政治・社会』第 77 巻第 6 号、2004 年。

大友昌子『帝国日本の植民地社会事業政策研究：台湾・朝鮮』ミネルヴァ書房、2007 年。

大橋捨三郎『真宗本派本願寺台湾開教史』真宗本派本願寺台湾別院、1935 年。

岡崎まゆみ『植民地朝鮮の裁判所―慣習と同化の交錯・法の「実験」―』晃洋書房、2020 年。

小河滋次郎『日本監獄法講義』磯村兌貞、1890 年。

小河滋次郎『看守必携獄務提要』磯村兌貞、1892 年。

小河滋次郎『監獄作業論』監獄協会出版部、1902 年。

小河滋次郎『監獄法講義』巖松堂、1912 年。

小河滋次郎『監獄学』五山堂書店、1989 年。

小川原正道『大教院の研究　明治初期宗教行政の展開と挫折』慶應義塾大学出版会、2004 年。

荻野富士夫編『治安維持法関係資料集』第 2 巻、新日本出版社、1996 年。

荻野富士夫編『治安維持法関係資料集』第 4 巻、新日本出版社、1996 年。

萩原彦三『朝鮮行政法』巖松堂京城店、1923 年。

岡本真希子『植民地官僚の政治史：朝鮮・台湾総督府と帝国日本』三元社、2008 年。

奥平康弘『治安維持法小史』岩波書店、2006 年。

小澤政治『行刑の近代化：刑事施設と受刑者処遇の変遷』日本評論社、2014 年。

小野義秀『監獄（刑務所）運営 120 年の歴史―明治・大正・昭和の行刑』矯正協会、2009 年。

小幡尚「昭和戦前期における刑務教誨」『日本歴史』）第 610 号、1999 年。

小山六之助『活地獄』日高有倫堂、1910 年。

外務省外交史料館蔵復刻『外務省警察史第 3 巻』不二出版、1996 年。

景山知之『病床随筆』興教書院、1911 年。

片岡優子『原胤昭の研究―生涯と事業』関西学院大学出版会、2011 年。

苅屋公正『刑務教誨概論』大道書房、1941 年。

川瀬貴也『植民地朝鮮の宗教と学知：帝国日本の眼差しの構築』青弓社、2009 年。

韓晳曦『日本の朝鮮支配と宗教政策』未來社、1988 年。

衣笠一『海南島派遣の朝鮮報国隊始末記』衣笠一、1997 年。

金九著、梶村秀樹訳注『白凡逸志：金九自叙伝』平凡社、1973 年。

キム・ハンバク『配流刑の時代：清朝と刑罰』京都大学学術出版会、2022 年。

教誨百年編纂委員会、浄土真宗本願寺派本願寺、浄土真宗大谷派本願寺『教誨百年』浄土真宗本願寺派本願寺、1973 年。

矯正協会編『クルト・フォン・ゼーバッハ：近代監獄制度の指導者』矯

正協会、1985 年。

黒川みどり編『近代日本の「他者」と向き合う』解放出版社、2010 年。

倉持史朗「帝国議会における監獄費国庫支弁問題」『天理大学社会福祉学研究室紀要』第 14 号、2016 年。

刑務協会編『刑政論集：「刑政」五十周年記念』刑務協会、1938 年。

刑務協会編『日本近世行刑史稿』刑務協会、1943 年。

更生保護 50 年史編集委員会『更生保護 50 年史：地域社会と共に歩む更生保護』全国保護司連盟、2000 年。

児玉圭司「明治期の監獄教誨と、これに関わった人々」『人権のひろば』第 18 巻 6 号、2015 年。

児玉圭司「明治前期の監獄における規律の導入と展開」『法制史研究』第 64 号、2015 年。

兒玉圭司「近代日本の刑事施設における構外作業の理論と実態」『矯正研究』第 4 号、2021 年。

駒込武『世界史のなかの台湾植民地支配：台南長老教中学校からの視座』岩波書店、2015 年。

蔡錦堂『日本帝国主義下台湾の宗教政策』同成社、1994 年。

佐々木満『刑罰史・行刑史雑纂』佐々木満、1999 年。

繁田真爾『「悪」と統治の日本近代：道徳・宗教・監獄教誨』法蔵館、2019 年。

繁田真爾「「感化」と「懲戒」の監獄史」『歴史評論』第 876 号、2023 年。

重松一義『近代監獄則の推移と解説：現行監獄法への史的アプローチ』北樹出版、1979 年。

重松一義『図鑑日本の監獄史』雄山閣出版、1985 年。

静岡県勧善会百年史編纂委員会『静岡県勧善会百年史』金原治山治水財団、1994 年。

真宗本願寺派本願寺、真宗大谷派本願寺編『日本監獄教誨史』真宗本願寺派本願寺、1927 年。

新竹州聯合保護會『第一回新竹州司法保護委員會諮問事項及協議事項』新竹州聯合保護會、1937 年。

鈴木喜三郎先生伝記編纂会編『鈴木喜三郎』2版、鈴木喜三郎先生伝記
　　編纂会、1955年。

戦時行刑実録編纂委員会編『戦時行刑實録』矯正協会、1966年。

全日本司法保護事業聯盟編『昭和十二年全日本司法保護事業大會報告
　　書』全日本司法保護事業聯盟、1937年。

台中州勧業課『台湾に於ける帽子』臺中州勧業課、1938年。

台北刑務所『臺北刑務所刑務要覽』臺北刑務所、1932年。

台湾総督府『台湾事情』台湾総督府、1917年。

台湾總督府警察官及司獄官練習所『台湾總督府警察官及司獄官練習所沿
　　革誌』台湾總督府警察官及司獄官練習所、1909年。

台湾總督府文教局社會課『台湾ニ於クル神社及宗教』台湾總督府文教局
　　社會課、1934年。

高塩博『江戸時代の法とその周縁：吉宗と重賢と定信と』汲古書院、
　　2004年。

高瀬善夫『一路白頭ニ到ル：留岡幸助の生涯』岩波書店、1982年。

高橋良雄『刑務事故の研究』法務研修所、1953年。

武田嘉太郎『免囚の声』臺灣財團法人三成協會、1921年。

谷田三郎『免囚保護事業に就て』輔成会、1916年。

中濃教篤『戦時下の仏教』国書刊行会、1977年。

趙景達『植民地期朝鮮の知識人と民衆：植民地近代性論批判』有志舎、
　　2008年。

趙景達「植民地近代の見方：暴力と主体の問題をめぐって」『民衆史研
　　究』第91号、2016年。

朝鮮受驗研究會『朝鮮總督府巡査看守準備書』東京堂書店、1923年。

朝鮮總督府法務局行刑課編『朝鮮刑務提要』朝鮮治刑協會、1927年。

朝鮮總督府法務局行刑課編『朝鮮の行刑制度』治刑協會、1938年。

塚田孝『身分制社会と市民社会：近世日本の社会と法』柏書房、1992年。

坪井直彦『監獄実務講話』東京書院、1918年。

德岡秀雄『宗教教誨と浄土真宗：その歴史と現代への視座』本願寺出版
　　社、2006年。

徳島刑務所『徳島刑務所史 — 主として構外作業の軌跡について』徳島刑務所、1994 年。

長尾景徳『台湾行政法大意』杉田重藏書店、1923 年。

中兼二『活地獄』東京国文社、1913 年。

並木真人「植民地期朝鮮政治・社会史研究に関する試論」『東京大学大学院人文社会系研究科・文学部朝鮮文化研究室紀要』第 6 号、1999 年。

永島広紀編集『富田儀作伝：富田儀作』ゆまに書房、2010 年。

中西啓太「明治期における監獄の経済史的位置づけ」収録：佐藤健太郎他編『公正から問う近代日本史』吉田書店、2019 年。

中西直樹『植民地朝鮮と日本仏教』三人社、2013 年。

長沼友兄「明治中期東京における監獄教誨の動向：高瀬真卿の教誨活動」『刑政』第 125 巻第 3 号、2014 年。

中村不羈兒『昭和十三年度　臺北州社會事業概要』臺北州方面委員聯合會、1939 年。

名和月之介「明治中期における仏教慈善事業の形成について」『四天王寺国際仏教大学紀要』第 39 号、2004 年。

西川長夫『国民国家論の射程：あるいは「国民」という怪物について』柏書房、2012 年。

西原大輔『谷崎潤一郎とオリエンタリズム：大正日本の中國幻想』中央公論新社、2003 年。

二井仁美『留岡幸助と家庭学校 近代日本感化教育史序説』不二出版、2010 年。

西大門刑務所職員交友會『西大門刑務所例規類纂』西大門刑務所職員交友會、1936 年。

日本更生保護協会 100 年史編集委員会『日本更生保護協会 100 年史』日本更生保護協会、2014 年。

朴泳孝「建白書」、収録：月脚達彦訳注『朝鮮開化派選集：金玉均・朴泳孝・兪吉濬・徐載弼』平凡社、2014 年。

林尚之「昭和初期の思想司法の展開と帰結：思想犯保護観察法、司法保

護事業法の思想的基盤から」『人文学の正午』3号、2012年。

原胤昭『出獄人保護』天福堂、1913年。

干河岸貫一『監獄囚人教誨乃かが見』菅竜貫、1887年。

平塚龍馴、林久次郎訳『旅乃出直志』朝鮮治刑協会、1923年。

姫嶋瑞穂『明治監獄法成立史の研究：欧州監獄制度の導入と条約改正を
めぐって』成文堂、2011年。

檜山幸夫「台湾における監獄制度の確立」収録：檜山幸夫編『台湾総督
府文書目録』第5巻、ゆまに書房、1998年。

文明基「植民地台湾と朝鮮の基層行政運用：行政人員の数量的検討を中
心として」『北東アジア研究』別冊6、2021年。

藤井恵照『覚めたる友：改善実話』監獄協会、1917年。

藤井智鎧編『教誨創始の苦心を語る』六七會、1937年。

藤岡了空『監獄教誨学提要草案』自刊、1892年。

藤岡了空『通信土曜談話』西村七兵衛、1896年。

藤音得忍編『宗教と行刑』本派本願寺、1927年。

輔成会『司法保護事業成績表 昭和11年度』輔成会、出版年不明。

輔成会『司法保護事業成績表 昭和10年度』輔成会、出版年不明。

洪宗郁「戦時期朝鮮における思想犯統制と大和塾」『韓国朝鮮文化研究』
第16号、2017年。

本派本願寺教務部『次席教誨師記事第一回』本派本願寺教務部、1918年。

正木亮『監獄法概論』有斐閣、1934年。

正木亮『行刑累進処遇令に就て』新光閣、1934年。

正木亮『行刑法』日本評論社、1936年。

正木亮『監獄法概論』有斐閣、1938年。

正木亮『新監獄学：行政を基点として考察したる自由刑』有斐閣、1941
年。

正木亮『国際監獄会議』法務省、1966年。

松井晟千代編『大正十三年六月臺灣行刑法規全』行刑法規發行所、1924
年。

三ッ井崇「朝鮮史研究における「植民地近代（性）」をめぐる議論の動

向」『歴史科学』第 206 号、2011 年。

水野直樹「植民地期朝鮮・台湾における治安維持法に関する研究」平成
　8-10 年度科学研究費補助金（基盤研究（C）(2)）研究成果報告書、
　1999 年。

三重県保護会『百周年記念誌』三重県保護会、1994 年。

宮城長五郎「反古の見直」、収録：野尻収編『司法保護実例批判 第 1 輯』
　大道書房、1940 年。

向山寛夫『日本統治下における台湾民族運動史』中央経済研究所、1987
　年。

森田明『未成年者保護法と現代社会』有斐閣、1999 年。

森徳次郎『檻域矯正界蹣跚の三十七年』森徳次郎、1970 年。

森山武市郎『最近の司法保護思潮』司法保護協会、1941 年。

矢木毅『朝鮮朝刑罰制度の研究』朋友書店、2019 年。

安丸良夫『一揆・監獄・コスモロジー：周縁性の歴史学』朝日新聞社、
　1999 年。

安丸良夫『近代天皇像の形成』岩波書店、2001 年。

山口諮『刑台上の感謝：死刑囚山口諮悔改録』小兵士団、1922 年。

山下存行「日本刑事政策史上の人々（その 13）藤井恵照」『罪と罰』第
　5 巻第 2 号、1968 年 1 月。

山下良右衛門編、林久次郎訳『道志る扁』朝鮮治刑協会、1926 年。

山田美香「日本植民地時期台湾における刑務所看守・教誨師」『人間文
　化研究』第 9 号、2008 年。

山中永之佑『帝国日本の統治法―内地と植民地朝鮮・台湾の地方制度を
　焦点とする』大阪大学出版会、2021 年。

珏馽遒酙痬㻴国民帝国』論の射程」山本有造編『帝国の研究：原理・類
　型・関係』名古屋大学出版会、2003 年。

山室信一「国民帝国日本における異法域の統合と格差」『人文學報』第
　101 号、2011 年。

山本邦彦「一九二〇年代植民地朝鮮における監獄教誨」『近代仏教』第
　16 号、2009 年。

山本邦彦「1920 年代朝鮮における監獄教誨の一考察」『佛教大学大学院
　　紀要文学研究科篇』第 38 号、2010 年。

横江勝栄『獄則提要：新旧対比』横江勝栄、1889 年。

友邦協会『朝鮮における司法制度近代化の足跡』友邦協会、1966 年。

吉川文太郎『朝鮮の宗教』朝鮮印刷、1921 年。

尹海東、藤井たけし訳「植民地認識の「グレー・ゾーン」――日帝下の
　　「公共性」と規律権力」『現代思想』第 30 巻第 6 号、2002 年。

尹海東、沈熙燦・原佑介訳『植民地がつくった近代：植民地朝鮮と帝国
　　日本のもつれを考える』三元社、2017 年。

李善英「植民地朝鮮における言語政策とナショナリズム / 朝鮮総督府の
　　朝鮮教育令と朝鮮語学会事件を中心に」『立命館国際研究』第 25 巻
　　第 2 号、2012 年。

林政佑「植民地台湾における監獄作業に関する一考察」『日本台湾学会
　　報』第 21 号、2019 年。

林政佑「日本統治時代台湾における未成年者犯罪の処遇―裁判実務に着
　　目して」、収録：額定其労、佐々木健他編『身分と経済 法制史学会
　　七〇周年記念若手論文集』慈学社、2019 年。

林政佑「日本帝国の看守に関する考察：台湾と朝鮮を中心に」『朝鮮史
　　研究会論文集』第 58 号、2020 年。

若林正丈『台湾抗日運動史研究』研文出版、2001 年。

若林正丈「可視化政策と秩序再編：再び「台湾という来歴」を求めて」
　　『早稲田大学台湾研究所ワーキングペーパーシリーズ』第 1 号、
　　2022 年。

渡邊武「自由刑の執行と刑務作業」『刑の量定に就いて』司法省調査課、
　　1928 年。

David Garland 著 ; 向井智哉訳『処罰と近代社会：社会理論の研究』現代
　　人文社、2016 年。

Christian Schwarzenegger 著、小池信太郎監訳「スイスの刑事制裁制度」
　　『慶応法学』第 36 号、2016 年。

Isabella Bird 著、朴尚得訳『朝鮮奥地紀行 2』平凡社、1993 年。

Michel Foucault 著、渡辺守章訳『知への意志』新潮社、1986 年。

・　韓国語文献

金珖燮『나의 獄中記』창작과 비평사、1976 年。

金淇春『朝鮮時代刑典―經國大典刑典을 中心으로』三英社、1990 年。

김동근「일제강점기 법무보호사업의 연혁에 관한 연구」『법무보호연구』
　　　第 3 卷第 1 号、2017 年。

김삼웅『서대문형무소 근현대사』나남、2000 年。

김정아 (2012)「페이스북 공유트위터 공유일제강점기 독립운동가「假出
　　　獄關係書類」에 대한 검토」『한국독립운동사연구』第 41 号、2012
　　　年。

김진균、정근식『근대주체와 식민지 규율권력』문화과학사、1997 年。

李圭昌 (1992)『運命의餘燼』寶蓮閣、1992 年。

李昇薰「감옥에 대한 나의 注文」朴大熙編『日帝下獄中回顧録』정음사、
　　　1977 年。

李鍾吉『朝鮮社會法史考』동아대학교출판사、2012 年。

李鍾旼「식민지 시기 형사 처벌의 근대화에 관한 연구―근대 감옥의 이
　　　식 . 확장을 중심으로」『社會와歷史』第 55 号、1995 年。

李鍾旼「1910 년대 근대감옥의 도입 연구」『정신문화연구』第 22 卷第 2
　　　号、1999 年。

李鍾旼「일제의 囚人 노동력 운영 실태와 통제 전략 : 전시체제를 중심으
　　　로」『韓國學報』第 26 卷第 1 号、2000 年。

李鍾旼「감옥 내 수형자 통제를 통해 본 식민지 규율 체계」연세대학교
　　　국학연구원 編『일제의 식민지배와 일상생활』혜안、2004 年。

李鍾旼「태평양전쟁 말기의 수인 (囚人) 동원 연구 (1943〜1945) ―형
　　　무소 보국대를 중심으로―」『한일민족문제연구』第 33 号、2017 年。

李鍾旼『식민지 조선의 감옥』역사공간、2024 年。

朴慶穆「1930 년대 서대문형무소의 일상」『한국근현대사연구』第 66 号、
　　　2013 年。

朴慶穆「일제강점기 서대문형무소 여수감자 현황과 특징」『한국근현대

사연구』第 68 号、2014 年。

朴慶穆「일제 강점기 서대문형무소 연구」忠南大學校大學院史學科博士學位論文、2015 年。

朴慶穆「일제강점기 서대문형무소 수감자 현황과 특징」『한국근현대사연구』第 78 号、2016 年。

朴慶穆『서대문형무소 : 식민지 근대감옥』일빛、2019 年。

朴秉濠『한국법제사』민속원、2012 年。

宋炳基編（1970-1972）『韓末近代法令資料集 2』書景文化社、1970-1972 年。

宋相燾『騎驢隨筆』國史編纂委員會、1955 年。

심재우「조선시대 徒刑의 집행과 徒配罪人 관리」『한국문화』第 104 号、89-112 頁、2023 年。

양성숙「105 인 사건과 서대문형무소 연구」『민족사상』第 3 卷第 1 号、2009 年。

원재연「1890 년대 호남지역 감옥의 운영실태 일단（一端)」『조선시대사학보』第 78 号、2016 年。

尹海東『植民地의 灰色地帶』歷史批評社、2003 年。

이광수「무명」『이광수 단편소설』유퍼이퍼、2016 年。

임상민「일제강점〈옥중소설〉과 조선인 간수 연구―나카니시 이노스케『붉은 흙에 싹트는 것』을 중심으로―」『일본문화학보』第 100 号、2024 年。

임상민「조선총독부 임용시험과 수험서 연구―간수채용시험을 중심으로―」『일본근대학연구』第 85 号、2024 年。

장신「일제하 형무소의 사상범 대책과 전향자 처우」『민족문화연구』第 64 号、2014 年。

鄭肯植『韓國近代法史攷』博英社、2002 年。

조윤선「숙종대 刑曹의 재판 업무와 합의제적 재판제도의 운영」『사총』第 88 号、2009 年。

최선웅「일제시기 사법보호사업의 전개와 식민지적 성격―사상범 사법보호단체를 중심으로―」『동방학지』第 186 号、2019 年。

韓國矯正史編纂委員會編『韓國矯正史』法務部、1987 年。

한국학문헌연구소編『金玉均全集』아세아문화사、1979 年。

한상욱「전시동원체제기 조선총독부의 사법보호정책―朝鮮司法保護協會의 조직과 활동을 중심으로―」『숭실사학』第 42 号、2019 年。

한상욱「일제강점기 조선총독부 행형기관의 보호사업 전개와 양상」『법무보호연구』第 10 卷第 1 号、2024 年。

한상욱「전시총동원체제기 朝鮮司法保護委員制度의 성립과 항만정신대 파견」『한국독립운동사연구』第 86 号、2024 年。

許英蘭「2008〜2009 년도 일제 식민지시기 연구의 현황과 과제」『역사학보』第 207 号、2010 年。

・　中国語文献

大友昌子、曾妙慧訳「1921 年至 1933 年臺灣殖民地社會事業的二重構造與貧民救助事業的擴大」収録：薛化元編『近代化與殖民：日治臺灣社會史研究文集』臺大出版中心、2012 年。

王泰升『台湾日治時期的法律改革』聯経出版、2014 年。

王泰升『台湾法律現代化歴程――從「內地延長」到「自主繼受」台北：国立台湾大学出版中心、2015 年。

王淑蕙「日治時期台湾司法保護事業之發展 ――以台湾三成協会為中心」国立台湾師範大学歴史学大学院修士論文、2013 年。

王学新『日治時期台湾保甲制度之研究』国史館台湾文献館、2009 年。

台灣更生保護会『台灣更生保護会史實紀要』台灣更生保護会、1995 年。

台湾銀行経済研究室（1966）『清會典台湾事例』台湾銀行経済研究室、1966 年。

竹中信子、曾淑卿訳『日治台湾生活史――日本女人在台湾（大正篇 1912-1925）』時報出版、2007 年。

呉芙蓉「我國更生理念變遷―從矯治復歸到風險管理」国立台湾大学法学大学院修士論文、2009 年。

呉俊瑩「日治台湾警察与現代生活秩序的形塑：以違警罪的即決為中心」国立台湾大学歴史学研究所博士論文、2020 年。

286

沈家本『寄簃文存卷五』台湾商務印書館、1976 年。

周震歐「我國更生保護事業之展望」『刑事政策與犯罪研究論文集』第 1 号、1999 年。

松田利彦、陳姃湲訳「日本帝國在殖民地的憲兵警察制度：從朝鮮、關東州到滿洲國的統治樣式還移」『台湾史研究』第 14 卷第 4 号、2007 年。

林政佑『日治時期台湾監獄制度與實踐』國史館、2014 年。

林瓅瑤「日治時期笞刑處分之研究（1904-1921）」国立台湾師範大学歷史学大学院修士論文、2006 年。

法務部『法務部獄政史實紀要』法務部、1990 年。

張隆志「殖民現代性分析与台湾近代史研究：本土史学史与方法論芻議」若林正丈、吳密察編：『跨界的台湾史研究——與東亞史的交錯』播種者文化有限公司、2004 年。

張秀哲『「勿忘台湾」落花夢』衛城出版、2013 年。

張深切『在廣東發動的台湾革命運動史略；獄中記』中央出版社、1947 年。

得能弘一、林欂嫚「台湾少年感化教育之開端與日本真宗本願寺派的關係：以成德學院設立之背景為考察」『圓光佛學學報』第 28 号、2016 年。

連橫『台湾通史』台北：台湾銀行經濟研究室、1962 年。

陳文松『殖民統治與「青年」：臺灣總督府的「青年」教化政策』國立臺灣大學出版中心、2015 年。

黃宗旻「台灣更生保護制度之研究」国立台湾大学法学大学院修士論文、2004 年。

黃靜嘉『日據時期之台湾殖民地法制與殖民統治』黃靜嘉、1960 年。

楊克煌『我的回憶』楊翠華出版、2005 年。

楊渡『簡吉：台湾農民運動史詩』南方家園、2014 年。

蔡宛蓉「日治時期台湾監獄制度之研究（1895-1945）」國立台湾師範大学台湾史大学院修士論文、2010 年。

鄭添成「台湾司法保護的未來創新—日本更生保護制度的啟示」『刑事政策與犯罪研究論文集』第 24 号、2021 年。

藍奕青『帝国之守：日治時期台湾的郡制與地方統治』国史館、2012 年。

蔣竹山『黃旺成的林投帽：近代台湾的物、日常生活與世界』時報出版、
2024 年。

・　英語文献

Anghie, Antony. 2005. *Imperialism, Sovereignty and the Making of International Law*. Cambridge: Cambridge University Press, 2005.

—— 2023. "Rethinking International Law: A TWAIL Retrospective." *The European Journal of International Law* 34, no. 1: 7–112.

Alford, C. Fred. 2000. "What Would It Matter If Everything Foucault Said about Prison Were Wrong? *Discipline and Punish* after Twenty Years." *Theory and Society* 29, no. 1: 125–146.

Ballantyne, Tony. 2002. *Orientalism and Race: Aryanism in the British Empire*. Basingstoke: Palgrave.

Bauman, Zygmunt. 1988. *Freedom*. Minneapolis: University of Minnesota Press.

—— . 1991. *Modernity and the Holocaust*. Polity.

Benton, Lauren, and Lisa Ford. 2016. *Rage for Order: The British Empire and the Origins of International Law, 1800–1850*. Harvard University Press.

Botsman, Daniel V. 2007. *Punishment and Power in the Making of Modern Japan*. Princeton University Press.

Brown, Mark. 2014. *Penal Power and Colonial Rule*. New York: Routledge.

Cooper, Frederick. 2005. *Colonialism in Question: Theory, Knowledge, History*. University of California Press.

Cunneen, Chris, and Juan Tauri. 2016. *Indigenous Criminology*. Bristol: Bristol University Press, Policy Press.

Duara, Prasenjit. 1995. *Rescuing History from the Nation: Questioning Narratives of Modern China*. Chicago: University of Chicago Press.

Foucault, Michel. 1979. *Discipline and Punish: The Birth of the Prison*. Translated by Alan Sheridan. New York: Vintage Books.

Gardner, Leigh A. 2012. *Taxing Colonial Africa: The Political Economy of*

British Imperialism. Oxford: Oxford University Press.

Heé, Nadin. 2014. "Taiwan under Japanese Rule. Showpiece of a Model Colony? Historiographical Tendencies in Narrating Colonialism." *History Compass* 12, no. 8: 632–641.

Hynd, Stacey. 2015. " '...A Weapon of Immense Value?' Convict Labour in British Colonial Africa, c. 1850–1950s." In *Global Convict Labour*, edited by Christian G. de Vito and Alex Lichtenstein, 222–248. Leiden: Brill. *Studies in Global Social History*, vol. 19.

Friedman, Lawrence M. 1970. "Some Problems and Possibilities of American Legal History." In *The State of American History*, edited by Herbert Bass, 3–21. Chicago: Quadrangle Books.

Kang, Jin Woong. 2016. "The Prison and Power in Colonial Korea." *Asian Studies Review* 40, no. 3: 413–426.

Kohn, Margaret. 2014. "Colonialism." In *The Stanford Encyclopedia of Philosophy*, edited by Edward N. Zalta. http://plato.stanford.edu.

Lyons, Adam J. 2021. *Karma and Punishment: Prison Chaplaincy in Japan.* Cambridge, MA: Harvard University Asia Center.

Mann, Michael. 1986. *The Sources of Social Power: Volume 1, A History of Power from the Beginning to A.D. 1760.* Cambridge University Press.

———. 1986. *The Sources of Social Power: Volume 1, A History of Power from the Beginning to A.D. 1760.* Cambridge: Cambridge University Press.

Murphy, Helen Louise. 2006.「日據時期台湾的獄政」政治大學台湾研究英語碩士學位學程碩士論文。

Nicholas, Thomas. 1994. *Colonialism's Culture: Anthropology, Travel and Government.* Melbourne: Melbourne University Press.

Randall, C. D. 1891. *The Fourth International Prison Congress, St. Petersburg, Russia.* Washington: Government Printing Office.

Said, Edward W. 1979. *Orientalism.* New York: Vintage Books.

Sherman, Taylor C. 2009. "Tensions of Colonial Punishment: Perspectives on Recent Developments in the Study of Coercive Networks in Asia, Africa, and the Caribbean." *History Compass* 7, no. 3: 659–677.

Shin, Gi-Wook, and Michael Robinson, eds. 1999. *Colonial Modernity in Korea.* Cambridge, MA: Harvard University Asia Center.

Simon, Jonathan, and Richard Sparks. 2013. "Punishment and Society: The Emergence of an Academic Field." In *The SAGE Handbook of Punishment and Society*, edited by Jonathan Simon and Richard Sparks, 1–20. London: SAGE.

Sprunger, Michael. 2011. *Grafting Justice: Crime and the Politics of Punishment in Korea, 1875–1938.* PhD diss., University of Hawaiʻi at Mānoa. ProQuest Dissertations Publishing.

Tani, E. Barlow. 1997. "On Colonial Modernity." In *Formations of Colonial Modernity in East Asia*, edited by Tani E. Barlow. Durham, NC: Duke University Press.

Weber, Max. 1946. *From Max Weber: Essays in Sociology.* New York: Oxford University Press.

Wines, Enoch Cobb, ed. 1871. *Transactions of the National Congress on Penitentiary and Reformatory Discipline.* Albany: The Argus Company.

索　引

著者紹介

林　政佑　(Lin Cheng-Yu)

京都大学法学研究科博士課程修了、京都大学博士（法学）。
現職：台湾輔仁大学副教授。
専攻：東アジア法制史、法思想史、法社会学、刑事政策。
主な業績
"Death Penalty in Modern Japan (1868-1945): Evolving Execution Practices and Their Societal Impact," *OMEGA - Journal of Death and Dying*. 2025.
「植民地帝国大学における刑事法学者の植民地認識について」『日台政策研究所会報』2024年。
「殖民地帝国大学公法学者的殖民地認識」『輔仁法学』2023年。
「植民地朝鮮の監獄作業に関する考察」『法制史研究』2023年。

（プリミエ・コレクション 137）
帝国日本の監獄行政
　　――植民地台湾と朝鮮を中心に　　　　　　　　　　　©Lin Cheng-Yu 2025

2025 年 3 月 31 日　初版第一刷発行

著　者　　林　　　政　佑

発行人　　黒　澤　隆　文

京都大学学術出版会

京都市左京区吉田近衛町 69 番地
京都大学吉田南構内（〒606-8315）
電　話（075）761-6182
ＦＡＸ（075）761-6190
Home page http://www.kyoto-up.or.jp
振　替　01000-8-64677

ISBN978-4-8140-0574-1　　　　　　印刷・製本　亜細亜印刷株式会社
Printed in Japan　　　　　　　　　　定価はカバーに表示してあります